新潮文庫

二十世紀と格闘した先人たち

——一九〇〇年　アジア・アメリカの興隆——

寺島実郎著

文庫版への一言

寺島実郎

「選書版へのあとがき」で、「実は、今も『一九〇〇年への旅』を続けている」と書いたが、そのことは今日も変わっていない。この本の論稿の多くは、世紀をまたぎ二〇〇〇年から二年半にわたり新潮社の国際情報誌「フォーサイト」に連載したものだが、単行本を経て新潮選書版『二十世紀から何を学ぶか(下)』とし、さらに今回文庫化にあたり、その後の論稿、「マッカーサー再考への旅」を収録した。

つまり、私の中でこの本での問題意識は進化し続けているのである。二十世紀の再考察の延長上に、「戦後日本」への考察を試み(『脳力のレッスンIII――問いかけとしての戦後日本と日米同盟』岩波書店、二〇一〇年)、現在「世界」誌の連載で「一七世紀オランダからの視界」として、「近代」なるものに向き合っている。そうしたアプローチの中で、薄紙を剝《は》ぐように歴史の深層における相関が見えかけてきた。つながりに気付き、見抜くことが知性である。この本を手にした読者が、何かに気付き視界を広げる契機としてくれるならば、喜びである。

二〇一五年七月、寺島文庫にて

目次

第三章　アジアの自尊を追い求めた男たち

写真提供・毎日新聞社／共同通信社

二十世紀と格闘した先人たち

――一九〇〇年　アジア・アメリカの興隆

はじめに

この世の中には、決して忘れてはならないこと、そして知らなかったでは済まされないことがある。「時代認識と進路」を語ろうとする者は、可能な限り正確で深い歴史認識に基づいて発言することが求められる。つい昨日のこととしての二十世紀についても、気になる人物と事象について史実を積み上げ、自らの納得のいく理解を踏み固めておきたい。この本はそうした問題意識から出発した。つまり、漠然としたイメージや受け身の情報に基づいて歴史を受け止めるのではなく、「実事求是」の精神で、自らの足と眼を使って、歴史の現場に立ち、文献と資料によって事実を確認し、「自分にとっての二十世紀の総括」を試みたものである。

新潮社の国際情報誌「フォーサイト」に五年間にわたる連載を続けてきたもので、欧州を舞台にした前半の欧州篇は既に『一九〇〇年への旅――あるいは、道に迷わば年輪を見よ』となって、二〇〇〇年春に単行本となった（注＝選書版として『二十世紀から何を学ぶか(上)――一九〇〇年への旅　欧州と出会った若き日本』二〇〇七年刊、『若き日本の肖像──一九〇〇年、欧州への旅』と改題して二〇一四年に文庫版)。この本はその後半のアメリカ・太平洋篇であるが、書き進めながら著者としての思い入れは前半に比べより強まったと思う。一つには毎回の連載の分量を約千二百字増やしたために文献・資料を質量ともに充実させる必要があったこともあるが、「一九〇〇年という時代」に沈潜するにつれて、そこに生きた人達の息遣いから時代との闘いの姿までが臨場感をもって迫るようになり、今我々が生きる時代を見抜くためにもどうしても書かねばならないという思いが強まったからに他ならない。

われわれの前に横たわる二十一世紀を生きるにも、表層だけの浅薄な歴史理解しかできていない忘却の民では、事象の変転に弄《もてあそ》ばれるだけで、筋道の通った歴史は創造できない。特に昨今の日本の風潮には、日本近代史を真剣に総括する知的営為を放棄し、近代史を空白にしたまま「過去にこだわらない進路選択」を志向しようとする傾向が見られる。尊大にも自虐《じぎゃく》にも流れない歴史認識の構築はまさに現代的課題である。その意味で、物事の本質を考え抜く力、すなわち「脳力」に支えられた進路を創造したいとする読者にとって、この「一九〇〇年への旅」が問題意識の整理に役立てば、幸福である。

そして、筆者としては、この本を手にした読者にとって、過去の未来としての現在の位置付けと現在の彼方《かなた》にある未来のあるべき輪郭が少しでも明確になればと願っている。歴史を深く吸い込み、未来に向けてゆっくりとはきだすこと、それこそが時代を創造する基本動作であると信じたい。

　奇《く》しくも二十一世紀も不吉なスタートとなった。二十世紀が当時の覇権国たる大英帝国の絶頂期ともいうべき「ビクトリア時代」の象徴であったビクトリア女王の死によって幕を開けたごとく、二十一世紀は「アメリカの世紀」としての二十世紀のシンボルタワーともいうべきニューヨークの二つのビルのテロによる倒壊というシーンによってスタートした。これは「アメリカニズムの終焉《しゅうえん》」の予兆なのか。われわれはまず「アメリカの世紀」としての二十世紀とその中に生きた先人達の足跡を静かに訪ねることから思索を深めていきたい。

第一章　アメリカの世紀がアジア太平洋にもたらしたもの

太平洋の転換点となった米西戦争での米国の勝利

カリブ海の覇権を確立

一九〇〇年前後、百年前の太平洋を取り囲む地域は大きな歴史的転換点を迎えていた。二十世紀のこの地域の在り方を特色付け、今日もその基本構図を引きずっているともいえる重要な要素が鳴動し始めていた。「米国の登場と影響力の拡大」である。

米国がアジア太平洋地域に本格的に進出したのは、一八九八年のスペインとの米西戦争に勝って、フィリピンとグアムを実質的に領有することになってからであった。

ペリー提督の浦賀来航が一八五三年であるから、四十五年間ものブランクがあるが、米国はこの間「南北戦争」という内戦に足をとられ、太平洋に展開する余裕はなかったのである。南北戦争の後遺症に苦しんだ米国が、新しい産業国家としての自信を蓄積し、世界史の中に登場してきたのが十九世紀末であり、「米国の時代としての二十世紀」を予感させる象徴ともいえる転機が米西戦争の勝利であった。

米西戦争での米国の勝利が「二十世紀の扉を開く」ものであったというのは、それが「国民軍」の勝利だったということでもある。一八九五年の日清《にっしん》戦争における日本の勝利と、一八九八年の米西戦争における米国の勝利は、ともに前近代的な階層社会型の軍隊を抱えた清国とスペインに対する国民国家の軍隊の勝利という意味において歴史的なのである。キューバ問題を巡って米国とスペインとの間に緊張が高まった時、軍事専門家の間では「伝統の強靭《きょうじん》な正規軍を擁するスペインに米国が敵《かな》うはずはない」という見通しがなされていた。事実、当時の米国は常備軍三万人で、急遽《きゅうきょ》寄せ集めた義勇軍を訓練して投入せざるを得ない状態であった。熱帯のキューバで、訓練された正規軍十万とされるスペインにとても対抗できないであろうと大方は見ていた。

米西戦争というのは不思議な戦争で、調べるほどに考えさせられる。何故《なぜ》、米国が勝ったのか。そもそも、何故戦争をしなければならなかったのか。さらには、本来の開戦理由からすれば全く関係のないフィリピンのマニラを何故米国は攻撃したのか。新興の植民地帝国主義国たる米国の野望といってしまえば簡単だが、当時の米国はスペイン帝国と総力戦を戦うほど軍事力を持っていなかったし、米国の国民世論も戦争を望んでいなかった。にもかかわらず、一八九八年二月十五日にハバナ港において米戦艦メイン号が謎《なぞ》の爆発を起こして沈没すると、米国の世論は俄然《がぜん》硬化、一気に四月二十五日の対スペイン宣戦布告となっていく。メイン号は、実体的にはキューバ独立運動支援の示威行動のために「米居留民保護」を名目に派遣されたもので、謎の爆発もその後の調査ではスペイン軍の攻撃によるものではなく、純粋な事故によるものとされる。つまり、言い掛かりにも近い展開での開戦だった。このあたりの背景を考えると、国家・民族が、台頭する側の「抑えがたいパトス」と衰亡する側の「止めがたい弛緩《しかん》」という歴史の法理のようなものを思わざるをえない。盛衰が交錯する瞬間に起こることはどうもこういうことらしい。

米西戦争の勝利によって、米国はカリブ海の覇権を確立した。プエルトリコとキューバを支配し、スペインの勢力を中南米から駆逐した。米州大陸における米国の影響力を決定的なものとしたのである。眼は自然と太平洋へと向けられ、次第に大西洋と太平洋を繋《つな》ぐ「世界パワーとしての米国」を構想するようになっていった。大西洋と太平洋を繋ぐ関門たる「パナマ運河」はフランス人レセップスの手によって一八八一年に着工されたが、予想以上の難工事で頓挫《とんざ》して八九年には会社が倒産、一九〇三年に新パナマ運河会社から米国政府が権利を買収して、一九〇五年に再着工、工兵隊まで動員して一九一四年に完成させている。

米国のパナマ運河への執念はものすごいものだった。一九〇三年の時点で、パナマはコロンビアの領土だった。この年の一月にコロンビアとの間に結んだ「ヘイ＝エラン条約」（運河両岸の五マイル・ゾーンたる運河地帯の使用権を一時金一千万ドル、年二十五万ドルで米国に認めるというもの）をコロンビア議会が、使用料が安すぎるとして拒否すると、同年十一月にはパナマ独立の反乱を起こさせ、軍艦を派遣して反乱軍を支援、独立パナマ政府と「ヘイ＝ビュノー・ヴァリア条約」を締結して運河地帯の使用権を確保したのである。

パナマ運河は返還されたが

奇《く》しくも、このパナマ運河が一九九九年十二月三十一日を期して、米国からパナマへと返還された。航空機や人工衛星の発展によって、パナマ運河の持つ戦略的意味は低下したとはいえ、「海洋パワー」たる米国にとって、パナマ運河は二大洋の制海権において重大な意味を持つものである。一九〇三年に結ばれた「ヘイ＝ビュノー・ヴァリア条約」では、米国は運河地帯の永久租借権を確保していたのだが、一九七七年に当時のカーター大統領とトリホス将軍の間に「新パナマ運河条約」が結ばれ、一九〇〇三年条約の破棄、二十世紀末の運河の管理運営権のパナマへの移管、運河地帯へのパナマの主権回復が約束されたのである。

カーター政権は、一九七五年のベトナム戦争での敗退という米国のアジア太平洋戦略の挫折《ざせつ》を背景に成立した政権で、米国がベトナムで傷つき「自信喪失」の中にあった特異な時代の産物であった。その後、ブッシュ政権期の米国は、一九八九年十二月に、パナマの独裁者ノリエガ将軍に対し、軍事侵攻に踏み切り、一国の元首を「麻薬取引関与罪」で逮捕・連行するという信じ難いような強硬策を採り、米国のパナマ権益へのこだわりをみせた。約束通りパナマ運河返還が実現されても、この運河の管理運営に米国が神経質に関与する可能性は否定できない。事実、このところパナマが推進してきた運河周辺インフラの民営化を利して、台湾のエバグリーンや香港《ホンコン》のハチソンなど中国系資本が港湾事業に進出してパナマ運河周辺の不動産などを抑えたり、物流拠点構築への関与を強めているという情報がワシントンを刺激しはじめており、米国の警戒心を反映しているというべきであろう。

九九年十二月十四日には、注目の中でパナマ運河返還式典が執り行われた。同年五月の選挙でパナマで初めての女性大統領となったモスコソ大統領が晴れがましく取り仕切っていた。結局、クリントン米大統領は登場せず、二十二年前の返還条約の当事者だったカーター元大統領が参加したが、米国の微妙な姿勢を反映するシーンであった。米国とパナマ両国による「パナマ運河委員会」は解散となり、パナマ政府の「パナマ運河庁」が管理運営のすべての責任を負うことになった。パナマ駐留の米軍約一万人も撤退、治安維持もパナマ政府の責任となるのだが、コロンビアからの麻薬流入などの不安材料もあり、どこまでパナマ政府が有効な管理運営ができるか懸念《けねん》されている。現実には既に治安悪化が報じられている。

パナマ運河は狭い。船には「PANAMAX基準」というものがあり、パナマ運河を通過できる仕様ということである。船幅百六フィート（約三十二メートル）、喫水四十フィート（約十二メートル）で、約六万DWT（積載重量トン）級の船が通過できる限界ということになる。運河の全長は約八十キロもあり、一日に通過する船は平均三十七隻《せき》で、運河の利用効率を上げようにも制約がある。太平洋側と大西洋側に二十六メートルもの水位差があるため、三段の水門を作り、水門内への注水・排水を繰り返して水位差を克服する方式になっているため、待機時間も含めて平均三十時間以上も通過にかかってしまうからである。

日本とパナマの不思議な縁

日本とパナマは不思議な縁で結ばれてきた。百四十年前、かの勝海舟が咸臨丸《かんりんまる》で太平洋を横断した万延元年（一八六〇年）の遣米使節がパナマを訪れている。勝海舟はサンフランシスコ滞在の後に帰国の途についたが、正使であった新見《しんみ》豊前守《ぶぜんのかみ》や監察・小栗上野介《おぐりこうずけのすけ》ほかの一行は、米国の西海岸に沿って船で南下、パナマに至っている。つまり、陸路アメリカ大陸を横断してワシントンに到着したのではなく、東部と西海岸を繋ぐルートであったパナマ経由だったのである。パナマ地峡には太平洋岸のパナマ・シティーと大西洋岸のコロンを繋ぐパナマ鉄道が完成していた。パナマ鉄道は一八五五年に開通した。全長六十キロの単線鉄道であるが、開通十年で延べ四十万人を運んだという。万延元年の使節一行は、海外を公式訪問した日本人として初めて汽車という乗り物に乗ったのである。日米両国の国旗を掲げた蒸気機関車を先頭に客車は六輛《りょう》編成であった。今日の感覚からすれば、ゆっくりと走るＳＬ

列車というところだが、使節一行はそのスピードに驚いたようで、「其《ソ》早キコト譬《タト》フルニ物ナク、六輛ノ車輪一条ノ鉄路ニキシリ鳴動ノ響キ雷鳴ノ如《ゴト》ク途中ノ景物人物ハ走馬灯ノ趣ニ似タリ」（『亜行日記』）と記している。パナマ地峡を列車で横断した一行は、ここから米国海軍の軍艦ロアノーク号（三千四百トン）でカリブ海を横切りニューヨークに向かった。

この万延元年使節の九年後の一八六九年に大陸横断鉄道が開通するまでは、このパナマ地峡経由がニューヨークとサンフランシスコを結ぶ最短コースだったのである。

さて、それから四十年後。米西戦争に勝ってカリブ海を支配下に収めた米国が次第に太平洋に押し出していくのを、臨場感を持って現場体験した一人の日本人がいた。秋山真之《あきやまさねゆき》である。日露戦争における伝説の人物であり、日本海海戦の天才参謀とされる秋山真之については、「一九〇〇年への旅」の欧州篇で「一九〇〇年五月にパリ万博を訪れ、エッフェル塔に登った秋山真之」の話においても言及した。

秋山は、一九〇〇年の一月に前任地のワシントンからロンドンの駐在武官として転勤したのである。日露戦争の四年前であり、日本は「三笠《みかさ》」をはじめとする日露戦争時の主力艦のほとんどを英国に建造してもらっており、秋山の欧州転任も、軍艦の造船・造機に対する監督のため欧州に派遣されていた海軍士官と連絡をとりながら、欧州における海軍軍略・技術などを研究することを使命としていた。秋山の欧州駐在はわずか半年ほどの慌《あわ》ただしいものであった。

欧州赴任に先立って、秋山は「日本公使館付留学生」として二年半の間、ワシントンを基点に活動している。この時の秋山の活動が日本民族の運命さえ変えることになる。秋山の米国での活動については、島田謹二『アメリカにおける秋山真之』が詳細に資料を収集して検証している。島田謹二の緻密《ちみつ》なアプローチは学術的研究としても客観性が高いのみならず、人間に対する洞察の深さ、歴史文学というべき文章の格調の高さなどにおいて、一級の名作である。多くを島田教授の秋山研究に依《よ》りながら、米国での秋山の活動を確認しておく。

秋山は米国に着任した一八九七年の秋、ニューヨークに予備役の海軍大佐アルフレッド・セイヤー・マハンを訪ねている。この時、秋山は二十九歳であった。『海上権力史論』(一八九二年)によって知られた海軍戦略・戦術論の大家であるマハン大佐は、秋山がどうしても面談したかった人物であった。先輩の成田勝郎海軍武官のつてで海軍大学校長グードリッジ中佐の紹介状を得ての訪問であった。マハン大佐の家は、セントラルパークの側、ニューヨーク西区八十六丁目にあった。この面談は若き海軍将校秋山真之にとって極めて示唆《しさ》的なものとなった。当初、秋山はニューポートの海軍大学校への入学を希望していたのだが、マハンは秋山の考えには否定的であり、むしろ、独力で過去の戦史を実証検証することを勧め、ジョミニの『兵術要論』(“Art of War”)などを必読書として言及したようである。結局、米国滞在期間に二度、秋山はマハン大佐を訪れている。

秋山真之の米西戦争観察記

なんといっても、秋山真之の米国留学の圧巻は、一八九八年に米西戦争が始まると、観戦武官として実戦を観察する機会を得たことである。六月九日にフロリダのタンパ港で海軍の運送船「セグランサ号」(四千三十三トン)に乗り込み、約二カ月間にわたり米海軍の戦いを現場で目撃したのである。一万六千人の兵士が上陸したサンチャゴ湾揚陸作戦、そしてサンチャゴ港口閉塞《へいそく》作戦、さらには七月三日の海戦を観察している。驚いたことに、捕虜になったスペイン軍の将校にもインタビューの機会を得、守備側の体制、敗北の理由などをこと細かく聴取している。

ただ目撃・体験したというだけではない。秋山の場合、それを分析し、記録して残すという能力が並みはずれたものであったことに驚かされる。彼は二カ月間の観戦報告を海軍軍令部第三局諜報課《ちょうほうか》あてに提出、「サンチャーゴ・デ・クーバ之役（在米国海軍大尉《たいい》秋山真之）」という緒言、本論、結語からなる膨大なもので、後に「極秘諜報第百十八号」として伝説にさえなるものである。何よりも見聞情報の凝縮力に感服するが、単なる戦況報告ではなく、戦局全体の掌握、戦略の兵理の探求、戦術の正奇の評価など調査報告書として驚嘆すべき体系性を持っているのである。また、この報告書の文章力にとても軍人のものとは思われぬ才能を感ずる。

司馬遼太郎《りょうたろう》の小説『坂の上の雲』の主人公として描かれているごとく、秋山は故郷松山での少年時代以来、俳人正岡子規との親交が深く、文人になることを夢見たこともあったが、陸軍にいた兄好古《よしふる》の影響と貧困故《ゆえ》の学費の不安により大学予備門を中退、軍人になることを決意したという。

秋山が日露戦争での日本海海戦の時に書いたという「敵艦見ユトノ警報ニ接シ、連合艦隊ハ直《スグ》ニ出動、之《コレ》ヲ撃滅セントス。本日天気晴朗ナレドモ浪高シ」の電令は、戦史に残る名文として語り継がれているが、簡にして要を得、しかも艶《つや》のある文章力はワシントン時代の公文書にも滲《にじ》み出ているのである。

米西戦争への観戦武官としての従軍だけでなく、秋山はその後、さらに貴重な体験をしている。一八九九年の二月から半年間にわたり、米国の北大西洋艦隊の旗艦である装甲巡洋艦「ニューヨーク」に実地見学のための同乗を許可され、カリブ海からスペイン勢力を放逐し覇権を確立した米国海軍の遠洋示威航海に参加できたのである。公使館で囲碁の相手をするなどして目をかけられた駐米公使の小村寿太郎の斡旋《あっせん》であった。この巡航の期間、秋山は名将として名高いサムソン長官の傍らで、艦隊司令長官の何たるかを観察することができた。この巡航航海体験は、米西戦争の観戦体験とともに、五年後の日露戦争において極めて大きな意味を持った。一人の人間の凝縮した体験が民族の命運を決することもあるという厳然たる事実を、我々は秋山に見るのである。

強烈な国家への責任感

私自身、秋山から一世紀後の一九九〇年代の六年間をワシントンで仕事をしてきた。私のオフィスは「一七〇一　ペンシルバニア街」にあり、ホワイトハウスに隣接していた。背中の窓からは大統領府が入っているオールド・エグゼクティブ・オフィス・ビルがすぐ隣に見え、残業の時など、よく椅子《いす》を反転させ見事にライトアップされたナポレオン第二帝政様式といわれる重厚なビルを眺めたものである。

このビルは一八八八年に完成しており、陸・海軍省と国務省の合同庁舎として建てられたものである。このビルの正面に向かって左側の東ウィングに一九一八年まで海軍省が入っていた。その三階に海軍文庫があり、ワシントン着任後の秋山真之も通いつめたという。ここで秋山は古今東西の軍事・軍略に関する書物や文献を驚嘆すべき集中力で勉強した。

私は東ウィング三階の窓を凝視しながら、一世紀以上も前の秋山真之の集中力を思い、怠惰な自分を鼓舞したものである。「吾人《ゴジン》一生ノ安キヲ偸《ヌス》メバ、帝国ノ一生危ウシ」。強烈なまでの国家への責任感を語った秋山の言葉である。

ワシントン時代の秋山真之の勉強ぶりを物語る苦笑いするようなエピソードが残っている。秋山がワシントンに着任した当時の駐米公使は、かの星亨《ほしとおる》（一八九八年九月に小村寿太郎と交代）であった。星も大変な勉強家で、公使館の書斎に様々な書籍を購入していた。この書斎に秋山が現れて、勝手に本を読んだり、持ち出したりするので公使館員がとがめると、秋山は平然と答えたという。「公使は貴重な本を求められるが、とてもそんなに沢山は読めないでしょう。わしが代わって読んでさしあげているのです」。

明治の青年に夢を与えたクラーク博士の実像と足跡

語り継がれる「クラーク伝説」

札幌滞在は8カ月半に過ぎなかったが

高校生までの生活の大半を北海道で送った私にとって、「青年よ、大志を抱け」の言葉とともに、クラーク博士は特別の存在であった。札幌農学校の教壇を去って帰国するのに際し、別れを惜しんで見送りにきた学生達に対し、「ボーイズ・ビー・アンビシャス」と叫んで島松の原野を颯爽《さっそう》と馬で駆けていったというクラーク伝説は、多少の芝居がかった「臭さ」を感じつつも、少年時代の私の心に染《し》み込んでいった。私だけでなく、このクラーク博士の言葉は、日本近代史に生きた青年達の「共通スローガン」のようなもので、「追いつき追い越せ」の時代における上昇志向の心象風景に訴える強いメッセージだった。

それほどまでに伝説の存在となったクラーク博士だったが、彼が実際に札幌農学校に在籍した期間はわずかに八カ月半にすぎない。正確にいえば、クラーク博士が札幌に到着したのは一八七六年七月三十一日であり、札幌を発《た》ったのは翌年の四月十六日であった。札幌農学校からは、内村鑑三や新渡戸《にとべ》稲造《いなぞう》など日本近代史に名を残した人物が輩出しており、時に彼等は「クラークの弟子達」と表現されるが、実際は内村、新渡戸は第二期生としてクラークが去った後の札幌農学校に入学しており、クラークの講義を聞く機会は全くなかったのである。しかし、クラークが残したものは、本人の意識をも超えて、明治の青年の心の中に大きく膨らんでいった。

石橋湛山《いしばしたんざん》の『湛山回想』（岩波文庫）の第一章「おいたち」の中に「クラーク博士」に触れた部分がある。湛山が甲府中学の学生だった時の校長が大島正健《まさたけ》で、札幌農学校の第一期生として、直接クラークの指導を受けた人物だったという。大島正健には、『クラーク先生とその弟子達』（新教出版社、一九四八年）という作品もある。湛山は次のように述べる。「（私の）意識の底に、常に宗教家的、教育者的志望の潜んでいたことは明らかであった。そこに私は、大島校長を通じ、クラーク博士のことを知り、これだと、強く感じたのである。つまり私もクラーク博士になりたいと思ったのである。私は今でも書斎にはクラーク博士の写真を掲げている」。クラーク伝説は、その弟子達を通じ、漣《さざなみ》のごとく日本の青年に語り継がれていった。

日米関係の原点は「捕鯨」

W・S・クラークは、一八二六年七月三十一日、マサチューセッツ州ボストンの西百三十キロのアッシュフィールドに生まれた。この頃のマサチューセッツの産業として極めて重要だったのが「捕鯨」であった。一八五九年にペンシルバニアで最初の油田が発見されるまでの米国では、夜の灯りを燈《とも》す油は専《もっぱ》ら鯨の油であった。そのため、十八世紀の初め頃からマッコウ鯨を追った外洋捕鯨が盛んになり、一八四〇年代には遠く大西洋、インド洋を越えて、日本近海の太平洋にまで漁場を求めて、マサチューセッツ州やニューヨーク州の港から年間三百隻《せき》を超える捕鯨船が船出していた。メルヴィルの名作『白鯨』に描かれているのは正にこの時代のマサチューセッツの捕鯨である。

ジョン万次郎が鳥島に漂着し、米国の捕鯨船に助けられ、マサチューセッツのニューベッドフォードに「文明教育」を受けるために連れてこられたのが一八四四年であった。また、米捕鯨船マンハッタン号のクーパー船長が、同じく鳥島に難破していた日本人船乗りと漂流中の日本人漁師、合わせて二十二人を浦賀に送り届けたのが一八四五年であった。つまり、砲艦外交といわれるペリーの浦賀来航の八年も前に、日米間には善意の交流が存在したのである。また、ペリーの来航の主たる目的も、捕鯨船への燃料と食糧の供給基地確保ということで、いかにこの時代の米国にとって捕鯨が重要であったかが分る。

私は、ニューベッドフォードにある捕鯨博物館を訪れ、捕鯨関連の歴史資料とともに、クーパー船長が、日本人救助の御礼に幕府からもらった品々が展示されているのを見たことがあるが、日米関係の原点に「捕鯨」というテーマが存在していたという事実は、今日の米国における捕鯨反対運動と捕鯨国日本の孤立を思うとブラックユーモアである。いずれにせよ、クラークが青年期を過ごした当時のマサチューセッツと日本の間には、意外なほど深い縁が存在したのである。

ペリーが日本訪問を前にして、ニューベッドフォードの捕鯨船主を通じ、クーパー船長との接触を試み、日本に関する情報を入手していたことなど、興味深い歴史的事実を掘り下げているのが、平尾信子著『黒船前夜の出会い』（日本放送出版協会、一九九四年）である。日米の交流が始まる伏線となるドラマには驚かされる。

米国人を頼った北海道開拓

明治政府にとって北海道はフロンティアであり、その開拓に日本の未来を夢みていた。また、ロシアの南進という脅威に備えるためにも、「北海道の開拓は急務」という認識が強く存在した。そのために北海道開拓使が置かれ、中心的担《にな》い手が薩摩《さつま》藩の下級武士出身の黒田清隆であった。一八七〇年、黒田は弱冠二十九歳の時に、開拓次官となり、その四年後には長官となった。黒田は、一八七一年に開拓使派遣の留学生七名とともに米国を訪問、北海道開拓を促すための外国人専門家の雇用と開拓のための機器購入が狙《ねら》いであった。

明治政府は「開化」を進めるために、三千人を超す「お雇い外国人」を雇い入れたが、その大半は英国、フランス、ドイツなどの欧州人であった。そのなかで、北海道開拓使だけは専ら米国人を雇い入れており、「米国＝フロンティア開拓の国」という認識が明治の指導者にあったことがうかがえる。この間の事情を詳細に調べ出したのが藤田文子著『北海道を開拓したアメリカ人』（新潮選書、一九九三年）である。藤田によれば、北海道開拓に参画した米国人は四十八人であり、その代表格がケプロンでありクラークであった。

徹底して米国の先行モデルを吸収し、学び取るという黒田の姿勢がもたらしたのが、米農務長官ホーレス・ケプロン（Horace Capron）の雇用であった。常識的に考えて、現役の農務長官が他国の開拓のために、要職を擲《なげう》って参画するなどということは、異例中の異例である。『ホーレス・ケプロン自伝』（西島照男訳、北海道出版企画センター、一九八九年）を読むと、一八六七年の十一月から農務長官の職にあったケプロンの所に、一八七一年春、時の駐米少弁務使・森有礼《ありのり》が訪米中の黒田清隆を伴って訪問、「北海道の調査と開拓・入植についての助言」を得るための開拓使顧問への就任という希望が伝えられた。天皇からの要請という形であった。一八〇四年生まれのケプロンは、既に六十七歳であり、ワシントンの名士だったが、極東の島国日本の北辺の地の開拓に参画する決断をした。

何故《なぜ》、ケプロンが日本に行く決意をしたのか。当時の農務省は開設間もなく、今日ほどのステータスはなかったとか、提示された報酬が高かったとか、いろいろな説明が存在する。確かに、所得の倍増を意味する一万ドルの年俸は魅力であったとおもわれる。しかし、「志」無しで選択できるものではなかったであろう。自分の特技を生かしたいという希望や「深まりつつある日米の友好関係」に役立ちたいという意識が強く働いたということであろう。結局、ケプロンは一八七一年の七月から一八七五年五月までの四年間も日本に滞在し、北海道開拓に道筋をつける上で、大きな貢献をした。このケプロンの足跡を受け継ぐ形で日本にやってきた一人がクラークなのである。

波乱に富んだ人生遍歴

W・S・クラークが札幌に到着した一八七六年七月三十一日は、奇《く》しくも彼の五十歳の誕生日であった。来日までの彼の経歴も実に興味深い。彼は、医師であった父アサートン・クラークとその後妻ハリエット・スミス・クラークの間の最初の子供として、ニューイングランドの典型的田舎町アッシュフィールドに生まれた。一八四四年にアマースト大学に入学、卒業後二年間、イーストハンプトンの母校ウィリストン・セミナリー高校の科学教師を務めた後、一八五〇年にドイツのゲッチンゲン大学への留学の機会を得た。この頃、欧州への留学は米国のエリートの箔《はく》つけであった。クラークは「隕石《いんせき》に含まれる金属の化学構造」に関する研究で博士号を得ている。米国に帰ったクラークは、母校アマースト大学に農芸・化学教授兼ドイツ語講師として迎えられた。

その後、クラークは南北戦争に巻き込まれていく。彼は「共和制度と自由のための愛国心に燃えた一市民」としての血の騒ぎを抑えることができず、アマースト大学の学生を対象にした義勇軍の組織化に奔走するが、北軍不利の情報に矢も楯《たて》もたまらず、一八六一年八月にマサチューセッツ第二一義勇軍連隊の少佐として従軍した。翌年三月には、幾つかの戦闘における武勲を称《たた》えられて中佐に昇進、約八百人の第二一連隊の指揮を任されている。さらに、五月には大佐に昇進、六月下旬には一時休暇で帰郷、「勇敢な郷土の英雄」として大歓迎を受けた。この頃までは高揚していた戦争への陶酔も、戦争の現実が持つ悲惨さ、醜悪さによって打ち砕かれ、クラークの戦争に参画する熱意は色褪《いろあ》せていった。

クラークは、一八六三年四月に辞表を提出し、軍歴を終えた。しかし、彼の南北戦争への関わりは、彼に内在する英雄主義、行動主義的性癖を表出させるものであったし、この体験はその後のクラークにも大きな意味があった。何よりも、南北戦争の体験は、教壇に立つ彼の話に強烈な迫力を加えるものとなり、学生達の心を惹《ひ》きつけるものとなった。

戦争から帰ったクラークが取り組むことになったのは、農科大学を故郷アマーストに誘致する運動であった。一八六二年に連邦議会がモリル法といわれる「農業および機械技術振興のための大学建設に国有地を各州に交付する法」を成立させたことを受けてマサチューセッツ州も農科大学の創設を決定、退役したクラークは、この誘致に奔走、一八七〇年十月の開校にこぎつけたのである。この開校の時点で、クラークは学長であった。

クラークと北海道を結ぶ役割を果たしたのはケプロンであった。一八七一年に、駐米少弁務使の森有礼から「農業を専攻する日本人留学生の受け入れ先」について聞かれたケプロンが、モリル法のモデル校としてマサチューセッツ農科大学を紹介したことがきっかけであった。森はマサチューセッツ農科大学を訪れ、クラークの案内で農場や学内施設を見学した。こうした経緯から、日本にも同様の農科専門の高等教育機関の創設が検討され始め、札幌農学校の創設とクラーク学長の招聘《しょうへい》構想が浮上したのである。

クラークはマサチューセッツ農科大学の二人の卒業生、ホイラー（土木工学、数学担当）とペンハロー（植物学、化学担当）を伴って日本に向かった。札幌に来た時点で、クラークには八人の子供がいた。一八五三年に妻ハリエットと結婚して以来、クラークは実に十一人の子供を作った。女六人、男五人の子供であったが、そのうち男の子供三人は生後一年以内に死亡した。八人の子供を食べさせること、それがクラークの情熱の背後に横たわっていたことは想像に難くない。マサチューセッツ農科大学の学長としての年俸は四千二百五十ドルであり、札幌農学校での年俸七千二百ドルはやはり魅力であったろう。日本から約五千ドルの金をクラークは送金している。

クラークの日本での一年については、太田雄三著『クラークの一年――札幌農学校初代教頭の日本体験』(昭和堂、一九七九年)が、クラークが日本から送った数多くの手紙や手記を詳細に分析しており、一読に値する。札幌農学校が、日本最初の高等農学校として開校したのは、クラーク到着の翌月、一八七六年八月であった。本科・予科を合わせて学生数五十八人、カリキュラムもマサチューセッツ農科大学に準拠して、専門科目と幅広い一般教養科目を組み合わせ、講義は英語で行なわれた。クラークは植物学と英語を担当したが、学生達の真剣さもあって、持ち前の情熱をたぎらせて教壇に立った。

教壇だけではなかった。寒い北海道の長い冬の夜、寄宿舎生活を送る学生達は毎晩のようにクラークの宿舎を訪れ、クラークの話に耳を傾けた。クラークは熱く体験談を語り続けた。自然に話は信仰に及び、春が近づいた一八七七年の三月二日には、学生達はクラークが準備した「イエスを信ずる者の誓約」に署名した。クラーク自身が妻宛《あ》ての手紙で苦笑を交えて「私が伝道師として成功するなど、誰が思ったでしょう」と言及するごとく、宗教的にも大きな影響を与えたのである。

その後の数奇なる運命

クラークは札幌を去った後、函館より長崎、神戸を経由して横浜に着き、一八七七年五月二十四日に横浜を出港した。故郷のアマーストに帰ったクラークは、再びマサチューセッツ農科大学の学長の生活に戻った。彼は機会あるごとに講演を引き受け、日本での体験に基づく話をした。彼の日本観は極めて好意的で、マサチューセッツの人々の日本への認識を深めさせた。日本が西洋の科学技術を導入する以前から、和紙、漆器、銅製品、陶器などの高度の産業技術を有しており、日本の農業技術も、灌漑《かんがい》、肥料、耕作、植付けなど蓄積された基盤をもっていることなどを、クラークは強調した。また彼は、日本人が礼儀正しく、向上心が高い優れた民族であることを熱っぽく語り、「利発な研究者、器用な職人、成功する農民、優秀な船員、勇敢な兵士」であると再三言及している。

クラークの心を悩ませたのは、マサチューセッツ農科大学の運営に関する地元の無理解であり、メディアによるクラーク学長の「放漫財政」批判であった。理想の大学を創《つく》ろうとするクラークの情熱は空回りし、州議会や州民も赤字に悩む大学に冷淡だった。大学の廃校や専門学校への転換を議論する者さえ少なくなかった。マサチューセッツ農科大学の経営に疲れたクラークは一八七九年五月には大学を辞職し、俄然《がぜん》「洋上大学」の構想に情熱を燃やし始めた。三百人の学生と十名の教授陣を乗せた船で、二年間かけて世界を一周し、見聞を広めながら教育をするという構想で、具体化直前までいったが、参加者が思ったほど集まらず、中止となってしまった。

次にクラークが挑戦したのは、鉱山関係の投機的事業であった。一八八一年三月に、クラークはジョン・ボスウェルという、その前歴からすれば卑《いや》しい横領・詐欺師《さぎし》のような男と組んでクラーク・ボスウェル社を設立、ネバダ州のスターグローブ銀山やカリフォルニア州のメンロ金山など、七つの鉱山を買収した。そのために、かなり際《きわ》どい資金集めをしたようで、高配当をちらつかせながら出資者を募っている。クラークには「人をだます」意図はなく、鉱山会社投機のブームに乗って走ったにすぎないが、ボスウェルの杜撰《ずさん》で不透明な経営がたたって一八八二年五月には、クラーク・ボスウエル社は敢《あ》え無《な》く倒産、クラークを信用して投資した多くのアマーストの人々の出資金を全くの紙切れにしてしまった。幾つもの訴訟沙汰《ざた》にも巻き込まれた。有罪とはならなかったが、クラークの知識人としての信用は完全に失われてしまった。それからのクラークはほとんど抜け殻のようになり、病床に伏しがちとなった。

クラークは、日本から帰って九年後の一八八六年、失意の中を五十九歳でこの世を去った。彼の人生は確かに「アンビシャス（Ambitious）」なものであった。つまり、よく言えば「向上心と挑戦者精神」に満ちたものであり、悪くいえば「山っ気が多く、野心的」であった。クラークの詳細な伝記『クラーク、その栄光と挫折《ざせつ》』（高久真一訳、北海道大学図書刊行会、一九七八年）を書いたJ・M・マキは、「『偉大な』という言葉のいかなる意味においても、クラークは凡《およ》そ『偉大な』人ではなかった」と述べる。生身のクラークを直視すれば、私も妥当な評価だと思う。しかしそれでも、教育者としての彼の情熱は特筆すべきものと言わざるをえない。教育者の真価は、その裾野《すその》にどれだけの人材を育てたかにあり、その意味で、クラークが触発した札幌農学校の人間山脈は見事なものであった。蒔《ま》かれた種は決して無駄ではなかった。札幌時代のクラークには面識もなかった内村鑑三は、マサチューセッツにクラークを訪ねている。クラーク死去の半年前であった。

クラークが初代学長として心血を注いだマサチューセッツ農科大学は、現在「マサチューセッツ州立大学アマースト校」となっている。米国ではほとんど無名の存在にすぎないW・S・クラークの足跡を示すものはほとんどない。それでも、図書館にはクラーク関連文書が保存されており、クラーク自筆の手紙、南北戦争時の写真、北海道開拓使との契約文書などが閲覧できる。また、構内には「クラーク記念公園」があり、札幌農学校が発展した北海道大学との共同で造られたモニュメントが配置されている。銘板には「教育者、科学者、政治家、そして卓越した市民」としてクラークが表現されており、「十九世紀のアマーストに偉大な足跡を残した博士は、今日に至るも日本人の心に鮮明な印象を刻み込んでいる」という言葉が見られる。

ヘンリー・ルース、「アメリカの世紀」を推進した男

少年時代の決定的体験

一八九八年、中国山東省の田舎町でその男は生まれた。この男が中国で生まれたという事実が、今日に至るまで、日本、米国、中国の三カ国の関係に重要な影を投げかけることとなった。ヘンリー・ルース、後に「メディアの帝王」と呼ばれ、一代で米国の雑誌文化を創《つく》りあげ、今日のタイム・ワーナーの創始者となった男である。

この男によって、一九三〇年代から「真珠湾」に向かう米国の世論は「反日、親中国」に変えられたといっても誇張ではない。そして、「ヘンリー・ルースが死ぬまで、米国は共産中国を承認できなかった」という言葉があるごとく、親台湾派の大物として戦後の米国のアジア外交に影響を与え続けた。さらに皮肉にも、アジアにおける反共の砦《とりで》として敗戦後の日本を取り込むための「サンフランシスコ講和会議」「日米安保条約」の陰の推進者となり、結果として日本の国際社会復帰と戦後復興の支援者と

なった。表舞台にこそ立たなかったが、二十世紀の日米関係に最も影響を与えた男かもしれない。

ルースの父、ヘンリー・ウィンターズ・ルースは、長老派プロテスタント教会の宣教師であった。イェール大学を一八九二年に卒業した彼は、情熱溢《あふ》れる「神学的自由主義者」として、キリスト教民主主義の教えに基づく中国の教育改革を志し、一八九七年に新妻エリザベスと共に中国に向かった。

この驚くべき使命感は、十九世紀末の米国の雰囲気を反映したものでもある。その頃、米国は「拡張主義の時代」と表現される海外発展の時代を迎えていた。南北戦争後の混乱も収まり、西海岸にフロンティアを求める動きも一段落し、視界にカリブ海と太平洋が見えてきた。一八九〇年には「海軍法」が制定され、海軍の建設に本腰が入り始め、二十世紀の初頭には、英国、ロシアに次ぐ世界第三位の海軍国にのし上がっていた。

ルースが生まれたのは山東半島の渤海《ぼっかい》に面した港町登州、現在の蓬萊であった。その年にドイツが山東半島に権益を確保し、後に第一次大戦後のベルサイユ会議で、日本が漁夫の利を得る形で権益を奪う因縁の場所であった。米国に帰国後、イェール大学の学生だったルースの目に、生まれ故郷の山東半島に触手を伸ばす日本が「憎むべき敵」と映ったことは想像に難くない。

ルースが二歳だった一九〇〇年、中国では義和団事件が吹き荒れた。「義和拳《ぎわけん》」と称する排外的テロリスト結社が多数の外国人を殺害し、外国からの侵略に対する中国人の鬱積《うっせき》した憎悪《ぞうお》に点火して、「北清事変《ほくしんじへん》」となって北京《ペキン》をも巻き込む暴動となった。一九〇〇年の夏までに、約二百人のキリスト教の宣教師と約三万人のクリスチャン改宗者が義和団によって虐殺《ぎゃくさつ》されたという。身辺に危険が迫ったルース一家は、この時、登州を脱出、朝鮮のソウルに三カ月の亡命生活を余儀なくされた。

また、ルースは九歳の時、東京で開かれた伝道師大会に出席する父に連れられて日本を訪れている。余談だが、長老教会宣教師の子供として日本で生まれたのが、E・O・ライシャワーであった。つまり、今世紀はじめの同じ時期に、ルースの父もライシャワーの父も同じ長老教会の宣教師として、中国と日本で活動していたのである。歴史に「れば、たら」という仮説は成立しないが、「もしメディアの帝王となったルースが日本で生まれ、学者となったライシャワーが中国で生まれていたら」、二十世紀の日米中の関係は変わっていただろうという議論も、あながち的外れではない。

ルースの少年時代に、大きな影響を与えたと思われるのが、十歳の時に父に行かされた英国人の管理するチフゥの寄宿学校であった。体罰や上級生によるシゴキが日常化した英国流の校風や中国を支配していた英国人によるアメリカ人蔑視《べっし》の中で、ルースは自分が「アメリカ人であること」を強く自覚させられた。ルースの根深い「アングロ・アメリカ主義」の原点はここにあるといっても間違いない。回想のなかでルースは、アメリカを侮辱した一人の英国人生徒と教室の床の上で取っ組み合いの大喧嘩《おおげんか》をしたことを語っている。多感な十歳の少年のこうした体験は決定的なものとして心に残る。

ところで、『大地』（一九三一年刊）の作者パール・バックも長老教会の宣教師の子供として生まれた。父が中国での十年間の宣教活動を経て一時帰国の折、ウエスト・バージニア州で一八九二年に生まれた彼女は、生後わずか三カ月で父とともに中国に向かった。彼女は十七歳でカレッジ入学のため米国に帰るまで、ほとんど中国で生活した。つまり、ルースと同じ時期に同じ立場で中国で生活していたことになる。ランドルフ・メイコン女子大学を卒業後、再び母の看病のため中国に帰り、かの地で中国農業経済を専攻する米国人学者ジョン・ロシング・バックと結婚し、パール・バックとなり、夫の赴任地である南京《ナンキン》で執筆したのが『大地』であった。

パール・バックは一九三二年に中国を訪問したヘンリー・ルースと北京で面談して

いる。以来、パール・バックは様々な中国支援組織の結集と資金集めに奔走するルースに協力を惜しまなかった。ルースとパール・バックは米国がキリスト教の宣教師という形で中国の「大地」に播《ま》いた種であり、二人の存在は播かれた種が着実に結実したことを示している。

強固な国際主義の主張

一九一二年、十四歳の時、米国に帰ったルースは、コネチカット州の名門予備校ホッチキス・スクール（現在のシステムでは高校）、そしてイエール大学へと進学していく。ホッチキスでは「チンク（中国人の蔑称）」という渾名《あだな》をつけられ、東部エスタブリシュメントのエリート意識に溢れる校風の中でいじめられたという。裕福な家庭の子弟ではないルースは、奨学生として教室の掃除や食堂の給仕もしなければならなかった。しかしルースは、強靭《きょうじん》な精神力で偏見や差別をはね返し、「差別なき社会」を目指すアメリカの理想を理解しない級友を軽蔑し、あらゆる分野に挑戦していった。このホッチキスでの生活を通じ、ルースは宿命のライバルでありパートナーでもあったブリトン・ハッデンと出会う。何事にも真剣で、生真面目《きまじめ》なルースに対し、ハッデンは鋭いユーモアのセンスと明るい性格で好対照であった。ハッデンは「タイム」を共同創刊した六年後、三十歳の若さで死ぬが、ルースにとってハッデンの存在は大きな意味をもった。

イェール大学の卒業の年に、ルースがコンテスト受賞スピーチ草稿として書いた論文が今日でも大学に残っている。「今、我々がアメリカという時」と題するこの論文には、ルースが一生をかけてやろうとする理念と問題意識が滲《にじ》みでている。ルースの死後、一九六九年にタイム社が刊行した"The Ideas of Henry Luce"に収録された論文のなかで、一九二〇年四月という最も古い日付のものがこれであり、ルースの原点ともいえる論考である。二十二歳の若きルースは次のように語る。

「我々が二十年後にアメリカという時、その偉大な名が二つの意味で世界に響き渡っているであろう。一つは、米国の利益が尊重され、米国市民が世界のいかなる所でもビジネスをし、生活できる資格が与えられているということであり、二つは、国際的諸問題に解決を与える責任を分担することである」

この考え方は、後のルースの最も有名な論文「アメリカの世紀」(ライフ誌一九四一年二月十七日号)に集大成される。この論文を貫く主張は、「自由と正義という理想の発信源としてのアメリカ」の実現であり、二十世紀という時代におけるアメリカの責任と役割意識を強く押し出すものであった。今日、アメリカの国際責任という言葉に違和感を覚える人は少ないが、二十世紀の前半までは、深い孤立主義、自国中心主義の伝統の中を生きてきたのが米国であった。このことは、米国の建国精神が「欧州の紛争に巻き込まれたくない」という問題意識に支えられたことに由来する。「モンロー主義」と表現される米国の内向き志向は、米国の本能ともいえるもので、その伝統を真っ向から突き破ろうと獅子吼《ししく》したのがルースの「アメリカの世紀」であった。

ルースの「アメリカの世紀」に流れる国際主義の主張は、個人的親交のあったJ・F・ケネディなどにも強い影響を与えた。一九六一年のケネディの大統領就任演説における「自由を守り抜くアメリカの責任」のフレーズなどは、ルースの主張そのものであった。

ルースが「ホッチキス＝イエール」という高校・大学時代からのライバルであったブリトン・ハッデンと共同で週刊ニュース雑誌「タイム」を創刊したのは一九二三年、二十四歳の時であった。タイムという誌名の由来は、ある夜、マンハッタンの地下鉄に乗っていたルースが、「引退の時か、再出発の時か」という広告コピーを目にして、「タイム（時）」という言葉がひらめいたのだという。タイムの編集方針の斬新《ざんしん》さは「社会的問題や重要なニュースに関する完全な中立は、不可能であるだけでなく、望ましいものではない」と明言し、偏見を恐れぬ発言をし始めたことである。

タイムの成功を受けて、ルースは経営雑誌「フォーチュン」を一九三〇年に創刊した。一九三〇年といえば、大恐慌《だいきょうこう》の最中である。そうした環境下で、あえてルースは一冊一ドルの破格に高額な雑誌を創刊したのである。ターゲットは金持ち層で、大判の雑誌にはカラー刷りの写真や図版が溢れ、今日見ても新鮮である。さらにルースは、一九三六年に写真週刊誌「ライフ」を創刊した。後のスポーツ雑誌「スポーツ・イラストレーティド」を含め、世界の雑誌文化の原点を一人で構築したといっても過言ではない。

新しい雑誌のスタイルを確立し、「メディアの帝王」としての地位を築き上げたルースの力には驚嘆すべきものがあるが、特に印象付けられるのは、彼が人を見抜く力を持っており、「二十世紀のアメリカの知的資産」とも言うべき人達を育てたことである。

例えば、「脱工業社会」論のダニエル・ベル、経営論の先駆者P・F・ドラッカー、さらには世界で五百万冊売れた『未来の衝撃』の著者で未来学者のA・トフラーという三人の知的巨人が、すべて「フォーチュン」誌の編集に携わっていたという事実がそのことを物語っている。寄稿者としてではなく、編集者として「フォーチュン」に参画したことが重要なのであり、この三人に共通した手法として、現場のフィールドワークを重視するフォーチュン的アプローチが生きていることを痛感する。

米国の対アジア政策を左右

私は、一九九三年に『ふたつの「Ｆｏｒｔｕｎｅ」――一九三六年の日米関係に何を学ぶか』（ダイヤモンド社）という本を出版した。ニューヨークの青空市場で偶然手にした一九三六年九月号のフォーチュン誌の日本特集号を探究・分析したもので、二百ページにわたる体系的な日本特集を指揮した編集者のヘンリー・ルースの執念にも近い情熱に驚かされた。彼の意図は鮮明で、自分が生まれ育った中国に侵攻する日本の危険性を米国民に知らしめる、というものであった。彼は、自らの指揮下にあった「タイム」「ライフ」「フォーチュン」などを駆使して、一九三〇年代の米国の世論を中国に同情的なものへと変えていった。

決定的だったのが、一九三七年の日中戦争勃発《ぼっぱつ》後の「ライフ」誌に登場した写真だった。日本の中国侵略の残忍さを米国民に訴える上で、一九三八年春の「ライフ」に掲載された「日本による上海《シャンハイ》爆撃直後、パニックと破壊の中で、一人泣き叫ぶ幼児の写真」は重要な意味を持った。この写真は「ライフ」だけでなく、新聞・雑誌、映画館のスクリーンに幾度となく再現された。一億三千六百万人の米国人がこの写真を目にしたと推定されている。

「惨《みじ》めな中国を救い、残虐な日本を叩《たた》く」というルースのキャンペーンは次第に迫力を増し、UCR（United China Relief）やCDS（China Defense Supplies）といった当時の中国支援団体の活動に深く関わっていった。現在でも語り継がれているのが「フライング・タイガー」への支援であった。

フライング・タイガーとは、中国の国民政府を支援するための米国人義勇軍組織で、C・L・シェンノート元陸軍大尉《たいい》以下八十四名の米陸海軍航空隊出身者が四十三機の戦闘機に搭乗し、重慶上空を守った。実質的には、米国政府も深く関わっており、真珠湾での日米開戦のかなり前から米国は「義勇軍」「資金援助」という形で蔣介石《しょうかいせき》支援を続けていたのであり、その推進者がルースであった。フライング・タイガーは、日本軍機を一機撃ち落すごとにCDSから五百ドルの報奨金がもらえることになっていたという。

ルースの中国支援の中国側窓口になったのが宋子文であった。彼は、中国有数の富豪であった宋一族の一人で、孫文の夫人宋慶齢、蔣介石夫人宋美齢の兄弟で、ハーバード大学を出て、後に国民政府の財務長官を務めた金融専門家であった。一九四〇年の夏、宋子文は米国の中国・国民政府支援をより強固なものとするためのロビー活動のためワシントンに着任した。彼はルーズベルトの旧友でもあり、ワシントン人脈をフルに生かして活動し、米国の対中国支援ローン一億ドルの実現に成功している。

ルースは一九三二年に宋子文に会って以来、「タイム」「フォーチュン」などを使って宋子文を持ち上げ、その活動を支援している。また、宋美齢を「米国で教育を受けた中国のヒロイン」として訪米させ、議会でスピーチさせるなど「反日・親中国」の運動を盛り上げていった。一九三〇年代後半から戦争が終わるまでの十年間に、ルースが米国のアジア政策に与えた影響は極めて大きかった。

プロモーターの自己意識

ところが、太平洋戦争での戦勝の喜びもつかの間、ルースは皮肉な役割を演ずることになる。転機は一九四九年の共産中国の成立である。したたかな英国は、即座に毛沢東の中国を承認したが、米国はルースに代表される「蔣介石支援の台湾ロビー」の影響力によって一九七〇年代に至るまで大陸の中国を承認できなかった。戦後の米国のアジア外交に対するルースの影響を研究したのがサウス・カロライナ大学の歴史学者ロバート・E・ハーズスタイン教授である。

彼は、"Henry Luce"（一九九四年刊）において、ルースとダレス国務長官の間の書簡などを検証し、共産中国の成立と朝鮮動乱に衝撃を受けたルース等の親中国派が、共産中国を封じ込めるためにも「日本を西側陣営に取り込み、戦後復興させる」シナリオを推進したことを明らかにしている。一九五一年のサンフランシスコ講和会議、日米安保条約がいかなる力学のもとに実現したのかを考えさせられる。もし戦後の中国で、蔣介石が政権を保持し続けていたならば、アジアの秩序は戦勝国の米国と中国によって仕切られ、日本の復興と成長は三十年以上も遅れたであろう。ルースは一九六七年に死ぬが、死ぬまで蔣介石支援の姿勢を変えなかった。米国が中国と国交を樹立するのは、一九七二年のニクソン訪中を待たねばならなかった。共産中国成立から約二十年間にわたる米国の対中国政策の間隙《かんげき》を衝《つ》く形で、日本の国際社会への復帰、米国の支援を一身に受けた戦後復興の道が開けたのである。歴史の皮肉を思わざるをえない。

ヘンリー・ルースを調べてきて改めて痛感するのは、日米関係の谷間にいかに中国という要素が絡《から》みついてきたかという歴史認識である。これは、この百年のアジア太平洋史を貫く重要な要素であり、現代においても忘れてはならないことである。日米二国間同盟を絶対の基軸であると認識して戦後の半世紀を過ごしてきた日本は、二十一世紀を迎え、今、再び「中国」という要素の重要性を思い知らされつつある。米国にとってのアジア太平洋のゲームは、「中国の台頭」という要素によって本質的に変化しており、日米同盟をアジア外交の唯一《ゆいいつ》の基軸とする時代は終わりつつあるのだ。

雑誌「エスクァイア」が一九八三年に創刊五十周年記念として「アメリカを変えた五十人」の特集号を発行した時、もちろんヘンリー・ルースもその一人に選ばれ、評論家のウィリアム・バックリーが「ヘンリー・ルースの生涯（ライフ）と時代（タイム）」という洒脱《しゃだつ》な一文を寄せている。その中で、自らのルースとの親交を通じ、ルースが「自分は編集者ではない。プロモーターだ」と語った話を紹介している。確かに、ルースの心の中に存在し続けたものは、アメリカの世紀のプロモーターとしての自己意識だったのかもしれない。そして彼の眼差《まなざ》しの彼方《かなた》には、少年時代に見た中国の風景と太平洋の蒼《あお》い海があったのではないか。

フランクリン・ルーズベルトの対日観の歴史的変遷《へんせん》

二人のルーズベルト

真珠湾攻撃という悲劇の戦争に向かった二十世紀前半の日本にとって、車イスに座ったこの男が、じっと日本を見据えていた目線があまりにも大きな意味を持ったと言わざるをえない。

フランクリン・デラノ・ルーズベルト(Franklin Delano Roosevelt)、通称「FDR」と呼ばれるこの人物は一九三三年三月に大統領に就任以来、三選禁止のなかった時代ということもあり、連続四期、大統領に当選、真珠湾を挟んで一九四五年四月に現役大統領として病死するまで実に十二年間もの間、米国を率いた。日米開戦に向かう九年間、大統領だったというだけでなく、彼の前半生を辿《たど》るならば、不思議なほど日本の運命とこの男の人生が絡《から》み合っていたことに気付く。

一九〇〇年、フランクリン・ルーズベルトはハーバード大学の学生としてボストンにいた。一八八二年生まれの彼は十八歳であった。この頃、米国でルーズベルトといえば、セオドア・ルーズベルト（Theodore Roosevelt）であった。一八九八年の米西戦争の勃発《ぼっぱつ》を海軍次官補として迎え、キューバ遠征志願軍を率いて戦った英雄として、ニューヨーク州知事を務めていた。一九〇一年、セオドアはマッキンレー大統領政権の副大統領となり、マッキンレー大統領暗殺によって、この年、第二十六代の大統領に就任した。

このセオドア・ルーズベルトとフランクリン・ルーズベルトは遠縁の親類である。フランクリンから七代前の先祖、Claes Van Rosenveltが一六四四年にオランダから新天地アメリカに移民した。その子ニコラスは、オランダ流の名前からVanをとり、RosenveltのスペルをRooseveltと改めたという。ニコラスの長男がヨハネであり、この子孫に当たるのがセオドア・ルーズベルトである。またニコラスの次男ヤコブの子孫に当たるのがフランクリンである。そして、セオドアの兄の娘であったアンナ・エリーナ・ルーズベルト（Anna Eleanor Roosevelt）と宿命の出会いをしたフランクリンは学生時代に婚約、一九〇五年三月には結婚している。

いうまでもなく、セオドア・ルーズベルトこそ日露戦争の仲介者として日本とも縁の深い存在であり、若き日におけるダコタでのカウボーイと保安官という経歴を背景にしたワイルドなイメージもあって、「テディー」と愛称される国民的人気を誇る大統領であった。熊《くま》のぬいぐるみの「テディー・ベア」は彼にちなんだものであり、一九〇三年にオリジナルがセオドアに贈呈されている。フランクリン・ルーズベルトはこの年長の親類セオドアを深く敬愛しており、彼の「後を追う」ことを強く意識していた。一九一三年にFDRが三十一歳の若さでW・ウィルソン政権の海軍次官補に任命された時、FDRは上機嫌でかつて同じポジションにセオドア・ルーズベルトが就いていたことを語ったという。

一九一〇年に、ニューヨーク州の上院議員に当選し、その三年後には三十一歳で海軍省の高官となったFDRにとって、一九一〇年代は若き栄光の日々であった。しかし、一九二〇年に民主党の大統領候補ジェームズ・コックスの副大統領候補に指名されたが惨敗《ざんぱい》し、以後一九二〇年代のFDRには過酷な運命が待ち構えていた。一九二一年夏、水泳中にポリオ（脊髄《せきずい》性小児麻痺《まひ》）に感染、一九二八年にニューヨーク州知事に返り咲くまで、長い闘病生活を余儀なくされるのである。生涯にわたり歩行不能の体となったFDRは、「歩けない」ということを隠し続け、重い鉄のギブスに支えられて立ち上がり、政治家として語り続けた。

「植民地主義」への反対という理念を掲げたルーズベルト

セオドアは「大統領たるものはゆったりと語れ、そして、しっかりと杖《つえ》を握り締めよ」と語ったが、彼の言う杖とは「海軍力」であった。米西戦争の勝利によってカリブ海の覇権を確立した米国のリーダーとして、海軍力の増強に力を注いだ。そして、世界パワーとしての米国を意識し、大西洋と太平洋を繋《つな》ぐ「パナマ運河」の確保に執着した。当時コロンビア領だったパナマ運河建設地帯を確保するため、一九〇三年にはパ内乱を起こさせてまでパナマ独立を画策したのである。独立パナマ政府との間にパナマ運河の永久租借条約を締結、工兵隊まで動員して一九一四年に運河を完成させている。

セオドアとフランクリン、二人のルーズベルトが果たした歴史的役割を振り返れば、セオドアがスペインとの戦争に勝って「地域パワーから世界パワーへ」と脱皮していく米国の指導者であったとするならば、フランクリンは第一次世界大戦を経て、世界パワーとしての米国の責任を実体化した指導者であったといえよう。「二十世紀はアメリカの世紀」といわれるが、二十世紀前半の米国の最高責任者としてアメリカの世紀を指揮したのがこの二人であった。

日本の動きをずっと注視

ＦＤＲについては、産経新聞社が特別取材班を編成し、二〇〇〇年四月から「ルーズベルト秘録」を連載、極めて興味深い事実を発掘して単行本化している。とくに、日本を最終的に戦争に追い詰めた最後通告ともいうべき「ハル・ノート」（ＦＤＲ政権の国務長官、コーデル・ハルが一九四一年十一月二十六日に提示した対日要求文書）の草案を書いたのが、財務長官ヘンリー・モーゲンソーの部下で財務次官補の要職にあったハリー・ホワイトであり、彼はソ連のスパイ網の強い影響下にあったというレポートは衝撃的だった。「敵の敵は味方」という冷酷な国際関係において、四一年六月からナチスドイツの侵攻を受けていたソ連としては、東方の不安を除くために日米開戦を促す画策は国益にとって不可欠だったのである。

ソ連の画策も十分に考えられることだが、太平洋戦争に向かったルーズベルト政権にとって、より大きな影響力を与えたのは中国であろう。ＦＤＲ自身が語っていたというが、ルーズベルト一族の先祖が中国貿易で財をなしたこともあり、中国に対しては好感情を抱いていた。蔣介石の国民政府は、米国の支援を得るために懸命のワシントン工作を展開しており、蔣介石の妻・宋美齢の兄、宋子文が四〇年六月以降、ワシントンに乗り込み「親中反日」の気運を盛り上げるためにロビー活動を繰り広げた。FDRは直接間接にその影響を強く受けていった。その間のいきさつは、前述した拙著『ふたつの「Fortune」』に詳しく言及した。

また、「ルーズベルト秘録」は、FDRの対日観形成の原体験ともいえるエピソードを紹介している。FDRはハーバード大学在学中の一九〇二年、日本からの留学生、松方乙彦《おとひこ》と出会う。松方乙彦は、明治の元老・松方正義の六男であるが、「日本がやがて中国からインドシナ、シャム（タイ）に至るまでアジアを制覇する百年計画を進める」という野望を語り、二十歳のFDRに強い印象を残したという。冷静にいえば、極東の小国からの留学生があまりの存在感の無さ故《ゆえ》の虚勢としてホラ話をしたにすぎないのだが、それが日本の拡張主義へのFDRの警戒心を醸成したのかもしれない。

しかし、私はFDRの対日観が本格的に形成されたのは、一九一三年から七年間の海軍次官補の時代であったと考える。この間、FDRは、一九一七年四月に米国がドイツに宣戦してからは海軍省高官として対独潜水艦作戦に関与し、第一次世界大戦の終結に際しては、「勝者が領土や賠償をとるべきではない」とするW・ウィルソンの「勝利なき講和」構想（一九一八年一月演説）に共鳴してその下に働いた。また、ベルサイユ講和会議にはウィルソン大統領の随員として同行、戦勝国の国家エゴによって会議が迷走、歪曲《わいきょく》されていくのを深い失望をもってみつめた。とくに、日本が山東半島におけるドイツの租借権の継承にこだわり続け、ウィルソンが提案した国際連盟構想を揺さぶるのを苦々しく凝視していた。

正に、松方乙彦が語っていた「百年計画」を思い起こさせるように、第一次大戦期の日本は、欧州の混乱に乗じてアジアへの野望を露《あら》わにしはじめていた。一九一五年には「対華二十一カ条の要求」によって中国に食指を伸ばし、一九一七年のロシア革命後の難民救済とソ連打倒を目的とする「シベリア出兵」に当たっては、日本だけが最後まで兵を引かなかった。こうした日本の動きをFDRはじっと注視していた。

「オレンジ計画」への関与

とくに、この時代のFDRが日本を仮想敵国とするシミュレーション「オレンジ計画」の改定に関与していたことも注目される。「オレンジ計画」(War Plan Orange) とは、米国が二十世紀の初頭に準備したカラー作戦とよばれる様々な国家危機管理を想定した陸海軍統合本部による軍事シミュレーションの一環の戦争計画であった。黒はドイツ、金はフランス、紫はロシア、赤は英国、そしてオレンジは日本を意味するコードであり、それぞれの国との軍事的緊張を想定する秘密計画であった。その後の経緯の中で、ほとんどのカラー作戦は消えていったが、日本を対象としたオレンジ計画とドイツ対象のブラック計画だけが残り、約四十年間も逐次改定され続けて第二次世界大戦を迎えるに至った。

「オレンジ計画」については、アナポリスの米国海軍研究所から、一九九一年に軍事史研究家のエドワード・ミラーの研究書『オレンジ計画』(沢田博訳、新潮社)が出版されている。私自身、この本の著者ミラーに面談したことがあるが、オレンジ計画が、日露戦争を経てアジアの強国となり始めた日本の脅威とカリフォルニアでの日系移民急増への不安をモチーフとして策定されたことがよく分った。一九〇三年に創設された陸海軍統合本部のもとに、一九〇六年から五年ほどの時間をかけて、海軍大学が中心となってオレンジ計画の原型が策定されたという。いかなる国の軍隊も、潜在敵国との緊張を想定した計画を持つのは常識であるが、陸海軍の総合戦略として四十年間も改定が積み上げられたことは驚きである。

このオレンジ計画に、海軍次官補としての若きFDRが深く関わり、しかも日米開戦時の大統領として、開戦半年前の一九四一年六月二日には、陸海軍大臣から「レインボー五」といわれた開戦前のオレンジ計画の最終段階の戦略シナリオを受け取っている。オレンジ計画は、日本軍の真珠湾攻撃によって封印を解かれ、米国としては想定外の苦戦を強いられたものの、「戦争の戦略プランとしては例外的な成功」と評価される成果をもたらした。つまり、FDRの日本に対する関心と知識は、大統領になるはるか前から極めて密度の高いものであった。

ルーズベルトの対日観には、興味深い変化、ある種のバイオリズムがあることに気付く。一九一〇年代、海軍次官補として第一次世界大戦からベルサイユ講和会議を体験した時代のFDRは、日本に対する不信と反感を抱いていたようにみえる。そうした感情を増幅させるような日本の帝国主義的野心をあまりにも多く目撃したためであろう。ところが、一九二〇年代に入って、FDRの対日観は大いに好転している。既に述べたごとく、一九二〇年の大統領選挙に副大統領候補として臨み、一敗地にまみれた後、FDRはポリオの病魔に襲われ、失意の療養時代を送ることになる。

一九二三年、療養中のFDRは「我々は日本を信用できるか」と題する雑誌論文を発表したが、その中で日本はもはや危険な「悪魔」ではなく、ワシントン海軍軍縮条約（一九二二年）に調印して国際社会の責任ある参画者となりつつあり、日本の野望に対する米国の疑念も解消されるべきことを論じている。また、一九二八年に「フォーリン・アフェアーズ」誌に発表した論文「わが外交政策について」でも同様の対日観に言及している。この時期の日本は、「幣原《しではら》外交」といわれた幣原喜重郎《きじゅうろう》の国際協調路線が前面にでていた時代であり、国内的にも「大正デモクラシー」とその余韻の中にあった。

しかし、「昭和」に入り、一九三〇年代に入った日本は、世界恐慌《きょうこう》、中国情勢の混迷のなかで苛立《いらだ》ち、一九三一年には関東軍による満鉄線路爆破（満州事変）、三二年には「満州国」建国、三三年には国際連盟脱退という「孤立」路線へと踏み込んでいく。さらに、一九三六年からのスペイン内乱を機にドイツ・イタリアで独伊枢軸《すうじく》が形成され、孤立の焦燥の中で、日本が日独防共協定（一九三六年十一月）によってヒットラーへの傾斜を示しはじめ、一九三七年七月に日中戦争（シナ事変）へ踏み込むと、FDRの日本への失望・怒り・憎悪《ぞうお》は急速に高まっていった。一九三七年十月五日には、シカゴで有名な「隔離演説」を行い、日本をナチ、ファシストと同等の「伝染病」として扱い、世界平和のために「隔離」する必要を強調しはじめた。その後、日米戦争に至る過程で、FDRの日本への憎悪はエスカレートし、「頭脳の発達の遅れた劣等民族」であるかの表現が使われるに至ったが、おそらくFDRは一九三七年秋の時点で、原理原則（プリンシプル）の問題として、日本に対する一切の妥協と譲歩の気持を失っていたといえる。

ＦＤＲが真に恐れたのは

ＦＤＲという人物は決して理想主義的な指導者ではなく、むしろ現実主義者というべきであろう。例えば、一九三三年の大統領就任直後に、Ｗ・ウィルソンが実施した「禁酒法」を十四年ぶりにあっさりと廃止している。また、日本人としてＦＤＲを考えた場合、「人種的偏見」の持ち主と論難したくなるような、戦時期の「日系人の強制収容命令」などを平然と実行する面もある。しかし、それにもかかわらず、ある時代の世界のリーダーとして未来を見据えた理念を有していたことにも気付かざるをえない。

それは「植民地主義への反対」という理念である。第二次大戦中にＦＤＲは、戦争遂行と戦後処理を巡る幾つもの国際会議を主導した。一九四三年一月のカサブランカ会談（米、英、仏《ふつ》）、同年十一月のカイロ会談（米、英、中）とテヘラン会談（米、英、ソ）、そして一九四五年二月のヤルタ会談などである。これらの会談を通じ、ルーズベルトが一貫してこだわったのは、英国やフランスの植民地主義に反対する姿勢であった。大英帝国の栄光を担《にな》うチャーチルなどは、「インドやシンガポールの権益を放棄する意思などない」と不快感を隠さぬほど、FDRの植民地主義批判は鋭いものだったという。FDRは、第二次大戦後の世界において、植民地主義が終焉《しゅうえん》を迎えることを予感していたのである。

ルーズベルトが日本に対して心底から恐れるものがあったとすれば、それは「日本が植民地解放のための戦争を挑んでくること」であったろう。もし日本が、中国への侵略や自らの植民地拡張の野心を正当化するための戦いではなく、真にアジアの側に立って、アジアの解放のために戦い、アジアの支持を得ることになったならば、FDRの顔は青ざめていたであろう。事実、FDRは東条英機が主宰した一九四三年十一月の「大東亜会議」に自由インド仮政府首班のチャンドラ・ボースやフィリピン共和国大統領のホセ・ラウレル、ビルマ首相のバー・モウ、タイ国代表のワンワイタヤコーン殿下、中華民国国民政府代表の汪兆銘《おうちょうめい》などが参加するという情報に過敏になっていたという。

日本は開戦後の方便として「アジアの解放」を戦争の目的として主張しはじめたが、日本の開戦目的が決してそのような崇高《すうこう》なものではなかったことは、残念ながら否定しがたい。それでも、FDRはアジアが結束して「白人植民地からの解放」を主張し、日本がその中心的指導者になることを恐れていたのである。

戦争にプロパガンダは付き物だが、日本は戦う理念と目的において敗北させられたともいえる。世界史の総括では、「ファシズム対民主主義」の闘いにおいて、日本はヒットラーと手を組んだ邪悪な全体主義勢力として葬《ほうむ》り去られたのである。戦争も外交の延長と考えるならば、外交において「理念性」は極めて重要である。そして、これは今日的課題であることにも気付く。

二〇〇一年にスタートした米国のブッシュ政権も、冷戦後の世界のリーダーを自任する米国の指導者としては、未来へのビジョンや理念に欠けるといわざるをえない。かつて、W・ウィルソンが「国際連盟」を構想して世界をリードしたり、FDRが「植民地主義の終焉」を展望したごとき理念的支柱を持ち合わせていないと断言できる。環境問題における「京都議定書」からの離脱、WTOなど国際機関における自国利害へのこだわり、CTBT（包括的核実験禁止条約）の批准《ひじゅん》拒否と、ブッシュ政権のみならず、米国全体が「自国利害中心主義（ユニラテラリズム）」に内向していることが世界の悩みなのである。日本も他人事ではない。政治のガバナンスの喪失や外務省機密費問題をみていると、外交理念を語ることさえ恥ずかしい状況にある。正気を取り戻さねばならない。

こうした懸念《けねん》は、二〇〇一年九月十一日の同時多発テロ事件によって、さらに深刻化した。米国は嫌でも国際社会の出来事に関与せざるをえなくなり、「テロとの闘い」を掲げてアフガニスタンとの戦争に踏み切った。しかし、圧倒的な軍事力の優位に陶酔する米国は、「テロとの闘い」の先にいかなる国際秩序を構築するのかという「戦後ビジョン」を提示していない。それどころか、テロなどの国境を越えた組織犯罪を法的に処断する「国際刑事裁判所」の設立構想にさえ反対していたのである。新しい世界秩序を求めて、我々は強い問題意識を持ち続けねばならない。

敗戦後の日本を「支配」した「極端な人」マッカーサー

マッカーサー記念館に隠された謎《なぞ》

首都ワシントンDCからポトマック川を渡ればバージニア州であるが、車で南下すること約三時間の所にノーフォークがある。一六〇七年に英国が最初の植民地を設けたジェームズ・タウンのすぐ近くであり、米海軍の伝統的な中核基地の置かれた港町である。

ペリー提督が、一八五二年に日本への航海に出発したのもこの港であった。このノーフォークの市街地にマッカーサー記念館が存在している。十九世紀にはシティーホールだった建物の中心部に、ダグラス・マッカーサー元帥《げんすい》が眠る棺《ひつぎ》を配し、マッカーサーの五千冊の蔵書、二百万点を超す遺品や資料が保存されている。陸軍の軍人だったマッカーサーがどうして海軍基地ノーフォークに葬《ほうむ》られ、記念館までが建てられているのか。そうした疑問も含め、この記念館には彼自身の本質に関わる謎が隠されている。

館内の映写室では、マッカーサーの生涯を辿《たど》るフィルムが上映されていたが、GHQ（連合軍総司令部）が置かれた日比谷の第一生命ビルの前で、女教師に引率された多くの日本人の子供達がマッカーサーを取り巻き「ハッピー・バースデー」を歌うシーンが印象的であった。マッカーサーが日本人にいかに敬愛されていたかを強調するような映像であった。

ダグラス・マッカーサー、日本占領のGHQの最高司令官となったこの人物によって敗戦後の日本は二千日もの間、歴史上初めて外国人に「支配」された。そして、「戦後改革」を通じて、今日の日本の原型を形成した。一九四七年生まれの私には、直接マッカーサーの記憶はない。しかし、GHQが腹をすかせた日本の子供のために提供してくれた脱脂粉乳の大きな缶が小学校の校庭に横たわっていた記憶はあるし、寛大で自己抑制の効いた為政者であり、旧来の封建的病弊から「解放」した民主化の推進者というイメージが残存する時代に育ったともいえる。だが、史実として浮上してきた生身のマッカーサー像は意外性に満ちたものであった。

根深いマザー・コンプレックス

一九〇〇年、青年マッカーサーはニューヨーク市の北八十キロのウェストポイントにいた。四十五年後に日本の支配者になる運命を知ることもなく、陸軍軍人を目指す陸軍士官学校の教育を受けていた。一八八〇年一月生まれのマッカーサーは二十歳であった。

ダグラス・マッカーサーはアーカンソーの陸軍兵舎で、陸軍中佐アーサー・マッカーサーの三男として生まれた。父アーサーは南北戦争に志願して従軍して軍人となり、二十歳で中佐となったものの、その後二十二年間も活躍の機会がなく昇進が凍結されていた。僥倖《ぎょうこう》は一八九八年のスペインとの米西戦争の勃発《ぼっぱつ》であった。アーサーはフィリピン派遣軍の参謀長として参戦、スペインの降伏後は准将《じゅんしょう》に昇進してマニラ軍事総督に就任した。スペインからの解放を喜んだのもつかの間、一八九九年に米国はフィリピンの併合を宣言、フィリピン軍の指導者アギナルドは米国を相手とする民族独立の戦いを余儀なくされた。アーサーはアギナルド軍のゲリラ戦に悩まされながらも、これを鎮圧、フィリピン占領軍の総司令官兼初代軍事総督として「専制的支配者でありながら寛大な改革者」としての役割を果した。それは息子ダグラスが半世紀後の日本で行う役割の先行モデルのようであった。

　父親の因縁を受け継いだかのごとく、マッカーサーのフィリピンとの縁は深い。ダグラスは、その軍人生活の間に四回もフィリピンに赴任している。最初は一九〇三年、陸軍士官学校卒業直後の任官においてフィリピンに赴任、この時はマラリアに罹《かか》り一年で帰国している。次は一九二二年、マニラ軍管区司令官として着任、一旦《いったん》帰国するが、一九二六年にはフィリピン方面軍司令官として三度目の赴任をしている。さらに、一九三五年になって、職業軍人としては最高位の陸軍参謀総長を退任後、フィリピン自治政府に請われ軍事顧問としてマニラに渡っている。ここで興味深い事実に気付く。マッカーサーが最後にフィリピンに赴いたのは、退役後の顧問としてであり余生の仕事だった。そのマッカーサーを生き返らせたのが日米の軍事的緊張の高まりであり、一九四一年に米国極東陸軍司令官として現役に復帰、フィリピン防衛の任に当たることになったのである。既に舞台から降りていた男に思いがけぬ「人生至福の時」を与えたのは皮肉にも軍国日本だった。

　軍人としてのマッカーサーは異例の昇進を遂げているが、それは不思議な「運」に支えられている。第一次世界大戦、一九一七年四月にドイツに宣戦した米国が欧州に派遣したレインボー師団の参謀長として大佐で欧州戦線に赴いたマッカーサーは、三

軍人、為政者というより「宣教師」だった

十九歳で准将として帰還、ウェストポイントの陸軍士官学校校長に就任した。その後、前述のごとくフィリピンに二度勤務して、ついに陸軍参謀総長の地位にまで昇りつめたのである。参謀総長としてのマッカーサーは、一九三〇年からの五年間、フーバー政権、ルーズベルト政権を支えた。米国が「大恐慌《だいきょうこう》」に苦しんでいた時代であり、一九三二年の夏には「ボーナス・アーミー」問題に直面した。「ボーナス・アーミー」問題とは、失業で苦しむ第一次大戦からの帰還兵を中心に二万五千人がワシントンに集結しテント村を築いて、政府にボーナス（退役軍人支給金）を要求するという騒動であった。マッカーサーは情け容赦もなく軍隊を動員してボーナス・アーミーを強行排除、百人以上もの死傷者をだした。F・D・ルーズベルトをして「アメリカで最も恐ろしい男」といわせたという。自分の美学に反することへの過酷なまでの厳しさという一面をうかがわせる話である。

だが、マッカーサーの精神構造に埋め込まれた際立《きわだ》った特色は、根深いマザー・コンプレックスであろう。私の手元にマッカーサーがミズーリ号の艦上で日本との講和文書にサインした万年筆のレプリカがある。一九九五年にパーカー社が「対日戦勝五十年」を記念して千九百四十五本だけ製造したものの一本（私が手に入れたのは三一九番のパーカー・デュフォルド・モデル）であり、オレンジに近い派手なサンゴ色をした女性用である。母親の万年筆を使ったと言われてきたが、実際は妻の万年筆を使ったらしい。こういう話が語り継がれるほど、マッカーサーにはマザー・コンプレックス説がつきまとう。事実、際立ったハンサムでもあった息子ダグラスを母メリーは溺愛《できあい》した。ダグラスがウエストポイントにいた二年間、夫アーサーがフィリピン赴任中でもあったため、なんと士官学校の近くのアパートに移り住み、週に何度か外出してくるダグラスとの食事や散歩を楽しんでいたという。マッカーサーの個室の灯りが見える部屋を確保し、息子の部屋の消灯を確認してから就寝していたとの不気味な話もある。

「ピンキー」と呼ばれた母は一九三五年、マッカーサーが退役後、フィリピンへの軍事顧問としての赴任に同行してマニラで八十四歳の生涯を終えるが、この母親の溺愛をマッカーサーは生涯背負い続けることになる。マッカーサーの女性関係は屈折しており、四十二歳の時、ルイーズ・ブルックスという二人の子持ちの「社交界の花形」と結婚したが、五年で破局を迎えている。この初婚にも母ピンキーは強く反対し続けたという。常に母親の存在が女性との関係の影になったとしかいいようがない。マッカーサーは母の死から二年後、五十七歳になって、最後のマニラ赴任時の船上で出会ったテネシー生まれの三十九歳の女性ジーン・メリー・フェアクロースと二度目の結婚をした。いかに彼が母親を引きずっていたかを思わせる話である。バージニア州ノーフォークにマッカーサー記念館が所在する理由も、そこが母親の出身地だからなのである。

フリーメーソンとしての顔

マッカーサーがフリーメーソンの会員だったというのは間違いない事実である。マッカーサー記念館にも「マッカーサーのフリーメーソン入会時のエプロン」という展示品がある。マッカーサーは退役後、一九三六年八月にフィリピンのマニラのNile Templeにおいてフリーメーソンに加入している。また、マッカーサーは日本進駐後の一九五〇年、日本にあるフリーメーソン・ロッジ（集会所）が初めて日本人の加入を認め、五人の国会議員が加入した際、GHQ最高司令官として祝意のメッセージを送っている。

フリーメーソンというと、何やら謎めいた秘密結社というイメージがつきまとう。陰謀史観にはまり込むと、世界の歴史を陰で動かす国境を超えた集団の象徴としてフリーメーソンの存在が気掛かりとなり、何事もフリーメーソンの陰謀が取り仕切っているような妄想にとりつかれ始める。冷静で的確な認識が求められるテーマである。とくに、米国理解にとって、フリーメーソンは避けて通れない。建国の父、ジョージ・ワシントンは、一七五二年、二十歳の時にバージニア州フレデリックスバーグの「フリーメーソン・ロッジ」に加入している。

植民地時代の米国にとってフリーメーソンは情報の交流基点として大きな意味を持った。独立に参加した東部十三州といっても、歴史、宗教、政治経済構造などにおいて共通の基盤もなく、共通の思想もなかった。その中で、欧州の最新情報を交換し、英国の植民地政策を批判して、「自然法に基づく人間の権利と革命権」を重視する独立の理念を醸成する上で、フリーメーソンのネットワークは、勢い独立運動の培養器となったのである。

そもそもフリーメーソンとは何か。起源については諸説があるが、十八世紀の英国において、近代フリーメーソンの組織化が始まり、当時の啓蒙《けいもう》思想とも結びついて、王族をも巻き込んで体制的になり、ヨーロッパ大陸にも浸透していったという理解が正しいであろう。そして、神秘主義と合理主義（理神論・科学主義）という相反する要素を包含する形で時代精神に大きな影響を与えた。その到達点がフランス革命である。フランスのフリーメーソンの標語「自由・平等・博愛」は、フランス革命の標語となり、フランスの三色旗の起源ともなった。

欧州の現実に対する失望の反動として、多くのフリーメーソンが理想を実現する実験場としたのが新大陸アメリカであった。フリーメーソンが植民地の開拓者達を結集させて独立運動の磁場となった。その後、米国におけるフリーメーソンは神秘主義的要素を後退させ、「ロータリー・クラブ」のような地域エリートの博愛組織のような性格になっていった。現在、全米には一万五千ものロッジがあり、世界に約六百万人といわれるフリーメーソンの会員のうち四百万人が米国にいるといわれる。「開かれたフリーメーソン」が印象付けられるが、入会儀式、戒律、男性限定、秘守性など極端な閉鎖性を保持している面もあり、全貌《ぜんぼう》は分らない。

W・マンチェスター著『ダグラス・マッカーサー』(鈴木主税・高山圭訳、河出書房新社、一九八五年)でも分析されているごとく、マッカーサーの精神構造における Morality（道徳）、Freedom（自由）、Christianity（キリスト教）を志す強固な使命感を見つめるならば、この人物が影響された精神世界が浮かび上がる。コーンパイプにサングラスで厚木に降り立った時、彼の心底にあったのは、軍人や為政者ではなく、理想を実現する使命を神から与えられた「宣教師」のような心理であった。

自己劇化の性癖

マッカーサーは日露戦争を観戦したという伝説がある。事実ではないが、伝説が流《る》布《ふ》したのにはそれなりの理由がある。一九〇五年八月、日露戦争直後の東京に、マッカーサーの父アーサー・マッカーサーは駐日米国大使館付武官として着任した。この時、アーサーは息子のダグラス中尉《ちゅうい》を副官として呼び寄せることとした。ダグラスがサンフランシスコから乗船し横浜に着いたのはこの年の十月二十八日であり、既にポーツマスでの日露講和条約は前月に調印されていた。客観的に考えて、日露戦争を観戦できるはずはない。にもかかわらず、マッカーサーは晩年の「回想記」において、戦場に立って観戦したことを明言している。

この時、マッカーサーは両親とともに八カ月にわたるアジア視察旅行にでかけている。京都、神戸、長崎を巡った後、シンガポールからビルマ、インド、セイロン、タイ、仏印《ふついん》、中国を訪れるという大旅行であった。この旅行によって、マッカーサーはアジアに関する問題意識と知見を深めたといえる。一旦、日本に帰ったマッカーサー一家は東京で三週間を過ごした後、帰国した。この時、マッカーサーは日露戦争を指導した日本の軍人達と面談している。「回想記」では、乃木《のぎ》希典《まれすけ》、東郷平八郎、大山巌《いわお》などの「偉大な司令官達」と面談し、「鉄のような強靭《きょうじん》な性格と不動の信念」を強く印象付けられたことと「日本兵の大胆さと勇気、天皇への狂信的な信頼と尊敬の態度から、永久に消えることのない感銘を受けた」ことに言及している。実際にマッカーサーが乃木、東郷等の名将達と面談したかは定かではない。マッカーサーには、ことさらに自分の人生を「劇的に盛り上げる」性癖が見え隠れする。しかし、それを割引いても、若きマッカーサーが日露戦争直後の日本を訪れ、何人かの軍事指導者と面談したという体験は、彼の日本観に大きな影響を与えたと思われる。

GHQ最高司令官となったマッカーサーの日本での活動は、袖井《そでい》林二郎の著『マッカーサーの二千日』(中央公論社、一九七四年)に描き出されている。だが、戦後日本とマッカーサーの位置関係を見事に示しているのは、同じく袖井林二郎の『拝啓マッカーサー元帥様――占領下の日本人の手紙』(大月書店、一九八五年)であろう。この本は、占領下の日本人がマッカーサー元帥宛《あて》に送った五十万通にものぼる手紙のうちマッカーサー記念館などに保存されたものなどを解析したものであり、敗戦という極限状況の下での日本人の心理が浮き彫りにされている。心に残るのは、日本人の卑屈さであり、昨日まで「鬼畜米英」と言っていた人間が、マッカーサーを父や神として称《たた》え、「米国の属国となし下され」と擦り寄る変わり身の早さである。時代の空気を察知して「長いものには巻かれろ」「バスに乗り遅れるな」という日本人の軽薄なまでの変容性は、今日にも続く性向であり、寒々とした気持にさせられる。

マッカーサーに対する日本人の姿勢が行き着いた先が、国会によるマッカーサー感謝決議であった。「永久国賓待遇」や「マッカーサー記念館建設計画」さえも議論された。こうした日本人の虚《うつ》ろな礼賛《らいさん》に対するマッカーサーの回答が、朝鮮動乱を機にトルーマンによって解任されて帰国した後の上院軍事外交委員会における「日本人の精神年齢は十二歳」という発言であった。日本人のマッカーサー賛美は急速に萎《な》えていった。

日本人の心底にあるトラウマ

間違いなくいえることとは、マッカーサーという人物は、「役割意識肥大症」とでもいうべき「極端な人」だったということである。その極端に純粋化された使命感のもとに、日本の民主的改革に情熱を燃やす占領行政スタッフが集まってきた。多くは、ルーズベルトの時代に「ニューディール政策」を担《にな》った人達であり、母国でも実現できなかった政策の実践場として日本での変革に強い思い入れを持っていた。

その中から、「農地解放」（地主制度の変革）「財閥解体」「労使関係の民主化」などの経済の民主化、「思想・宗教・言論・集会・結社の自由の確立」「婦人参政権」「地方自治制度改革」「公務員制度改革」「教育制度改革」「家族制度改革」など政治および社会総体の民主化を目指す改革が矢継ぎ早に実行された。その集大成ともいえる到達点が「日本国憲法」であった。しかし、一九四九年十月の中華人民共和国の成立、一九五〇年六月の朝鮮戦争の勃発など極東における冷戦構造の顕在化を背景に米国の対日占領政策も変質しはじめた。「逆コース」であった。ある意味では当然でもあった。何故《なぜ》ならば、四五年九月に公表された米国の対日占領基本政策を見ても、基本目的は「日本を米国の脅威とならない存在、米国の目的を支持する存在」と明示されているからだ。これは日本の戦後史を貫く原則となっており、今日においても、トラウマとなって日本人の心底に刻み込まれている。

戦後改革の評価は単純ではない。受動的に受け入れたものとして軽視する態度も慎むべきであろう。GHQに「押し付けられた」面があったとしても、やはり前近代的制約からの解放という意味や、理想への進歩というべき変革であった。

半世紀が経《た》った所に立つ我々は、戦後改革を冷静に見つめ直し、主体的に戦後改革を踏み固め、高めていくべきである。その際、「トラウマとしてのアメリカ」を脱却する意志と戦後改革の成果を見失わない意志のバランスが問われる。戦後民主主義の試練はむしろこれからである。

フィリピンで日本軍に敗れ、撤退する時に言った"I Shall Return"を、戦勝後に繰り返しドラマ仕立てで利用したごとく、自らのカリスマ性を盛り上げるスタイルを、マッカーサーは最後まで崩さなかった。大統領になりたかった男、マッカーサーは一九五一年四月、米上下両院合同会議での演説によって、静かに舞台を下りた。「老兵は死なず、ただ消え去るのみ」の言葉を残して。

【付】マッカーサー再考への旅
――呪縛《じゅばく》とトラウマからの脱却

九段下の寺島文庫に、面白いものが集まりつつある。ガラクタ(「我楽多」でもある)とお宝が混在するミニ博物館化してきたのである。この数カ月の間に、縁あってペリー提督の自筆サイン付『日本遠征記』(一八五七年特別革表紙装丁された百冊の一冊)とマッカーサー元帥《げんすい》の自筆サイン入り『マッカーサー回想記』初版本(一九六四年)を手に入れることができた。

日本を変えた二人の米国人ともいえるペリーとマッカーサーの肉筆を見つめていると、想像力が刺激される。かれらは不思議な因縁でつながっていたこと、この二人の人物と日本との位相が今日の日米関係にまで投影されていることに気づくのである。マッカーサーへの旅を通じて再考してみたい。

横浜ニューグランド三一五号室

一九四五年八月三十日、厚木にコーンパイプをくわえて降り立ったマッカーサーは横浜に向かい、ニューグランドホテルで日本進駐の第一夜を迎えた。このホテルは彼にとって思い出のホテルでもあった。日本進駐時、すでに彼は六十五歳であったが、五十七歳で再婚を決意しニューヨークで結婚式を挙げてフィリピンに帰任する途中、新妻ジーンとこのホテルに泊まったのである。記録によれば、マッカーサーを迎えたホテルでは、食糧難で食材が入手できず、横浜訓盲院でニワトリを飼っていると聞き、拝み倒して卵を譲ってもらい、目玉焼きをつくった。それに配給のスケソウダラとキュウリの酢漬が食卓に出された。マッカーサーは一口食べただけで顔をしかめて食事をやめた。ホテル側から日本の食糧事情の説明を受けた彼はただちに指示し、大量の肉・野菜・コーヒーなどがホテルのみならず横浜市長あてにも届けられたという。

九月二日、このホテルからマッカーサーは東京湾に浮かぶ戦艦ミズーリ艦上での降伏文書調印式に臨んだ。調印式に先立ち、彼は二人の人物を招きホテルで面会した。一人はシンガポール陥落時の英国軍を率いていたパーシバル中将、もう一人はコレヒドール島で日本軍に降伏した米国のウェーンライト中将である。二人は満州の奉天

（現・瀋陽）の捕虜収容所に三年間も抑留されていたが、降伏文書調印式に立ち会わせるために移送された。これも彼流の「ドラマ化」の一部だった。

調印式にはペリー提督が日本遠征の旗艦サスケ・ハナ号に掲げていた星条旗をわざわざ取り寄せて掲げていた。当初、マッカーサーは「皇居」での降伏文書調印を望んだという。結局、日本国民の心理や安全確保への配慮、米海軍の顔を立てるという判断から東京湾に浮かぶ米戦艦での調印式になった。

戦艦ミズーリの右舷《うげん》〇一デッキでの調印だった。傷心の敗戦国日本を代表し、首席全権として調印式に臨んだのは重光葵《しげみつまもる》外相、梅津美治郎《うめづよしじろう》参謀総長であった。降伏文書への調印など屈辱的な役回りであり、事実、日本側では近衛文磨《このえふみまろ》や東久邇稔彦《ひがしくになるひこ》首相が固辞した挙句、天皇の裁断で重光と梅津となった。重光は上海での爆弾テロで片足を失ったため杖《つえ》をつき、シルクハットにタキシードという装《よそお》いで十一人の日本代表団の先頭に立った。数千人もの米将兵に取り囲まれる中、悲しみを堪《こら》えながら国家の責任を担《にな》って調印式に臨んだ重光葵という人物に、私は心動かされる。その日の記録映像を何回も見たが、重光は義足を引きずりながらも胸を張り歩いている。

重光葵は「アジア解放のための戦争」という構想力をもって戦争に関与した指導者であり、「大東亜共栄圏」や「大東亜会議」が帝国主義的野望を糊塗《こと》した虚構であったにもせよ、「アジア連携」という一定の構想をもって筋道の通った国際関係を志向した外交官であった。降伏文書への調印の翌日、マッカーサーと会談して連合国側が提示した「軍政施行」を中止させたのも彼である。東京裁判で禁固七年という判決を受けるが、困難からも逃げずに使命に生きた人物だと思う。

ミズーリ号でのマッカーサーのスピーチは、職業軍人の言葉とは思えない内容であり、マッカーサーの特異性を示すものであった。「過去の出血と殺戮《さつりく》の中から、信仰と理解に基づいた世界、人類の威厳とその抱懐する希望のために捧げられたよりよき世界が、自由と寛容と正義のために生まれ出《い》でんことは予の熱望するところであり、全人類の願いである」。

敗戦後の日本に対する米国の統治は、ドイツに対するそれとは異なり、米国単独の占領統治であり、日本の統治機構を生かした間接統治であった。このことが戦後日本の性格を決めたといえる。戦争末期、ワシントンでは戦後処理に関して「米国・ソ連・中国・英国」による日本の分割統治を検討していた。しかしマッカーサーが強硬に反対し、米国による単独統治にこだわった。日本占領から中国やソ連を排除したことが、日本人に「米国への敗戦」として戦争を総括させ、現在でも、日本人の意識には「中国やソ連への敗北」という認識は存在しない。もし中国やソ連の進駐がなされていれば、日本にとっての敗戦の意味はまるで変わっていたであろう。

またドイツにおいては、敗戦の時点でヒットラーを中心とするナチの統治機構は崩壊していたが、日本では天皇を中核とする統治機構が存続し、機能していた。『マッカーサー回想記』でも、チャーチル英首相の言葉として「戦争中のあらゆる司令官の振る舞いで最も傑出したものは、武装解除されていない数百万の日本軍を向こうに、わずかな兵力を連れて日本に降り立ったマッカーサー元帥の厚木への進駐である」を紹介する形で自らの勇敢さを際立たせているが、「五万人のカミカゼ特攻隊と二百万人の無傷の武装日本軍が待機する中を進駐した」という話は誇張だとしても、日本の統治機構を利用したほうが賢明という判断がなされたといえる。旧体制との断絶と継続という複雑な要素を内包させた戦後改革という「微妙なあいまいさ」は今日にも影を投げかけている。

それでも、マッカーサーによる戦後改革が「戦後なる日本」を形成したことは間違いない。彼自身は「マッカーサー・ノート」と言われる改革の三原則（①天皇の地位は国民主権に基づく、②戦争の放棄、③封建制度の廃止）を示したにすぎないが、その上に、農地解放（地主制度の変革）、労働組合奨励（労使関係の民主化）、財閥解体などの経済の民主化、思想・宗教・言論・集会・結社の自由の確立、婦人参政権、教育制度改革など政治・社会総体の民主化が推進された。その集大成ともいえる到達点が「日本国憲法」であった。GHQを支えた専門家の多くが、F・ルーズベルト政権下で「ニューディール政策」を担った経験者であり、本国でもできなかった政策を日本で実現しようとした側面もあった。マッカーサーは「征服者」であると同時に「改革者」としての希望を担う二重構造を背負うこととなった。彼自身の意図は、「日本を二度と米国にとっての脅威としないための非軍事化」（四十五年九月の対日占領基本政策に準拠）を中核として、彼の信条ともいえる「キリスト教的使命感に由来する日本社会の民主化」にあったといえるが、彼の意思を超えて戦後改革というコマは動き始めた。

彼が滞在したニューグランドホテル三一五号室は改装はされたが今も客室として使われている。山下公園を臨む窓からは海の彼方に東京スカイツリーが見える。六十七年が経過した。

NYウォルドルフ・アストリア三七ーA号室

一九五一年四月に日本から帰国したマッカーサーはパーク街のウォルドルフ・アス

トリア・ホテルのタワーに住んだ。ウォルドルフ・アストリアが現在の地に建てられたのは一九三一年、ニューヨークの摩天楼ブームを象徴する超高級ホテルである。最終的には三十七階A号室という最高級スィート・ルームに一九六四年に死ぬまで住み続けた。経営者ウォルドルフが、わずかの家賃で豪華な部屋を提供し続けたのである。凱旋《がいせん》将軍として帰国したマッカーサーではあるが、現在では一泊五十万円は下らないと思われるウォルドルフ・タワーのスィートに、退役軍人が長期滞在することはありえないことであろう。軍の終身現役名簿に名をとどめ、五つ星の階級と給与（年俸一・八万ドル以上）を保証された上に、コンピューター企業レミントン・ランド社の会長で年俸四・五万ドルというのが、帰国後の彼の収入源であった。

一九五二年の大統領選挙において、共和党の指名競争が混迷すれば自分が登場する可能性を意識していたマッカーサーは、七月のシカゴでの共和党大会まで全米を遊説《ゆうぜい》してトルーマン政権への批判を繰り返した。トルーマンにより解任され帰国した直後は、米国民の三分の二が「解任に反対」（ギャラップ社調査）し、熱狂的に彼を歓迎・支持したが、五一年五月から六月にかけて行われた上院軍事外交委員会での「マッカーサー解任に関する聴聞会」での彼自身の三日間の証言を経て、マッカーサー人気は急速に陰りを見せた。いかなる誤謬《ごびゅう》も認めない自己過信や人種的偏見に満ちた偏狭な空気が滲《にじ》み出たからである。結局、共和党もかつてマッカーサーの部下だった「アイク」（D・アイゼンハワー）を大統領候補に選んだ。

彼の公的生活は完全に終わり、それ以後、亡《な》くなるまでの十二年間、ジーンとの静かな日々をウォルドルフで過ごした。

ウォルドルフの部屋には、皇太子夫妻、吉田茂、重光葵など日本からも多くの要人が訪れた。一九五六年九月には日本生産性本部の第一回米国視察団が渡米した時、GHQ本部として本社ビルを接収された第一生命の社長矢野一郎がマッカーサーを訪ねている。彼の手記によれば、部屋のマントルピースには、帰国時に第一生命が贈った置時計が飾ってあり、「私はこの時計と五年半一緒に暮らした」と語ったという。吉田茂や皇室に「よろしく」と言ったが、日本の復興の現状や進路に関して特別の関心が向けられたという感じではない。

実は、マッカーサーは米国に帰国後一度だけ日本に来たことがある。一九六一年七月、八十一歳でフィリピン独立十五周年記念式典参加のためマニラに向かう途中、厚木の米軍基地で休息したが、基地の外には一歩も出ることはなかった。彼の心は、父親の代からの縁もあり生涯において四回にわたり十三年間過ごしたフィリピンにあった。その意味で、増田弘《ひろし》の『マッカーサー　フィリピン統治から日本占領へ』（中公新書、二〇〇九年）は「日本占領期のマッカーサー」の淵源《えんげん》が「フィリピン時代のマッカーサー」にあることを気付かせる重要な研究である。一九六四年四月五日、彼はワシントンDCのウォーターリード陸軍病院で死去した。八十四歳であった。

ノーフォーク・マッカーサー記念館

バージニア州ノーフォーク、首都ワシントンDCの南約二百五十キロメートルにある米国海軍の基幹港としての役割を果たし続けてきたこの街にマッカーサーとジーンの棺を納めた記念館がある。何故この地にマッカーサーの記念館があるのかといえば、母親の出身地だからである。そして、この地こそペリー艦隊が日本を目指して出港した港でもあった。

ピンキーと呼ばれた母の溺愛ともいえる愛情を受けてマッカーサーは育った。陸軍士官学校に入学した息子を追いかけ、ピンキーはその寄宿舎の部屋が見えるアパートを借り、消灯を確認してから一日の眠りについたという。マッカーサー伝説につきまとう「マザコン説」である。対日降伏文書にサインした万年筆も母のものだったといわれる。確かに、九五年に戦勝五十年を記念してパーカーが限定千九百四十五本のレプリカを発売したが、オレンジ色で女性用を思わせるものである。

袖井林二郎の『マッカーサーの二千日』（中央公論社、一九七四年）に、GHQ最高司令官としての日本での活動が描き出されているが、戦後日本人と彼との関係を鮮明にしているのは、同著者の『拝啓マッカーサー元帥様——占領下の日本人の手紙』（大月書店、一九八五年）であろう。占領下の日本人が彼に送った五十万通にのぼる手紙のうち、マッカーサー記念館に保存されたものなどを分析した作品であり、敗戦後の極限状況での日本人の心理が浮き彫りにされている。印象深いのは、日本人の卑屈さや昨日まで「鬼畜米英」という叫びに呼応していた人々が、一転してマッカーサーを父や神として称え、「米国の属国となし下され」とすり寄る変わり身の早さ、身辺状況の中での日本人間の矮小《わいしょう》な嫉妬《しっと》と誹謗《ひぼう》中傷である。「長いものにはまかれろ」という軽薄なまでの変容性と受動性は、悲しい性向であり、寒々とした気持にさせられる。

彼の解任・帰国後、日本の国会は「マッカーサー感謝決議」を行った。「名誉国民」や「永久国賓」などを贈る案が提起され、「記念館設立推進運動」も始まった。こうした日本人の思い入れに対する彼の回答が、帰国後の米上院軍事外交委員会における発言であった。日本人のマッカーサーへの賛美は急速に萎えていった。「日本人はすべての東洋人と同様に勝者に追従し、敗者を最大限に見下げる傾向をもっている。米国人が自信、落ち着き、理性的な自制の態度をもって現れたとき、日本人に強い印象を与えた」「科学・美術・宗教・文化などの発展の上から見て、アングロ・サクソンが四十五歳の壮年に達しているとすれば、ドイツ人もそれとほぼ同年輩である。しかし、日本人はまだ生徒の時代で、まだ十二歳の少年である」

ジョン・ダワーは『敗北を抱きしめて』(岩波書店、二〇〇一年)において「マッカーサー元帥にとって、日本は異教徒の『東洋的』社会であり、キリスト教伝道の任務をもつ白人によって隅々まで支配されて当然の存在なのであった。『白人の責務』という言葉で知られる植民地主義的なうぬぼれが厚かましくも実行された最後の例が、日本占領だったのである」と述べる。救世主的情熱に支えられた「ネーションビルディング(国つくり)」という価値押し付けこそがマッカーサーの戦後日本に向き合う本音であった。

ここに米国が内在させる「抑圧的寛容」が生み出される土壌がある。自分が圧倒的優位にあるという意識が生み出す寛大さ。つまり、進駐軍でやってきた米国人の「日本の子供たちに粉ミルクを」という思いやりにも通ずるものだが、それが、ひとたび自分を凌駕《りょうが》するかもしれないと認識したり、敵対してくるかもしれないという状況に直面すると嫉妬心と敵愾心《てきがいしん》の塊となって偏狭な抑圧者に反転するという性向である。
日本人の権威主義的性格を見抜き、フィルモア大統領の「国書」(実際には、ペリー来航時にフィルモアは前大統領にすぎなかった)を仰々しく差し出し、砲艦外交で開国を迫ったペリーとマッカーサーには共通する「抑圧的寛容」が滲みでている。それが日米双方に固定観念とトラウマを生む淵源となっていることに気付かざるをえない。マッカーサーの肉筆の署名本をみつめ、改めて生身の彼に近づく試みをしてみて思うのは、そろそろ日本人もその呪縛を解き放ち主体的に歩み出す時だということである。

(雑誌「世界」二〇一二年五月掲載)

第二章　国際社会と格闘した日本人

「太平洋の橋」になろうとした憂国の国際人、新渡戸稲造

本質は「偉大な教育者」

旧五千円札の顔、新渡戸稲造の「願わくはわれ太平洋の橋とならん」という言葉は、クラーク博士の「青年よ、大志を抱け」の応答歌だったともいえる。直接クラークの薫陶《くんとう》を受けたことはなかったが、札幌農学校の二期生として、新渡戸稲造もまたクラーク精神の継承者であった。

岩手県盛岡市の盛岡城址《じょうし》に立つ「われ太平洋の橋とならん」の碑を、私が最初に目

新渡戸は東西の融和を夢見たが——

にしたのは三十年前、大学生の時であった。すごいことを言う人がいるという印象であった。その後、自分自身が米国ワシントンに勤務し、六年間もワシントン郊外のメリーランド州ベセスダに住むこととなり、新渡戸が留学したジョンズ・ホプキンス大学のあるメリーランド州ボルチモアを何度となく訪ね、新渡戸の足跡に思いを馳《は》せる体験をした。ワシントンからボルチモアは車で一時間ほどで、大リーグのボルチモア・オリオールズの本拠でもあり、野球観戦に足を運んだこともあるし、巨大な回遊型水族館を訪ね、近くの海岸沿いのショッピング・モールで食事をするのも楽しみだった。そんな時、百年以上も前、この街に一人降り立った二十二歳の青年新渡戸稲造を思ったものである。

新渡戸稲造は、一八六二年八月、南部藩士新渡戸十次郎の三男として盛岡に生まれた。祖父新渡戸傳《つとう》は、やはり南部藩士として、三本木原野の新田開発に多大の功績をあげた人物で、十和田湖から流れ出る奥入瀬川《おいらせがわ》から全長十一キロもの穴堰・陸堰を掘る難工事を四年かけて完成させた。不撓《ふとう》不屈の精神で志を貫いた祖父の存在は、稲造の人生にとって無言の感化となった。

六歳の時、父を失った稲造は、十歳で父の弟太田時敏《ときとし》の養子となり、母の元を離れ上京した。築地の外人英語学校や東京英語学校（後の大学予備門）などで英語を学んでいたが、「祖父の血」とでもいおうか、開墾事業への関心から、一八七六年に北海道開拓使による札幌農学校設立と官費生募集という話を聞き、早速願書を提出して合格となった。ただし、年齢がまだ十四歳であったため、次の年に二期生としての入学となった。この時、同期で入学した十七名の中に、内村鑑三、宮部金吾がいて、兄弟のような親交を持つようになった。

新渡戸稲造が札幌農学校に入学したのは一八七七年九月、クラーク博士が札幌を去って五カ月後であった。クラークのキリスト教による感化の影響は学園に満ち溢《あふ》れ、新渡戸も入学一カ月で「イエスを信ずる者の誓約」に署名、翌年六月には内村鑑三等とともに、メソジスト派宣教師M・C・ハリスから洗礼を受けている。キリスト教に入信した札幌農学校の学生達は聖書の研究会などを通じ信仰を深めていった。「稲造は理路整然として学者風であったし、内村は烈火のように熱のある説教で人をうつものがあった」という。

札幌農学校時代からの青年期の新渡戸稲造の歩みを追ってみると、決して順調とはいえぬ苦悶《くもん》の跡がうかがえる。誠実さ故《ゆえ》に自己懐疑的で、学業や信仰について悩みがちであったことに加え、眼病に苦しみ何回か神経症になっている。札幌農学校卒業後、北海道開拓使、農商務省、札幌農学校などに奉職しているが長く続かず、東京大学に入学したものの失望し、一八八四年にアメリカへの私費留学を果たした。

新渡戸はボルチモア市のジョンズ・ホプキンス大学で経済学・史学・文学を三年間学んだ後、一八八七年に札幌農学校助教授に任ぜられ、農政学研究のため米国から直行でドイツ留学へと向かった。ボン大学、ベルリン大学、ハレ大学において農政・農業経済学、統計学などを学び、一八九一年にカナダ、米国各地を回って帰国、札幌農学校教授となった。

この間、ボルチモアのクエーカー教徒の集会に参加、ボルチモア・フレンズ会の会員となり、この縁で帰朝途上の一八九一年にフィラデルフィアのフレンド派の名門出の才媛《さいえん》メアリー・エルキントン嬢と結婚した。

新渡戸稲造は多彩な顔を持っている。宗教家、教育者、農学者、知的国際人、ベストセラー本の著作者など、驚くほどの行動力で時代を駆けぬけた「知の巨人」であった。だが、彼の人生の本質は何であったのかを問い詰めるならば、偉大な教育者であったというべきであろう。

日本におけるアメリカ研究の草分け的存在である高木八尺《たかぎやさか》は、新渡戸が第一高等学校の校長を務めていた時の教え子であるが、明治三十九年（一九〇六年）から大正二年（一九一三年）にかけての七年間、新渡戸自身四十四歳から五十一歳の最も脂《あぶら》のののった時期に第一高校の校長として多感で優秀な若者を教育した足跡は大きかった。また数ある新渡戸稲造の伝記の中でも、敬愛と抑制に満ちた叙述で心に残る『新渡戸稲造』（みすず書房、一九六九年）の著者である松隈俊子《まつくまとしこ》（一九〇〇〜一九九六）は、新渡戸が一九一八年に東京女子大学初代学長に就任し、国際連盟事務局次長に去るまでの教え子であった。

『武士道』に込められた思い

新渡戸の名著『武士道』"BUSHIDO――the soul of Japan"が米国で出版されたのが一八九九年であった。この頃、内村鑑三の『代表的日本人』（一八九四年）も岡倉天心の『東洋の理想』（一九〇三年）『日本の覚醒《かくせい》』（一九〇四年）『茶の本』（一九〇六年）も相次いで、英文で世界に向けて発信されている。

明治維新から三十年が経過し、国際社会の中に先頭を切って入っていった日本人の中から、「日本人とは」「日本とは」という真剣な問い掛けが湧《わ》き起り、それぞれ独自の考察から作品が創《つく》りだされたということである。今日、私自身が世界中の本屋に立ち寄る機会を通じ、日本に関する本が置いてあるコーナーを注視してみて、百年前の先達が書いた本を、問題意識と内容において超えている作品が無いことに気付く。明治の先達は、押し寄せる「西洋化」という潮流のなかで、懸命に「日本とは」と自尊をかけて問い詰めていたのである。

今日、『武士道』は、三十を超える言語に翻訳され日本的精神を解き明かす本として不朽の地位を保っている。この本を書いた時の新渡戸稲造は三十七歳。米国、ドイツへの留学を終えて二十九歳で帰国、母校札幌農学校の農政学や殖民論の教授を七年間務めた後、過労による神経症の療養も兼ねて再び渡米し、カリフォルニアでの執筆であった。

新渡戸が『武士道』を執筆する契機は、ある西洋の学者に「日本には宗教教育はないのですか」と質問され、「ありません」と答えたものの、「ではどうやって道徳教育を授けるのですか」と問い詰められ、答えに窮した体験だったとされる。その後、新渡戸は自らの心の中にある正邪善悪の観念を形成している要素を分析した結論として、日本人の中に宿る価値基準の基底に「武士道」の影響を見出《みいだ》していったのである。いうまでもなく、執筆時点での新渡戸は、既に敬虔《けいけん》なキリスト教徒であり、欧米で古今の哲学・歴史・文学を学んだ、当時としては「最も西洋の宗教・思想に精通した人物」であったが、その彼が自らの価値判断の深層にあるものを「武士道」として抽出したのである。

今日、『武士道』などというと、忠君・切腹の封建的価値として時代錯誤的響きをもつが、実際にこの本を読むと、現代を生きる我々の価値も「武士道」の暗黙の渓流の中にあることに気付かされる。本書では『武士道』の内容を詳しく吟味する意図はないが、「義」「勇」「仁」「礼」「誠」「名誉」「忠義」などといった武士道の中核をなす価値が、日本人の行動選択を支える美学を形成してきたことが説得的に解説されている。そして、それは実際の日本人の「ある姿」よりも「あるべき姿」を自分自身をも含めた日本人の行動規範として提示しようとしたのかもしれない。

戦後の社会科学を学んだ人間としては、武士道がいかなる政治体制によって利用されたか懐疑的にならざるをえず、単純に武士道を礼賛《らいさん》する気持にはなれないが、効率や打算を超え、見返りを求めぬ平常心でことに当たる「サムライ精神」が日本人から失われてよいとも思わない。新渡戸は『武士道』の結びにおいて、「不死鳥はみずからの灰の中より甦る《よみがえ》」として、武士道が制度としては滅んでも、人生を豊かにする徳目として生きていくことを語っている。功利主義や唯物論《ゆいぶつろん》に対峙《たいじ》できる道徳体系としてのキリスト教を志向しながらも、新渡戸は「何世代か後に、武士道の習慣が葬《ほうむ》り去られ、その名が忘れ去られるときが来るとしても、『路辺に立ちて眺めやれば』、その香りは遠く離れた、見えない丘から漂ってくることだろう」と述べる。そして今、我々がその「何世代か後」に立っているのだ。

ところで、新渡戸の『武士道』は思いもかけぬ歴史的役割を演ずることになる。一九〇四年、日露戦争への米国の支援を働きかけるために渡米した金子堅太郎が、セオドア・ルーズベルト大統領に進呈したのが新渡戸の『武士道』であった。この本をルーズベルトは熟読し、「日本国民の徳性」を理解しえたとして、この本を三十冊も購入して五人の子供や友人に配ったことを金子に伝えており、このことは『日本外交文書・日露戦争V』に記載されている。日露戦争の講和仲介者としてルーズベルトが動きだす心証に、新渡戸の『武士道』を通じた日本理解が影響を与えたことは間違いない。

国際連盟次長としての活躍

一九二〇年五月、新渡戸稲造はスイスのジュネーブに新設された国際連盟の事務局次長に就任した。国際連盟は第一次世界大戦後のベルサイユ講和会議を受けて同年一月に創設されたが、事務局次長のポジションを提示された日本は人選に苦しんだ。べルサイユ会議の全権の一人牧野《まきの》伸顕《のぶあき》が、一九一九年六月、後藤新平伯の欧米漫遊旅行に同行してパリに現れた新渡戸稲造を説得、「国際機関での仕事に耐えるかけがえの無い人材」として実現したというのが背景であった。

新渡戸は東京女子大学学長という立場のまま、国際連盟事務局次長に就任、七年間ジュネーブを舞台に活躍する。事務総長は英国のドラモンド卿《きょう》であったが、欧州各地での国際連盟精神を定着させるための講演などは大半を新渡戸が引き受けることとなった。新渡戸の単なる雄弁を超えた不思議な説得力をドラモンド卿が評価したためであった。

新渡戸がジュネーブで国際連盟に情熱を傾けた一九二〇年代は、日本が「ベルサイユ・ワシントン体制」といわれた第一次世界大戦後の多国間秩序のなかで、国際協調主義を探究した時期であった。ベルサイユ講和会議に列強の一翼を担《にな》う形で参加し、一九二一年のワシントン会議で日英同盟を解消して「大国間の多国間ゲーム」に参入した日本は、当時の日本で極めつきの国際人たる新渡戸稲造をジュネーブに送り込んだのである。

昭和二年（一九二七年）一月、新渡戸は七年間の重責を果たし、国際連盟事務局次長を辞任、帰国の途に就いた。既に東京女子大学の学長は一九二三年に辞任していたが、一九二五年には帝国学士院会員、一九二六年には貴族院議員に勅選されていた。新渡戸の帰国に際し、国際連盟の事務局員一同が新渡戸に贈った「送別の辞」は実に心を打つものである。

このことを私に示唆《しさ》してくれたのは、新渡戸の熱き研究者でもある原田明夫検事総長であるが、なるほど読んでみて、単なる義理の送別文ではなく、いかに新渡戸が多くの事務局員に敬愛されていたかが伝わってくる。「東洋社会の理念の受託者」として「行動よりも大切な静思」や「戦勝よりも大切な理念」があることを、新渡戸が「自らの実例によって教示した」ことが、送別文に見事に表現されている。送別文は次の言葉で締め括《くく》られている。「この平和の砦《とりで》の前哨《ぜんしょう》基地を通行して行かれるのに当たって、私達は貴方《あなた》に『友を通せ！(Pass friend!)』という言葉をお贈りします」。

スイスのジュネーブ、レマン湖畔の丘に立つ国際連合欧州本部、かつて国際連盟の本部があったこの場所を、私も何回か訪れたことがある。国連加盟国でもないスイスに、現在でも十五の国連機関の本部が置かれ「国連欧州本部」が存在することは奇異な感もあるが、国際連盟本部が存在していたという背景があってのことなのである。

この地で七年間奮闘した新渡戸が去ってから六年後の一九三三年三月、満州問題で孤立した日本は首席全権松岡洋右《まつおかようすけ》の「連盟よさらば」の演説によって国際連盟を脱退した。

ジュネーブから帰国した新渡戸は、日本の迷走の中で苦闘する。満州事変を契機として軍部の力は大きくなり、一九三二年には便乗した右翼によって井上準之助前蔵相、団琢磨《だんたくま》の暗殺、さらには五・一五事件などが続いた。この年の二月に愛媛県松山で行なった講演の後、新渡戸が語った新聞記者への話の中の「日本を滅ぼすものは共産党と軍部」という一言が反国家思想と指弾され、新渡戸は危険な自由主義者として追い詰められていく。満州事変以後、米国の対日感情は一段と悪化、危機感を強めた新渡戸はこの年七月、一民間人として日米相互理解のために渡米、フーバー大統領、スチムソン国務長官等と面談したり、ラジオ放送、百回を超す講演などを通じて日本の立場を説明して回った。

翌一九三三年三月に帰国したが、国際連盟を脱退した日本の孤立を憂《うれ》いて、太平洋問題調査会の理事長として再び太平洋を渡ることを決意、同年八月カナダ、バンフで行なわれた太平洋会議に出席した。その後、米国東部・南部の講演旅行のためカナダ東部のビクトリアに立ち寄った際、膵臓《すいぞう》難症を発病、そのまま異郷の地に客死した。国内にあっては対米協調論者として冷淡視され、海外においては軍部に妥協した変節者として論難された新渡戸の悲しみは深かった。「太平洋の橋」となろうとした新渡戸の最後は空虚な幕切れとなった。

温かく厳しい魂の持ち主

新渡戸の教育者・宗教家としてのイメージからすれば意外なことだが、新渡戸稲造という人物は世俗的にも成功者であった。新渡戸が最後に居を構えた小石川小日向《こひなた》の邸宅は、敷地数千坪、洋室・和室合わせて二十を超す豪邸で、庭には灯籠《とうろう》・泉水・樹木という見事なものであったという。訪れた旧友の内村鑑三が「これでは悪口をいわれるのも無理はない。折を見て注意するであろう」と語ったほどである。

何故《なぜ》、かくも資産家になったのか。それは、ベストセラーとなった著作を何冊も書いたからで、彼のような知的権威者の作品としては首を傾《かし》げるような大衆向けの本を出版しているのである。その代表格が一九一二年（大正元年）に出版された『世渡りの道』である。

今日的判断からすれば、あからさまな立身出世主義とそれを促す技術論を展開しているに過ぎない著作として認識されかねないが、新渡戸が生きた時代の日本を再考するならば、これらの著作が持った意味も理解できるような気がする。

松隈俊子の『新渡戸稲造』の中に、稲造の母せきが東京に養子に行った稲造に一八七六年（明治九年）に送った手紙が紹介されている。稲造十四歳、東京英語学校において英語・英文学の修業中であった。「……それに付ても何分何分心を正しくし、名を高くかがやかし被下度《くだされたく》、おまへかたよき人々にならざれば、母にて子供らは馬鹿《ばか》ぢやといはれ可申《まうすべく》、どうぞどうぞおぢい様やお父様の子ぢやといはれ候《さうらふ》様ひとへにたのみ申し候……」と手紙にあるが、六歳で父を亡《な》くし、十歳で故郷盛岡から父の弟の養子となって上京した稲造に、母は手紙の度に「家名を汚さぬよう、ご先祖を辱《はずかし》めぬよう、祖父や父のように偉い人にならないとお母さんっ子だといわれる。一所懸命勉強して、有名な人になっておくれ」と繰り返し繰り返し書き送っている。新渡戸の場合、特殊な境遇にあったとはいえ、「身をたて、名をあげ」国家有為の人材になることは、日本近代史を生きた青年の大部分がごく自然に人生の目標としたテーマであった。この目標が戦後日本人において静かに消えていったのだ。

佐藤全弘著『新渡戸稲造の世界』（一九九八年）、同編著『現代に生きる新渡戸稲造』（一九八八年）、さらに盛岡の新渡戸基金が発行を続ける「新渡戸稲造研究」（一〜七号）を読むと、新渡戸稲造という人物がいかに多くの人に影響を与え、そして敬愛されたのかに驚かされる。そして、「憂国心と国際心の権化《ごんげ》」として世界を舞台に活動した公人としての足跡もさることながら、生身の人間として直接触れ合った人々に感動と生きることへの示唆を与えた「人間新渡戸稲造の温《ぬく》もり」に強く心を動かされるのである。威張らず、親しみ易《やす》く、研究心旺盛《おうせい》で、涙もろく、いつも笑顔が印象に残る「快い雰囲気を持った人物」という存在感は、聖俗あわせ持つ「人間の大きさ」を思わせるのである。

新渡戸稲造こそ近代日本が生んだ「世界を見た知性」であり、大きく、温かく厳しい魂の持ち主であった。悩み深く傷つき易かった青年は、世界の大海を見ながら、大きく強い存在となった。そして、日本近代史の宿命を担いながら、東西の融和を夢見つつ、カナダの地に客死した。

キリストに生きた武士、内村鑑三の高尚なる生涯

純粋で不器用な人生

内村鑑三の『後世への最大遺物』は小冊子である。岩波文庫でわずかに五十九ページ分にすぎない。これは内村鑑三が明治二十七年（一八九四年）夏に箱根の芦ノ湖《あしこ》畔で行なわれたキリスト教徒夏期学校で行なった講話を活字にしたものである。既に百年以上が経過した講話が、かくも力をもって心に迫るものなのか。私はキリスト教徒ではないが、内村鑑三という人物の存在感には素直に頭を下げざるをえない。『後世への最大遺物』は、「我々は人生を通じこの世に何を残していけるのか」というテーマについての講話である。思えば、何とも深遠なテーマである。現代人は、このテーマ設定そのものに驚かされる。宗教者の講話であるこのような演題の小冊子が多くの読者を惹《ひ》きつけた明治という時代の日本人の生真面目《きまじめ》さに心打たれるのである。

内村は「われいかに生くべきか」を自らに問いかける。そして、自己の存在の証《あかし》と

なるものを生涯に残そうとして、一体何が出来るのかを吟味していく。不朽の名声か、巨万の富か、教育的事業か、万人に読まれるような作品か。しかし、それらは特殊な個人にのみ残しうる稀有《けう》なものであり、万人に可能な「最大遺物」ではないとされる。そして、特別に優れた才能がなくても、金も地位もなくとも、学問がなくとも、「人生」という元手があれば誰にでも遺《のこ》しうる生涯とは、「あの人はあやって真摯《しんし》に生きた」という記憶そのもの、つまり「勇ましい高尚なる生涯」であると結論づける。この講演録が小冊子となって出版されたのは明治三十年であるが、この書は、明治・大正・昭和を通じ知的青年達に読み継がれてきた。多くの青年達はこの書によって内村鑑三と出会い、感動と励ましを受けた。そして、我々は内村鑑三の生き方そのものの中に壮烈な「高尚なる人生」を見るのである。

ところで、不思議な事実に触れておきたい。内村鑑三の代表作として知られる『代表的日本人（原題"JAPAN AND THE JAPANESE"）』が刊行されたのが明治二十七年であり、『余は如何《いか》にして基督《キリスト》信徒となりし乎《か》』はその翌年であった。にもかかわらず、英文で出版されていったこれらの本が日本文に翻訳されたのは、実にそれから半世紀後であり、前著が昭和十六年（一九四一年）、後著が昭和十年（一九三五年）であった。とすれば、明治・大正・昭和初期の日本人の多くは内村の代表作を読んで

内村はあくまで日本人であることにこだわった

いなかったということである。

新渡戸稲造が「母」ならば、内村鑑三は「父」である、という言い方がある。なるほど寛容で包容力あふれる新渡戸と、峻厳《しゅんげん》で妥協を許さぬ存在感を放つ内村鑑三は好対照である。同じく札幌農学校に学び、クラーク精神を継承してキリスト教に帰依《きえ》し、同じく米国への留学を体験しながら、二人の人生はあまりにも異なるものとなっていった。

私が内村鑑三に関する文献や資料を読んで痛感するのは、本当に「不器用な人生」を送った人だということである。親友新渡戸稲造が社会的ステータスを高め、資産を形成して世俗的にも成功者となっていったのに比べ、あまりにも純粋で不器用に生きたのが内村鑑三であった。私は深い溜《た》め息をつきながら内村鑑三の足跡を追った。

内村鑑三は文久元年（一八六一年）、江戸小石川の高崎藩の江戸藩邸・武家長屋に高崎藩士の子供として生まれた。六歳まで生地で育ち、高崎に移って二年八カ月を過ごした。その後、父宜之《よしゆき》の転勤（高崎藩の飛地領地の監督管理者としての赴任）のため石巻、気仙沼と居を変え、廃藩置県後の明治四年六月に高崎に戻って約二年を過ごし、明治六年、十二歳の時に、有馬私学校英学科に入学のために上京した。その四年後に新渡戸稲造たちとともに札幌農学校二期生として札幌に移ったのである。内村鑑三は「上州高崎の人」というイメージがあるが、実際に高崎に住んだのは五年足らずであり、その意味では「故郷を持たない人間」であった。

内村鑑三は、本人自身が後に述懐しているが、根幹のところで「武士の子」であった。忠義一徹の侍であった父の薫陶《くんとう》を受け、幼少期の内村は「四書五経」を初めとする儒教的教養を深めた。このことが内村鑑三の核心の部分に深く潜在し続けたといえる。内村の原点を理解する上で、実に印象的なシーンがある。札幌農学校に入学して間も無い十六歳の少年内村鑑三が、上級生が強要するキリスト教への入信に対して「心の抵抗」に葛藤《かっとう》するシーンである。舞台は北海道の鎮守《ちんじゅ》の杜《もり》たる札幌神社、現在の北海道神宮である。この札幌神社の拝殿に額《ぬか》ずき、内村鑑三は「真摯純粋なる祈り」を捧《ささ》げた。異国の宗教たる耶蘇《やそ》教に熱を上げる上級生の圧力に屈し、次々と改宗していく仲間に囲まれながら、「誰が耶蘇教に屈服するものか」と孤軍奮闘する内村は、「八百万《やおよろず》の神様、どうか私に力を与えて下さい」と必死に祈り続けたという。

余談だが、この札幌神社は私自身にとっても思い出深い場所である。札幌で高校までの少年期を過ごした私にとって、札幌市街の西、円山の麓《ふもと》にある札幌神社は、初詣《はつもうで》や祭の思い出とともに、折りにふれ悩み事があると歩いて訪れた場所なのである。その頃は、少年内村鑑三がその場で祈りを捧げたということなど、全く知らなかった。

しかし、札幌神社の緑と不思議な霊気に包まれて「人生のこと」など生煮えな思索にふけっていたことはよく覚えている。

結局、内村も札幌農学校への入学後三カ月で、「イエスを信ずる者の誓約」に署名、翌年には洗礼を受けている。一八八一年に札幌農学校卒業後、開拓使御用掛となったが、翌年には退官し上京した。農商務省水産課に職を得て、一八八四年には上州安中出身の浅田タケと親の反対を押し切って結婚したものの半年で離縁、その年の十一月には傷心から逃れるように私費で渡米、以後三年半、米国での留学生活を送った。

米国留学と日本再発見

内村鑑三にとっての米国生活は、米国に幻滅し、日本を再発見する契機となった。最初の半年は、フィラデルフィア近郊の町エルウィンの精神病院の看護人の仕事をした。次いで、一八八五年の九月からは、旧知の新島襄《にいじまじょう》の勧めによってマサチューセッツ州アマースト大学に選科生として入学、貧窮の中で勉学を続ける。この時、内村が修学したのは専門科目ではなく「一般教養」であった。後に「幸福な日々」と回想するほど人間教育の基盤とも言うべき「教養」を深める時間となった。西洋の歴史・哲学、ゲーテ、ダンテ、ワーズワースの詩文、聖書研究などを学び、これらは内村の思考の培養装置となっていった。

この頃、内村鑑三はクラーク博士と面談している。札幌農学校時代には、内村が二期生であったため直接教えを受けることはできなかったが、「青年よ、大志を抱け」の言葉とともに北海道を去った伝説の人物W・S・クラークである。内村はクラークの印象について「彼ハ宗教家タル以上ニ軍人ナリ」という言葉を残しているが、想像していた偉大な宣教者のイメージからはかけ離れたクラークの姿を見たということであろう。この時期のクラークは、鉱山投資会社を起こしたものの、パートナーが引き起こした詐欺《さぎ》事件に巻き込まれ訴訟沙汰《ざた》の最中であった。教育者としての名声は地に堕《お》ち、俗臭漂う投機家として「失意の境遇」にあったクラークに会ったのである。クラークの死は、この面談のわずか半年後であった。ちなみに、札幌農学校の卒業生の中で、アメリカへの帰国後のクラークに会ったのは内村鑑三だけであった。

アマースト大学での二年間の勉学を終えた後、一八八七年九月から内村はコネチカット州ハートフォードの神学校に進む。内村の心には「牧師」の資格を取得しての帰国という希望が存在していたと思われる。しかし、内村は神学校に失望し、わずか四カ月で自主退学、帰国の途についた。職業的「神学者」や「神学」に対する失望や嫌《けん》悪《お》が導いた結論だといわれる。形式主義を拒否し、内実のみを純粋に求める内村の頑《かたく》なさを示す選択であり、後に「無教会派」運動の中心に立つ内村鑑三の萌芽《ほうが》でもあった。

内村鑑三研究の中でも優れた洞察に満ちた作品である武田友寿の『正統と異端のあいだ――内村鑑三の劇的なる生涯』（教文館、一九九一年）は、内村鑑三の米国留学について「手ぶらの帰国」という実に興味深い表現をしている。内村も『余は如何にして基督信徒となりし乎』において帰国の様子に触れ、「余の携え来たりし知的資本も亦《また》余と同輩及び同境遇の国人の普通に携え帰るものと較《くら》べて著しきものではなかった。科学、医学、哲学、神学、――斯《か》かる類《たぐい》の一枚の卒業証書も余の鞄《かばん》の中にはなかった、両親への贈物として其《それ》を以《も》って両親を喜ばすことは出来なかった」と書いている。免許も資格もない裸一貫の帰国だったのである。ただし、内村の米国留学が無意味だったということではない。米国における内村鑑三は、自らを客観的に見直し、自らが日本人であることを痛感して帰国した。天職を故国日本の中に見出《みいだ》してきたのである。驚きでもあるが、以来六十九歳で死去するまで、内村鑑三は一度も海外に行かなかった。留学中、辞書の裏表紙に書いたという"I for Japan, Japan for the World, the World for Christ, and All for God"が彼の心を語っている。二つのJ、つまりJ

APANとJESUS（キリスト）のために生きる決意を固めての帰国であった。

「不敬事件」という契機

帰国後の内村は新潟の北越学館の教師として赴任するが、ここでも宣教師団と衝突してわずか三カ月で帰京。その後、東洋英和、東京水産伝習所などで教壇に立ち、生活をたてていたが、明治二十三年（一八九〇年）九月、第一高等中学校の嘱託教員となり、ようやく人生に展望が開けはじめた。内村自身、気持が高揚した手紙を残している。ところが、突然の疾風怒《ど》濤《とう》に襲われ、人生は暗転する。「不敬事件」である。

前年の明治二十二年二月に大日本帝国憲法、この年十月には教育勅語が発布された。明治維新から二十年が過ぎ、明治政府は天皇制を軸とした国家主義的色彩の強い体制を整えていった。その一環としての教育勅語には、明治天皇自らが署名され、全国に七つあった官立の高等中学校では教育勅語を拝受して、奉読式が挙行された。第一高等中学では、明治二十四年一月九日に奉読式が行われたが、この時、卓上におかれた勅語に対し教員と生徒が「奉拝」する儀式がなされた。登壇して奉拝する順番になって、内村は敬意を表する礼をしたが、深々と敬礼することはしなかった。これが国粋主義的生徒や教員の攻撃の対象となった。さらに、全国の新聞がこれを取り上げるに至り、一大事件となっていった。

内村自身の説明を読んでも、確信があって奉拝を拒否したというものではなかったことが分かる。したがって、内村の伝記が「内村によって天皇の神格化と国家至上主義が原理的に否定された」（『内村鑑三』関根正雄編著、清水書院、一九六七年）というのは誇張である。内村は天皇制を否定するものでも、批判するものでもなく、むしろ天皇に対し深い敬意を抱いていた。原理的に「天皇の神格化を拒否する」論陣を張っていたわけでもない。事大主義的な「奉拝」を強制することに対し、反骨心から瞬間的に拒否反応を示したわけで、信仰に基づいて天皇の権威を否定したものではない。にもかかわらず、国賊・不忠の輩《やから》・外教の奴隷《どれい》として排撃を受けた内村は肺炎の床に伏せながら、校長の木下広次に「奉拝が宗教的礼拝ではないこと」を確認したうえで、同僚のキリスト教徒の教員・木村駿吉の「代拝」という形で最敬礼をやり直すことを承諾したが、結局、事態の収拾はできず、一月末に退職届をだすこととなった。第一高等中学に奉職して、わずか四カ月での退職であった。

「不敬事件」は不本意な事件ではあったが、内村鑑三という人間にとって重要な転機となった。皮肉なことに、これを機に彼の名は全国に浸透し、宗教的指導者としての権威のようなものを確立することとなった。また、「四面楚歌《そか》」の中で、自分の果たすべき使命を自覚する契機ともなった。それにしても、内村鑑三の人生には、自ら苦難を招き寄せる傾向が付きまとっているとしかいいようがない。

内村鑑三はその生涯に三度の結婚をしている。二十三歳の時、浅田タケと結婚したが、タケとの間にできた長女ノブの誕生を待たずにわずか半年で離縁。次いで、二十八歳の時、二十一歳の横浜加寿子と結婚、二年足らずで「不敬事件」の心労がたたり、加寿子が病死。その翌年三十一歳の時、十八歳の岡田シズと結婚、シズ夫人とは生涯添い遂げている。彼の私的世界を注視して感ずるのは、純粋であるが故《ゆえ》に妥協することをしらず、自分の判断に関しあまりに頑なということである。浅田タケとの離婚についても、彼女の虚言癖とか「心の中での不貞」などという理由が伝えられているが、客観的にいえば、内村自身の古い「婦道観」に立った、女性への過剰期待が原因とされるべきであろう。内村鑑三が果たした社会的役割への評価を減ずるものではないが、「感傷的、浪漫的、詩的」な世界を生きる強烈な個性を持った男が思い通りに生きるということは、そのエネルギーに潰《つぶ》される多くの犠牲者を生むものなのかもしれない。

日本近代史との格闘

一九〇〇年、内村は雑誌「聖書之研究」を創刊、翌年には「無教会」を創刊、無教会主義キリスト教、すなわち神の創造した宇宙・天然をそのまま受け止める自然的キリスト教の思想的中心に立ち始めた。この前後、「国民之友」や「万朝報」などを舞台に、論壇で活躍するとともに積極的に講演活動を続けている。

内村鑑三の人生も日本近代史と格闘した人生であった。日清戦争を肯定支持したこととと日露戦争に対し「非戦論」をもって批判したことを一対のものとして考えるとよく分る。内村は「国民之友」に発表した「日清戦争の義」において、退嬰《たいえい》した国たる清国が朝鮮を独占し、朝鮮の進歩を遅らせようとしているとして、この戦争の意義を正当化した。しかし、戦勝気分の中で「日本の正義」が実は危いものであり、「海賊的戦争」になってきたことに疑念を抱き始める。そして、それが十年後の日露戦争における「絶対非戦論」になっていくのである。

日露開戦の前年の一九〇三年、内村は「聖書之研究」や「万朝報」を舞台に日露非戦論、戦争絶対反対論を展開した。「余は日露非開戦論者であるばかりではない、戦争絶対反対論者である。戦争は人を殺すことである。そうして人を殺すことは大罪悪である。そうして大犯罪を犯して個人も国家も永久に利益を収め得やうはずがない」と「万朝報」で論じた内村は、開戦論の立場をとっていた社主の黒岩涙香《くろいわるいこう》と袂《たもと》を分かち、客員として筆をふるっていた万朝報を退社した。以後、内村鑑三はジャーナリズムに戻ることなく、無教会主義キリスト教の伝道者としての孤高の道を歩み続けた。

国際基督教大学の武田清子名誉教授は『峻烈《しゅんれつ》なる洞察と寛容――内村鑑三をめぐって』（教文館、一九九五年）において次のように述べる。「特殊的な民族文化・伝統思想の中の排他的・独善的要素と闘い、それを排除し、同時に、民族文化のふところから人類的・普遍的価値につながりうる要素を大切にすくいあげて、普遍的価値に繫《つな》ごうとする試みは、内村鑑三も、新渡戸稲造も驚くほど熱心に行っています」。武士の子供として生まれ、押し寄せる西洋化の潮流の中で世界に雄飛し、近代日本の進路について深く考え抜いた先人の姿を我々は見上げるのである。

「一人の日本人、武士の子、独立のキリスト者」、内村鑑三は自らをそうよんだ。それは鮮明なアイデンティティーであった。

今日、グローバル化の潮流の中で、日本人の中には国籍、民族性を希薄にしていくことをグローバル化と誤認し、国籍不明、アイデンティティー欠落の「国際人」が横行している。世界は国籍不明のコスモポリタンを尊敬しない。それは、私自身が十年以上も米国や欧州で生活し、世界を巡ってきた実感である。自分が何者であるかを真剣に問い詰める姿勢の中から相手が背負う世界への共感や理解が生まれるものだからである。キリストに生きた武士、内村鑑三が死んだのは一九三〇年（昭和五年）であった。満州事変が起こったのはその翌年であった。大日本帝国によって指弾され黙殺された内村鑑三を、敗戦後の日本は思い出した。「不敬事件」や「非戦論」が戦後の風潮に合致したためであった。内村鑑三は文化人切手にも顔を連ねるようになった。多磨霊園に眠る内村鑑三は苦笑いをしているであろう。

禅の精神を世界に発信した、鈴木《すずき》大拙《だいせつ》という存在

英語で説く東洋精神の神髄

ある朝食勉強会で、京都大学の上田閑照《しずてる》名誉教授の話を聞く機会を得た。西田幾多郎、鈴木大拙についての話で、「無分別の分別」など、東洋的思考についての造詣《ぞうけい》あふれる話に深い感動を覚えた。

聞き手の多くはビジネスの現場に生きる人間であり、日常における「市場主義」と「スピード経営」の喧騒《けんそう》の中で、「世界」を論理的に自覚することや人間の生き方をじっくりと思索することなどほとんどない者にとって、静かに日本人としての物の見方を再考することは実に刺激的であった。我々は「忙しいから」といって、考えるという人間として最も大切な営為を放棄して生きているのではないのか。

改めて鈴木大拙を考えてみた。この禅の思想家は西洋と東洋の間に屹立《きつりつ》した。彼は生涯の二十五年を海外で生活した。夫人は米国人であった。しかも、興味が尽きない

のは、彼は四十歳から五十一歳までは単なる「洋行帰りの英語教師」であり、なんと五十一歳になって大谷大学の教授となり、初めて本格的な学究生活に入ったことである。結局、大拙は「生を最後まで生き切る」ように九十六歳まで生きたが、彼の思想は晩年に至るほど深まり、思想家としての成熟を見せている。大拙の研究者としての生活は五十歳を過ぎてからの四十年間に熟成されたのである。

私は世界の様々な街を訪ねる際、本屋を漁《あさ》るのを楽しみとしているが、日本に関する書籍として、鈴木大拙が一九三八年に英文で出版した『禅と日本文化』が至る所に置かれていることに驚かされる。今日に至っても、禅の精神を英語で世界に発信、解説した人物として大拙は卓越しているのである。自分の内側の世界に向かっている禅の僧侶《そうりょ》・修行者は多いが、内奥《ないおう》の世界を外国人に説明できる人は滅多にいるものではない。

大拙は、禅の僧侶ではなく、禅の思想家であった。最晩年、米国での講義を終えて帰国した大拙に、教え子の一人が「禅の話などアメリカ人に分りますか」と尋ねたが、大拙の答えは簡明かつ本質を衝《つ》いたものだった。「君達は分るのかね」。

日本人としての世界への発信ということを考える時、不思議と一九〇〇年前後に大きな成果が集中していることに気付く。岡倉天心が『東洋の理想』をロンドンで出版したのが一九〇三年、新渡戸稲造の『武士道』は一八九九年、内村鑑三の『代表的日本人』は一九〇八年（原書の“JAPAN AND THE JAPANESE”は一八九四年刊）であった。鈴木大拙が欧米人に向けて『禅と日本文化』などを出版するのはずっと後だが、やはり彼も精神的基底は「一九〇〇年の世代」といってよいであろう。明治開国初期に少年・青年として生き、西欧化の激流に直面し、自ら欧米社会に足を踏み入れた知性が、一斉に「日本とは何か」「日本人とは何か」を語り始めたのが、この時期だったといえる。圧倒的な西欧文明・文化の存在感に対する「衝撃」「反発」「模倣」「追随」を超えて、日本人の中に自尊とアイデンティティーを探求する冷静な視点が芽生えてきたのである。

一九〇〇年、世界が二十世紀に向かおうとしている頃、鈴木大拙は米国のイリノイ州、シカゴ郊外のラサールにいた。三十歳であった。大拙は一八九七年に渡米、ポール・ケーラスの下で雑誌の編集に携わり、東洋思想書の翻訳を手伝っていた。この一九〇〇年という年に、大拙は『大乗起信論』を英訳している。渡米の経緯について、大拙は『自叙伝』で次のように述べる。

「わしがアメリカに行くことになったのは、老師（注、釈宗演《しやくそうえん》老師）の推薦によったので、老師がアメリカで知り合われたポール・ケーラス博士のところへ行ったわけだ。ケーラスは今でもよく売れている『ガスペル・オブ・ブッダ』すなわち『仏陀《ぶつだ》の福音』という本を書いたが、これは宗演老師などと話をしている間に一つのインスピレーションを得て書いたものだといわれている。その本を老師から送ってもらってわしが訳したことがある。それが縁で、老子の『道徳経』を英訳することになった時、誰かその本を読んでくれる手伝いがいないかということになり、老師からわしに行ったらどうかといわれて行くことになった」

釈宗演は仏教の国際化に大きな足跡を残した人物で、慶応義塾で洋学を学んだ後、セイロン（現在のスリランカ）での三年間の仏教修行を経て、明治二十五年に三十四歳で円覚寺管長となった。新進気鋭の若き老師に呼応するように参禅者が続々と集まり、鈴木大拙は宗演の居士《こじ》名簿では二十七番目の弟子であり、かの夏目漱石《そうせき》は二百三十三番目となっている。大拙という号も宗演から授与されたものであった。

宗演は明治二十六年（一八九三年）八月、シカゴの万国博覧会記念の万国宗教会議に四人の日本仏教代表の団長格で渡米。大拙はこの時の講演原稿を英訳したが、この万国宗教会議への参加こそ、日本仏教が世界に発信する契機であり、大拙の渡米もその文脈の中で実現されたものであった。釈宗演は明治三十八年、再び招かれて渡米し、北米各地で講演や禅の指導をしたが、この間、大拙は全米各地に随伴して通訳を務めた。

釈宗演によって播《ま》かれた大拙という種子は、次第に大きくなっていった。一九〇八年には米国から欧州に赴き、英国、ドイツ、フランスを歴遊、一九〇九年四月、スエズを経て十二年ぶりに帰国する。それからが、学習院の英語の講師・教授として教壇に立つ時代となる。一九一一年には、四十一歳で米国の外交官の長女ビアトリス・レーンと結婚。一九二一年、五十一歳にして真宗大谷大学の教授となる。その後の四十五年間は、あたかも酒が熟成していくかのようにゆっくりと思索を収斂《しゅうれん》させるとともに、その成果を英文化し、世界に東洋精神の神髄を語りかけ続けた。とくに、戦後の昭和二十四年（一九四九年）以降は、活動の舞台をほとんど米国に移し、コロンビア大学、イエール大学、ハーバード大学、コーネル大学、プリンストン大学、シカゴ大学、ハワイ大学などで「日本文化と仏教」を講じている。それは、一九六四年の九十四歳での最後の渡米まで続いた。

鈴木大拙は明治三年（一八七〇年）町医者鈴木良準の四男として金沢に生まれている。六歳にして父を失い、二十歳にして母を失う。十八歳で第四高等中学校に入学するが中退、十九歳で石川県飯田《いいだ》町の小学校高等科英語教師となった。

この第四高等中学校の同級生として生涯の友となるのが西田幾多郎である。「清交」という言葉があるそうだが、西田と大拙の付き合いは正に相互の理解と畏敬《いけい》に満ちた清交であった。「……君の言ふ所、行ふ所、之《これ》を肯《うけが》ふと否《いな》とに関せず、いづれも一種の風格を帯びざるものはない」（『文化と宗教』の序文）というのが、西田の大拙への変わらぬ気持ちであった。大拙は二十一歳で上京、東京専門学校（現早稲田大学）の後、東京帝国大学文科大学哲学科選科に学ぶ。そして、二十七歳からの渡米となるのである。西田幾多郎からは西洋思想を超越・昇華した「日本で初めての哲学者」が生まれ、鈴木大拙からは「日本で初めての禅思想家」が生まれたという表現があるが、この二人の親交は日本近代思想史に重大な意味を持つ因縁であった。

大拙の思想の本質とは何か

鈴木大拙の思想体系を簡単に言及することはできない。とりわけ、仏教経典の専門的解説は俗人がなかなか理解できるものではない。しかし、九十歳前後に書かれた思想的エッセーを収録した『東洋的な見方』は、円熟した思考の神髄を凝縮して語りかけており、誰にも入り易《やす》く分り易い。

大拙が語りかけるものとして、何よりも心に訴えるのは、西洋的見方に対する東洋的見方の対照であろう。大拙は、西洋思想や文化の特性を示す言葉として“divide and rule”（「分けて制する」）を提示し、「相手になるものの勢力を分割して、その間に闘争を起こさしめ、それで弱まるところを打って、征服させる」「分割は知性の性格である。まず主と客をわける。われと他人、自分と世界、心と物、天と地、陰と陽など、すべて分けることが知性である。主客の分別をつけないと、知識が成立せぬ。知るものと知られるもの……この二元性からわれわれの知識が出てきて、それから次へ次へと発展してゆく。哲学も科学も、なにもかも、これからでる。個の世界、多の世界を見てゆくのが、西洋思想の特徴である」と述べる。

この西洋思想の長所と短所を静かにみつめて、東洋思想の意味を提示したのが大拙なのである。西洋思想の長所は「個々特殊の具体的事物を一般化し、概念化し、抽象化する」ことにあるとし、これを利して工業化・産業化が進展したとする。

しかし、西洋思想には短所もあることを大拙は見逃さない。普遍化・標準化は「個々の特性を滅却し、創造欲を統制する」ことに陥り、「創作力の発揮になるものが、きわめて小範囲をでない」傾向となる。これに対し、東洋思想は「分割的知性」に立脚した論理万能主義ではなく、人間世界総体のあるがままの状態を生きる「主客未分化」の全体知を大切にする。ここに「分別して分別せぬ」姿勢、「無分別の分別」が生まれる。

「無分別の分別」とは、「我」を意識して「利害」を認識するあまり「対立」に身を置く西洋流の対置概念を超えて、より大きな視界からの霊性的思索によって「哲理」を導きだし、のびやかに円融自在を生きることである。

論理万能の西洋的思考パターンに浸り切った現代日本人からすれば、この部分が分りにくく、詭弁《きべん》にさえ思えるのだが、私自身、海外生活が長くなるにつれて、少しずつだが、大拙のいう「東洋的な見方」の特質が分るようになってきた。対置概念・対抗の世界から距離をとり、眼光紙背に徹するごとく物事の本質を見抜くこと、そして対立と緊張を超えた許容と閑雅のしなやかな生き方を構築していくこと、この視座がものすごく重要に思えてならない。

「世界人としての日本人」を

もう一点、大拙の思想が注目されるべきは、日本人に対し「世界人としての日本人」の自覚を強く促したことである。

彼は「ひとりよがりではいけない」ことを絶えず強調し、世界性・普遍性をもった日本人たるべきことを志向した。いたずらに感傷的、精神主義的になることを戒め、西洋の合理性を謙虚に学ぶことを説いている。ここがとても重要であり、例えば敗戦直後の一九四五年十二月に大拙が書いた「物の見方……東洋と西洋」において、大拙にしては珍しく政治的テーマたる「無条件降伏となった大東亜戦争」について言及し、興味深い議論をしている。

大拙は、「敗戦」を「終戦」と言い換える日本人の欺瞞《ぎまん》を指摘し、日本は終戦ではなく無条件降伏したことを直視すべきとする。そして、降伏は恥辱でも不名誉でもなく、力もないのに抗戦を続けることこそ非合理であるという。「一億玉砕」とか「臣道実践」などといって合理的理知を失ってきた日本人の傾向を省察し、合理主義・人格的倫理観・自主的思索力・獅子王《ししおう》的独立独行性の大切さを主張するのである。「……日本人の考え方が全体に感傷性に基づいて居るところへ、独逸《ドイツ》のマハト・ポリティク（権力政治）思想を導入したものであるから、吾《われ》らはわけもなく指導者の頤使《いし》のままになった。それに国学者の神道観が油を注いだものであるから、日本人の理智は全く台なしになった。その結果として吾らは今日の局面にぶつかって居る……」。これが、大拙の太平洋戦争の総括であった。

大拙の「世界禅」は今日も新鮮さを失ってはいない。一方で、東洋的な見方の価値を臆《おく》することなく主張し、他方で、偏狭な自己主張を超えた客観性を求める大拙の視座こそ、今日我々に最も求められるものではないのか。「グローバリズム」という名の下に進行する情報技術革新で武装したアメリカ化の潮流に対し、被害者意識からの安手のナショナリズムに陥ることなく、世界に説得力のある「日本らしさ」「東洋らしさ」を模索する時、大拙の思索の足跡は示唆《しさ》的である。「自らを失ってはいけない」そして同時に「ひとりよがりではいけない」という大拙の声は、西洋との知的緊張の中を生き続けた鈴木大拙という人物の、今を生きる我々へのメッセージなのである。

「抹香臭い」という言葉があり、普通の日本人の生活から仏教はますます距離を感じさせるものとなりつつある。「葬式仏教」と「観光仏教」だけがいびつに突出し、日本人の心の基軸としての仏教は悲しいまでに影を薄くしている。大拙が訴えた仏教は決して高踏で抹香臭いものではなく、現世を生きる人間の平常の行住坐臥《ざが》を貫く姿勢なのである。

大拙を支えた経済人達

鈴木大拙を調べていて、あることに気付いた。それは、大拙の活動を様々な事業家、経済人が真剣に支えたということである。そもそも、大拙が初めて東京に出て、東京専門学校の専科の学生だった一八九一年、最初に鎌倉円覚寺での座禅の機会を紹介してくれたのが後に三井銀行の専務理事（一九〇一年就任）となった郷土の先輩早川千吉郎であった。

早川は井上馨《かおる》の子分筆頭で三十九歳の若さで三井銀行専務理事に就任するほどの優秀な人材であったが、福徳円満な大人物として多くの人を魅《ひ》きつけ「三井として出せない金は、自分の身銭を切ってまでも三井家の体面を保った」といわれる。満鉄総裁にまで上り詰めながら、死んだ時には借金があったという話さえ残っている。

また、英文の『禅と日本文化』を含め、大拙の初期の著作は、安宅《あたか》産業の創始者、安宅弥吉《やきち》が世話をして出版できたものだという。安宅弥吉は明治三十七年に大阪に安宅商会を設立、大阪商工会議所会頭にまでなった立志伝中の人で、甲南高等学校、甲南高等女学校の設立に参画するなどの活動にも熱心だった。大拙のよき理解者・支援者であり続け、晩年の大拙が、「外国からきた人に禅を正しく理解してもらう機関」として構想した北鎌倉の東慶寺隣接の松ヶ岡文庫も最初の設立資金は安宅弥吉が提供した。松ヶ岡文庫の入口に建つ頌徳《しょうとく》碑には大拙が安宅弥吉について書いた次のような文がある。「財団法人松ヶ岡文庫設立の基礎はまったく君の援助によるものである。また個人的なことだが、自分が研究生活に専念し得たのも、君の好意によるところ大であった。欧米国民が禅思想および東洋的な物の見方を理解するために、自分の英文の著作がいくらかなりとも役立つものがあったとすれば、それはひとえに君の精神的物質的支援のたまものである」。

安宅産業は不幸にして行き詰まり、一九七七年に伊藤忠商事に吸収された。しかし、途方もなく大きなものを支援し残したといえる。東慶寺の鈴木大拙夫妻の墓の隣に、肩を並べるように安宅弥吉の墓があることを知る人は少ない。松ヶ岡文庫の拡張を含め、最晩年の大拙の活動については、出光興産《いでみつ》の出光佐三や日本工業倶楽部《クラブ》を窓口とする多くの財界人が支援した。

今日、「フィランソロピー」とか「メセナ」ということがいわれ、企業の社会貢献が語られるが、何をどう支援するかの眼力と見識において、昔の経済人が持っていたものに驚かざるをえない。「金を出せば良い」などという単純な話ではない。自分自身が心の内奥に向かう姿勢を大切にし、深く人生の在り方を考えていたということである。

ところで、岩波文庫版の『新編　東洋的な見方』の解説において、編者の上田閑照

大拙は、西洋思想の長所と短所を静かにみつめて、
東洋思想の意味を提示した

名誉教授が興味深いエピソードを紹介している。一九六六年、突然の腸捻転腸閉塞《ちょうねんてんちょうへいそく》のため、大拙は九十六歳の生涯を閉じるが、最期《さいご》の床に居合わせたアメリカ生まれでアメリカ育ちの秘書岡村美穂子が、臨終間近に“Would you like something?”と尋ねると、大拙は“No, nothing. Thank you.”と応《こた》えたという。上田名誉教授は、この言葉を「端的に言えば『無』となって、そしてその『無』が感謝しつつ、芳《かぐわ》しい風のように消えていった」と表現している。実に、大拙らしい最期であった。

「禅」などというと、神秘主義的・精神主義的なものと誤認する人も少なくないが、その対極にいたのが大拙だった。最晩年のある日、心霊学の大家といわれる人が大拙を訪ね、死後の世界について色々話していたが、大拙が関心を示さないので「鈴木先生は死んでからどうなるのか知りたいと思われたことはございませんか」と尋ねた。大拙は独り言のように「それより、今ここにいることはどういうことかいな。死んでからでは遅くないか」と答えたという。

六歳の津田梅子を留学させた明治という時代

留学先はジョージタウン

「女子教育の先駆者」といわれる津田梅子が津田塾大学の前身、女子英学塾を創設したのは一九〇〇年であった。麴町《こうじまち》区一番町の借家の十畳間、生徒数わずかに十人というスタートであった。この時、梅子三十五歳。開校式に当たってのスピーチで「真の教育は物質上の設備以上に教師の資格と熱心さ、そして学生の研究心が大切なこと、さらに真の教育は生徒を個性に応じて指導できるような少人数規模が望ましいこと」などを語っている。以来百年、津田塾は二十世紀日本の女子教育と並走してきたのである。そして、津田梅子という存在こそ、明治という時代がいかなるものであり、日本近代史の原点を支えた人達の志がどんなものであったかを再考する素材である。

私自身、不思議な縁で津田梅子の足跡を辿《たど》ることとなった。一九九一年から六年間、私は米国ワシントンDCで仕事をしてきたが、その間「幼少期の津田梅子が留学し寄宿していた家がジョージタウンにある」という話は聞いていたが、その具体的場所を特定することは困難とされ、どこか心に残っていた。

ジョージタウンは、一八七八年にワシントンDCに併合されるまでは、メリーランド州の小さな町であった。一七五一年に植民地時代のメリーランド政府が築いた町で、梅子が住んでいた頃は、人口一万人ほどであったという。今日では、ジョージタウン大学のお膝元《ひざもと》で、海外からワシントンに赴任している外交官と学生が織り成す瀟洒《しょうしゃ》な街となっており、東京でいえば青山・六本木のような雰囲気の場所である。

このジョージタウンに津田梅子が到着したのが一八七二年の二月、以来一八八二年十一月の帰国までの十年以上の期間の大部分を、この街のチャールズ・ランメン邸で過ごしている。梅子の手紙などから、ランメン邸の住所が120 West St., Georgetownということは分っていたが、ジョージタウンがワシントンDCに併合された後、住居表示が変更になり、新たにどういう番地になったのかが摑《つか》めなかったのである。ところが、調査マンが苦心の末、国立公文書館でワシントン・ジョージタウンの住所録年鑑を見つけ出し、ランメン邸の住所は、一八八〇年版までは120 West St. となっていたのが、一八八二年版からは現在の住居表示方式で3035 P St. となっており、ようやく特定することができたのである。

実際に訪れてみると、おそらく一世紀前と変わらぬであろう静かなたたずまいの街並みに、二階建ての質朴な印象の家が溶け込んでいた。このランメン邸から、津田梅子は学校に通ったということだ。ある日、幼い梅子が街を歩いていると、悪童に中国人と思われ、「シナ人鼠《ねずみ》を食べる」と執拗《しつよう》に囃《はや》したてられたが、気丈夫に真っ赤な顔をして睨《にら》みつけていたという話を残している。

チャールズ・ランメンは日本公使館の書記官であった。ランメンはミシガン州に生まれ、新聞社等への勤務の後、陸軍省、国務省、内務省、議会などの官吏として働き、一八七一年からは日本公使館の書記官であった。また、多彩な文化人としての顔をもっており、『ウェブスター伝』をはじめ三十余の著作もあり、様々な文筆家との交友が深かった。カヌーや釣りの達人でもあった。興味深いことに、前記のワシントン・ジョージタウン住所録年鑑で、ランメンの職業は、一八八二年までは日本公使館書記官となっていたが、八三年からはアーティストになり、八六年からは作家に変わっている。ランメンの妻アデリンは、ジョージタウンの実業家の娘であり、梅子の母親に宛《あ》てた手紙にも滲《にじ》み出ているが、宗教心の篤《あつ》い教養豊かな婦人であった。

ランメン夫妻に子供が無かったこともあり、梅子は実の子供のようにかわいがられた。後に、梅子自身が回想しているように、ランメン家には三千冊位の蔵書があり、手当たり次第に読破したという。スコット、ディッケンズなどの小説、シーザー、ジヨセフィン、ダーウィンなどの伝記、アラビアンナイトなどの冒険譚《ぼうけんたん》、これらがすべて梅子の教養となった。米国の家庭のなかでも、とりわけ文化的で宗教心の篤い家庭で育てられたことは、梅子の幸運であった。毎日曜日に教会に通ううちに、梅子は自らの意志で洗礼を受けたいといいだし、一八七三年の夏、いずれの教派にも属さぬ独立教会で洗礼を受けた。八歳の少女ではあったが、牧師があまりに聡明《そうめい》な梅子の応答に驚き、「小児洗礼」ではなく普通の洗礼に変更したという。また、ランメン夫妻は一八七六年に米国建国百年記念としてフィラデルフィアで行なわれた万国博覧会に梅子を連れていくなど、梅子の視野を広げるために様々な心配りを続けた。

娘の留学を決断した父親

一八七一年（明治四年）十一月、六歳の津田梅子は日本初の女子留学生の一人としてアメリカに旅立った。北海道開拓使が派遣する留学生であった。何故《なぜ》、北海道開拓使なのかには事情があった。

北海道開拓に力を入れ始めた維新政府は、開拓次官黒田清隆を米国に派遣した。黒田は当時の駐米弁務使森有礼などの示唆《しさ》もあり、開拓には人材の育成、とりわけ女子教育の必要を痛感し、帰国後に「北海道の如《ごと》きは、後来必ず学を設け、人材教育の基を立てざる可《べか》らず。故《ゆえ》に今、幼稚の女子を撰《えら》み、欧米の間に留学せしめんことを欲す」といった開拓使建議書を提出するに至った。その建議が受け入れられて女子留学生募集となったわけである。

留学期間十年、旅費、滞在費、学費に加え年八百ドルの小遣いを支給という条件であったが、さすがに応募者はなく、二次募集をしてようやく集まったのが、吉益亮子《よしますりようこ》（十五歳）、上田悌子《ていこ》（十五歳）、山川捨松（十二歳）、永井繁子《しげこ》（九歳）、津田梅子（六歳）であった。建議からわずか四カ月での選定であった。

何故そんなに急いだのかにも事情があった。米欧回覧視察を計画していた岩倉使節団に同行させたいというものであり、準備も慌《あわた》だしく出発を迎えた。出発の前日、五人の少女達は宮中で皇后陛下（昭憲皇太后）に拝謁《はいえつ》を賜った。「其方《そのはう》女子にして洋学修行の志誠に神妙の事に候《さうらふ》追々女学御取建の儀に候へば成業帰朝の上は婦女の模範とも相成様《あひなるやう》心掛け日夜勤学可致事《いたすべきこと》」という御沙汰書《おさたしよ》に添えて、紋縮緬《もんちりめん》壱疋《いつぴき》、御菓子壱折を賜ったとある。年長の吉益亮子が代表で御礼を述べて退出した五人は、芝の写真館で記念写真を撮影、それが今日に残る写真である。

五人には共通の要素があった。そろって明治維新の敗者となった旧幕臣もしくは佐幕藩士の子女であったということである。津田梅子の父、津田仙は下総国《しもうさのくに》佐倉藩家臣小島善右衛門の第八子として一八三七年（天保八年）に生まれた。ペリー来航が十六歳の時であり、幕末維新の動乱期に青春の血をたぎらせ「須《すべか》らく洋学を研究すべし。一日遅ければ一日損ありと乃《すなわ》ち江戸に出て百事を拋《よ》って洋学に志す」こととなる。

一八六一年には、旗本津田家の婿養子《むこようし》（妻初子）となり、幕府外国方奉行通弁役に仕官、一八六七年には幕府遣米使節、勘定吟味役小野友五郎の随員として渡米、この経験が津田仙を活眼させる。米国では農業が重んじられ、農民が豊かな生活をしていることに感銘した津田仙は「農を以《もっ》て人生必須《ひっす》の事業となす」ことを決意、日本における近代農業の推進者としての足跡を残す方向へと歩み始める。

常識で考えて、六歳の幼女を遥《はる》かな異国、しかも当時の交通手段では到達するだけでも三カ月を要するような米国の東海岸に留学させるという親の判断は異常としかいいようがない。梅子自身が、後年の談話で「不思議な運命で」という表現をしているが、過酷ともいえる決断をしたのは、父親津田仙以外の何者でもない。津田仙は北海道開拓使の嘱託として、青山の開拓使農事試験場で農事研究に携わる一方、麻布本村町で新農業経営に乗り出した。これが梅子の米国留学の伏線であり、開拓使の留学生募集に応じる契機となった。

津田仙も明治という時代の「文明開化」の熱病に感染した青年であった。「壮士」という言葉があるが、津田仙は「豪放磊落《らいらく》、直情径行、天真爛漫《らんまん》」、自らの思うところを実現しようとする情深く、義侠心《ぎきょうしん》の強い男であった。「女子教育の必要性」という要請に対し、意気に感じて娘を異国に行かせる決意を固めたのである。

梅子は「女性の自立」を追求した

津田仙自身も、梅子を米国に送り出して二年後の一八七三年にウィーン万国博覧会派遣代表団（団長・佐野常民）の農芸調査部門三等事務官として渡欧した。この間、オランダの園芸家ダニエル・ホイブレンクの講義を受け、帰国後、それを『農業三事』として出版、西洋近代農業導入の先駆者となった。とくに、西洋野菜・果樹の導入に大きな役割を果し、広大な農園を開墾して、アスパラガス、キャベツ、いちご、グズベリーなどの移植栽培に情熱を注いだ。

また、教育にも並々ならぬ関心を払い、明治初期のキリスト教主義による学校創設に貢献した。青山学院、そして普連土《ふれんど》女学校などは事実上の創立者といってよいほどの中心的役割を果している。

極端に面倒見の良い人物、というのが津田仙を調べての印象であるが、同時に不思議な因縁を感ずる。一八七三年、留学中の娘梅子が世話になっているランメンの紹介状を持ってメソジスト教会の宣教師ジュリアス・ソーパーが来日。親身になって世話をやいていた津田仙夫妻は、メソジスト教会日本伝道初の受洗者としてキリスト教徒となった。それから、キリスト教主義教育の日本導入に涙ぐましい支援活動を始める。やがて青山学院へと発展していく最初の学校「女子小学校」を一八七四年にソーパーが麻布に設立した時には、「女子教育やヤソ教」への偏見の中で、生徒が全く集まらず、津田仙が走り回って身内の関係者をかき集めて五人で開校したなどという話も残っている。

帰国後の梅子の苦闘

一八八一年（明治十四年）春、開拓使から梅子ら三名の留学生に帰朝命令が届いた。一緒に留学した年長の二人、吉益と上田は留学後半年で体調を崩し、先行帰国していた。永井繁子と山川捨松はヴァッサー・カレッジに学んでいたが、永井は健康を害していたこともあり、八一年秋に帰国、梅子と山川は更に一年の延期を請い、翌年の帰朝となった。梅子が横浜に帰着したのは、出発からちょうど十一年目の一八八二年十一月であった。ランメン夫人は、数百冊の本、名画の複製、ピアノまで梅子に持たせた。

帰国後の梅子は苦闘の日々を送らねばならなかった。全く日本語を忘れていた梅子にとって、あまりにも大きなカルチャー・ギャップであった。鹿鳴館《ろくめいかん》の開館式が一八八三年十一月であるから「欧化」の風潮は続いていたが、表層だけの上滑りな欧化の底流では古色蒼然《そうぜん》とした日本が根深く残っていた。

開明的なはずの津田家でさえ、父親津田仙が家父長的専横をふるっていた。「金は私が預かってやる。必要な時には渡してやろう」という感覚だった。何よりも苦痛だったのは満足に「働く仕事」がないことだった。婦人の仕事は依然として家庭内に限られ、婦人が社会に進出することは婦徳を損なうというのが一般認識であった。同じような境遇の永井繁子は、帰国後早々と海軍武官瓜生外吉《うりゆうそときち》に嫁《か》し、山川捨松も陸軍卿《りくぐんきょう》大山巌《おおやまいわお》に嫁いだ。取り残されたような孤独感が梅子を襲った。

不自由と孤独に苦しむ梅子の転機となったのは、外務卿主催のパーティーでの参議伊藤博文との再会であった。梅子が米国に旅立った際に同行した岩倉使節団の副使として伊藤博文も参加していたが、あの時の六歳の少女が十年以上の研修を終えて帰国し、仕事もなく苦しんでいることに、伊藤はいたく同情した。そして、娘の英語教師、夫人の通訳ということで、伊藤邸に招請されたのである。

一八八三年十一月から半年余りではあったが、伊藤家での同居生活は梅子にとって気晴らし以上の勉強になった。政治家として複雑な面を持ち、評価の難しい伊藤博文であるが、至近距離からこの人物を観察した梅子は、家庭でみせる人間性とともに帝国憲法起草に立ち向かう使命感に敬服したという。

その後、一八八五年九月から四年間は、華族女学校で英語の教壇に立ち、一八八九年秋からは再び米国留学、フィラデルフィアのブリンマー・カレッジに入学し、生物学を専攻した。三年間の留学中に半年ではあるが、オスウェゴー師範学校にも入学し、教育教授法も研究している。この二度目の留学は、梅子に深い学識と専門性を身につけさせるものとなった。帰国後は再び華族女学校の教授として教壇に戻り、一八九八年からは女子高等師範学校教授も兼務している。かくして梅子の積年の夢が次第に明確な構想となり、「女子英学塾」の設立に挑戦する決意を固めるに至る。女子英学塾の設立にあたっては、父親の仙、留学時代からの友人大山捨松、米国人の教育者アリス・ベーコンなど多くの人の支援を得た。それでも開校後五年間の苦労は大変なものだった。津田梅子自身をはじめベーコンも、他校での講師をしながら無給で教壇に立った。留学時から踏み固めてきた使命感がそうさせたといえる。

ヘレン・ケラーとの出会い

津田梅子は、一八九八年八月二十六日、ヘレン・ケラーに面談している。コロラド州デンバーで行なわれた万国婦人連合大会に日本代表として渡米中のことであった。面談した場所は、マサチューセッツ州レンサムであり、梅子は三十三歳、ヘレン・ケラーは十八歳であった。この時の様子は、津田塾大学刊の『津田梅子文書』（一九八〇年）に収録されている「盲唖《もうあ》才女ヘレン・ケラー嬢」（津田梅子談、「女学講義」明治三十四年二月～四月号連載）に報告されている。

この中で、梅子が注目、強調しているのが、ヘレン・ケラーを教育したアン・サリバンという家庭教師の存在である。全く目も見えず、口もきけず、耳も不自由な少女が大学を出て教養豊かな知性の人となったという事実に「教育」の原点をみているのである。ヘレンが可愛《かわい》がっていた人形を使って、指先で何度も触れながら一つ一つモノの名称を教えていった過程を紹介し、「今日より見て、ヘレンがえらいか、サリバン女史がえらいかと云《い》へば、それは云はずとも、さる不具者を是程迄《これほどまで》に為《な》した人に多分の功労を帰せねばならず、実にこの人は古今の大教育家の一人として尊敬せねばならぬと思ひます」と述べている。また、実際に面談したヘレンが日本のことに強い好奇心を持っていることに驚きながら、「心の目」でモノを見ようとすることの大切さに思いを馳《は》せているのである。

　さらに、この渡米を機に、英国に回った梅子は、一八九九年三月二十日にロンドンでナイチンゲールとも面談している。一八二〇年生まれのナイチンゲールは七十八歳で、病床での面談であった。「女王様よりもこの人に会いたかった」と梅子は日記に書いている。臥《ふ》せったままの面談ではあったが、ナイチンゲールは梅子に日本のことなどを尋ねたという。フローレンス・ナイチンゲールは、上流の出身で看護婦を志し、クリミア戦争で傷病兵の看護に献身、看護婦訓練学校を創設、近代的看護の先駆者となった人物であった。現実的には、想像を絶する男性優位社会であったビクトリア朝期の英国社会で、確固たる主体性を持って行動したナイチンゲールの存在は強く梅子の心を打った。

　津田塾の前身、女子英学塾を創設する前年にナイチンゲール、前々年にヘレン・ケラーという偉大なる女性達と面談したことは、大きな意味があったと思われる。これらの面談を通じ、梅子は改めて「教育というものの重要性」と「女性が主体的に生きることの輝き」を感じ取ったのである。自らの学校を設立することに向けて、これらの面談は梅子に静かなる使命感を盛り上げるものとなったことは間違いない。

　津田梅子は教育論などについての書き物をあまり残していないが、女子英学塾を設立した年に「女教迩言《じげん》」として、日本の女子教育について触れた興味深い言及がある。そのなかで「責任を自ら知る」ことを教える必要を強調し、「責任を自ら知る」という姿勢が欠落していることこそ「自営独立の念を薄弱にする原因で、随《したがっ》て日本婦人の大なる弱点であらうと思ひます。……依頼心が多いといふのも是が為《た》め、又意志の強固でないといふのもそれが為めであらうとおもひます」(「女学世界」明治三十五年二月号）と述べる。梅子が心底から語りたかったのは、女性が受身ではなく、主体的に責任を自覚しながら社会参画することの大切さだったのであろう。その意味では、津田梅子という人生そのものが、この国の主体的に生きようとする女性の道標となったといえる。彼女が切り拓《ひら》き、提示したものには「明治期日本のパトスとエトス」が凝縮しているのである。

「亡命学者」野口英世の生と死

異国での徒手空拳《くうけん》の戦い

一九〇〇年十二月、暮れも押し詰まった二十九日に、野口英世は留学の地、フィラデルフィアに着いた。留学といっても受け入れを許可されたわけでもなく、勝手な思い込みによる押し掛け留学であった。その一年半ほど前に、ペンシルバニア大学医学部のサイモン・フレキスナー教授が赤痢菌の研究のためフィリピンに行く途中、日本に立ち寄り、北里柴三郎《しばさぶろう》の伝染病研究所を訪れた際、英語の力を買われて案内役を務めたというだけの縁を頼って、招請状も事前連絡もなく、いきなりフレキスナー教授を訪れたというのだから、無謀ともいえる「留学」であった。野口英世、二十四歳の冬であった。

その頃、ニューヨークでは高峰譲吉が既に功成り名を遂げて存在感を示していた。高峰は四十六歳であった。高峰は麦の皮（ふすま）から作る発酵素によってウィスキーのモルトを造る特許や、その製造過程からできる麹《こうじ》カビから生じる消化酵素「タカ・ジアスターゼ」の特許によって「ドクター・タカミネ」の名声を確立し、莫大《ばくだい》な資産を有していた。一八九〇年に、シカゴ・ウィスキー・トラストの酒造会社に特許を買われて渡米、いわば「日本からの頭脳流出第一号」であった。一八九六年からはニューヨークに転居して高峰化学研究所を設立、当時、「アメリカで最も有名な日本人」といえば高峰譲吉であった。

ちょんまげ、帯刀のサムライ達が幕府の遣米使節としてニューヨークで大歓迎され、練り歩いたのが、万延元年（一八六〇年）だから、それから四十年も経《た》っていない時点で、日本人はここまで世界に展開していったのかと思わせる存在、しかも対照的な存在が、「亡命学者」野口英世であり、「事業家としても成功した学者」高峰譲吉であった。明治の青年達は急ぎ足で、それぞれの使命感・夢を胸に海を渡ったのである。

ニューヨークからアムトラックの特急で南へ一時間、首都ワシントンからは北へ二時間のところにフィラデルフィアがある。一六八二年に、ウィリアム・ペンが英国からクエーカー教徒を率いてやってきて、「友愛の町」という意味のギリシャ語から名付け、拓《ひら》いた町である。米国独立宣言がなされた町であり、鳴り響いた「自由の鐘」

は今日でもアメリカ建国精神の象徴でもある。現在では人口百六十万人の産業都市になっている。

　この街の中心部にあるペンシルバニア大学の医学部に隣接して野口医学研究所があり、そのビルの入り口には試験管を見つめる野口英世の銅像が立っている。この研究所は野口英世の足跡を踏まえ、「日米の臨床医学の交流」のために一九八五年に設立された非営利の研究財団であり、活動の財源を確保するために健康診断や緊急医療サービスを行っている。

　私自身、十年間の米国勤務時代、毎年一回の健康診断を受けに、何回もこの研究所を訪れた。内視鏡検査に優れた研究所で、一世紀前にこの地を訪れた野口英世に思いを馳《は》せながら健診を受けたものである。

　今日、「不屈の病理学者」として偉人伝の定番となっている野口英世であるが、彼の人生を調べていくと、生身の人間として自分のコンプレックスと格闘した姿が浮かび上がってくる。あきれるほど巧みに知己を得た人間関係を利用するしたたかさ、自己主張と自己顕示欲の強さ、決して人格高潔な人物とはいえない実像が印象に残るが、それでも、幼少期からの心の傷を克己心に転じ、異国で徒手空拳の戦いを続けた野口の生き方は、熱いものを覚えさせるのである。

いきなり訪ねて来た野口をフレキスナー教授は驚きをもって迎えた。なにしろ、前年のアジア訪問の際、遠い極東の国でたまたま出会った北里伝染病研究所での案内係の青年が、励ましのつもりで教授が口にした「将来の米国留学」を勝手に解釈し、承諾もなく太平洋を渡ってきたのだから。それでも、旧知の北里柴三郎の紹介状（一九〇〇年十一月七日付、現存）を持ってきたこともあり、フレキスナー教授は野口を冷たく追い返さず、私設助手として雇ってくれた。もっとも、助手といってもインターンにも近い薄給で、満足な食事もできないような思いをして研究室に閉じ籠《こも》っていたという。

彼に与えられたテーマは毒蛇の毒の研究であり、二年間の寝食を忘れるほどの専心が評価され、一九〇三年にはデンマークの国立血清研究所への留学の機会を与えられた。一年間の欧州留学を経て、野口はニューヨークのロックフェラー医学研究所の一等助手として採用された。同研究所の所長となっていたフレキスナー博士の配慮であった。一九〇七年には研究所の准《じゅん》正員となり、ペンシルバニア大学からは、マスター・オブ・サイエンス（修士）の学位を授与された。研究者としての人生がこの辺りから軌道に乗ったといえる。以来、二十年以上、野口はニューヨークを基点にしながら、中南米・アフリカに遠征し、病原菌と戦うことになる。

野口英世が足跡を残しているのは、エクアドル、メキシコ、ペルー、ブラジル、ジャマイカなどの中南米と最後の研究地となった西アフリカのアクラである。現在、世界中に約百三十の野口英世の銅像が建てられており、米国、フランスや北欧、中南米の十五カ国から勲章や学位を授与されたという。中山茂の『野口英世』（朝日選書、一九八九年）での調査によれば、野口英世はノーベル生理学・医学賞の候補者として、一九一四年、一九一五年、一九二〇年の三回もノミネートされている。結局、受賞には至らなかったが、野口の病原菌に対する研究が世界的にも認知されていたことは間違いない。

日本人としてのこだわり

しかし、野口の名声に「ドラマ性」を付け加えたのは、やはりその悲劇的な死であろう。一九二七年十月、野口は黄熱病の病原菌を研究するべくアフリカに出向くためニューヨーク港を出発した。当時の野口の健康状態は決して思わしくなかった。以前に死線をさ迷ったチフスの後遺症もあり、心臓病や糖尿病による体力の低下は明らかだった。周囲の人々はアフリカ行きに反対したが、野口には複雑な思い入れがあった。

一つには、研究者としての責任感とロックフェラー医学研究所の名誉を守る気持ちが強かった。野口は、一九一八年にエクアドルで黄熱病の病原体「レプトスピラ・イクテロイデス」を発見したとして、翌年に研究発表を行った。それは「世紀の発見」として迎えられ、野口は救世主のように評価された。なにしろ黄熱病は、一九〇五年に米国南部でも流行、約千人もの命を奪っており、「西半球の恐怖」と恐れられていたのである。野口の発見は学会でも認知され、黄熱病を救う「野口ワクチン」はロックフェラー医学研究所の看板プロジェクトとなっていった。ところが、次第に野口の特定した病原菌は誤認ではないかと指摘する見解が出始めた。意地になった野口は、アフリカではまだ発見されていなかった黄熱病病原体を、自分なら見つけ出せるとの思いで、アフリカ行きを決断したという面がうかがえる。今日、黄熱病の病原体は、細菌ではなくウィルスであることが証明され、野口の判断は誤りだったのだが、当時は電子顕微鏡もなくウィルスは肉眼で確認できないため、濾過機《ろかき》を通過する病原体（濾過性病原体）は検証できなかったのである。

もう一つには、日本人として米国で評価されることのプレッシャーという要素も指摘できる。野口英世は、米国一流の研究機関での研究者として実績が高く評価され、米国人の女性との結婚も順調で、米国に生活する日本人として、極めて恵まれた境遇

「不屈の病理学者」はまた、したたかさと強烈な自己顕示欲を
兼ね備えた人物だった

にあったにもかかわらず、一度として米国の市民権を得ようとはしなかった。最後まで、日本人、野口英世だったのである。

当時の米国は、一九二四年に「排日移民法」といわれるジョンソン・リード法が成立するなど、根強い「黄禍論」が吹き荒れていた。そうした排日的雰囲気の中で、排日に反対する議論の論拠として、「野口英世の活躍と貢献」が引用されることも多く、野口としては嫌でも自分の役割を意識せざるをえないところにいたといえる。事実、野口は友人達に何度となく、東洋人でも白人に伍《ご》していくことができるという気概を語っているし、アフリカの研究室の天井には「日の丸」を掲げていたという。

西アフリカの英領アクラでの野口の研究生活は凄《すさ》まじいものであった。毎日三トンの餌《えさ》を必要とする九百頭の猿を相手に黄熱病の病原菌の発見に立ち向かった。滞在中に野口自身も黄熱病に罹《かか》る。本人は米国出発前に打っておいた「野口ワクチン」が効き命拾いをしたと考えていたが、結局はこれが命取りとなった。半年の滞在の後、ニューヨークでの研究継続を決意して帰国の途に着こうとしたが、高熱と悪寒《おかん》に襲われた。最後まで本人は黄熱病とは考えていなかったようだが、高熱の中で乗ったボート(はしけ)が暴風雨のため冠水、野口は数時間にわたりずぶぬれになり衰弱、一九二八年五月二十一日、遂《つい》にこの世を去ったのである。五十一歳であった。

ニューヨークのロックフェラー・アーカイブ・センターとフィラデルフィアのペンシルバニア大学の書庫には、野口英世関係の資料が保存されているが、資料収集に当たってくれたデーターマンが、貴重な手紙の写しを入手してくれた。それは、一九二八年四月七日付の妻メアリーに対する最後の手紙である。アフリカからはメアリーに対し多くの手紙・電信を出しているし、五月の出発直前まで帰国日程などについての電信を打っているが、この最後の手紙には、次のような文面が綴《つづ》られ、胸を打つ。

「……今、満月の夜です。ラボラトリーとの往復の間、私は君をこんなに長い間、一人にしてきたことを悔やんでいました。だが、これも間もなく終わりです。心配ありません」。

　野口英世の遺体は鉛の棺《ひつぎ》に入れられ密封されてニューヨークに運ばれた。伝染病で死んだ遺体の米国への上陸など、異例のことだった。ロックフェラー財団の手配があったという。葬儀はロックフェラー研究所で行なわれ、日の丸と星条旗の半旗が掲げられた。ロックフェラー二世が弔辞を読み、業績を称《たた》えた。棺はニューヨーク郊外のウッドローン墓地に運ばれ、これもまた異例の配慮でロックフェラー研究所が買った墓所に埋葬された。墓碑銘には「科学に一生を捧《ささ》げ、人類のために生き、そして死す」とある。野口英世は、常に危険と背中合わせの研究テーマに挑戦した。それは、

「亡命学者」野口英世が、異国で認められるためのぎりぎりの戦いだったのかもしれない。

左手のコンプレックスこそ

野口英世は、一八七六年（明治九年）福島県の猪苗代《いなわしろ》湖畔の翁島《おきなじま》村（現在の猪苗代町）で生まれた。文字通りの貧農の家であった。悲劇は一歳五カ月の時に起こった。母シカが目を離したすきに囲炉裏に落ち、左手に大火傷《おおやけど》を負い、松ぼっくりのように固まってしまったのである。当時の外科医療技術のレベルもさることながら、貧しい家計では手術もままならず、少年時代の野口は左手の不自由をからかわれ続けた。

十五歳の猪苗代尋常高等小学校の時、担任の小林栄先生をはじめとする教員、同級生が「野口の手をなんとかしてやりたい」として寄付を募り、十五円の金を集めてくれ、会津若松の会陽医院で手術を受けることができた。癒着した左手に短いながらも五本の指ができ、一定の機能は回復するが、左手の傷は一生を通じて彼の心の深い傷となった。現存する野口の様々な写真をみても、左手が写っている写真はほとんどなく、あったとしても握りこぶしになっていたり、腕を組んで左手首を隠している。

しかし、この左手についてのコンプレックスこそ、野口の人生における驚嘆すべき克己心と向上心の源泉でもあった。母シカは、手の不自由な英世には「学問の道」しかないことを繰り返し言い聞かせたが、野口英世は人生を通じて母の思いを受け入れ、不屈の闘志を燃やし続けた。

十六歳の春、最優等の成績で高等科を卒業した野口は医者になる決意を固め、自分の左手を手術してくれた渡部鼎《わたなべかなえ》先生のいる会津若松の会陽医院に書生として住み込んだ。会陽医院での三年間の勉学の後、十九歳の秋、正規の医科大学を卒業していない者でも受けられる内務省の「医術開業試験」を受験するために上京した。上京に際し、実家の床柱に小刀で刻みつけた「志を得ざれば再び此地《このち》を踏まず」の字は、今日も保存され見ることができる。

東京に出た野口英世は、会陽医院で知己を得た医師、血脇守之助《ちわきもりのすけ》の支援で芝の高山歯科医学院（東京歯科大学の前身）の学僕として住み込み、わずか一年で医術開業試験に合格、その後、順天堂医院、北里柴三郎の伝染病研究所などに勤務した。しかし、資産も無い野口が医院を開業できる目処《めど》もなく、次第に心は「海外に留学し、ハクをつける」方向に向かう。それが、来日したフレキスナー教授とのわずかな接点を頼っての「押し掛け留学」の背景であった。

ところで、この血脇守之助という人物に、野口英世は様々な形で迷惑をかけ、面倒をみてもらっている。今日的な人間関係からすれば、およそ想像を絶するような交際である。就職の世話、学資の援助、生活費・遊興費の無心、留学費用捻出《ねんしゅつ》のための帰国後の結婚を約束した持参金三百円の前借り手配、など驚くほどの自己中心の厚かましさで血脇を利用・翻弄《ほんろう》している。「恩を仇《あだ》で返す」ような、絶交しても不思議ではない話の連続なのだが、何故《なぜ》か二人の関係は続き、一九二二年には訪米してきた血脇を歓迎し、各所を案内している。

野口英世という人間は、他人を平気で利用するふてぶてしさ、それでいて憎みきれない一途《いちず》さを兼ね備えていたのであろう。それにしても我々は、この国からとっくに消失した地縁・血縁・師弟・友人・男女の「人間関係の濃さ」にただ驚嘆するだけである。

野口を支えた母と妻

野口英世の人生において、母シカの存在は極めて重かった。シカは生みの父母を知らず、祖母に育てられた薄幸な女性だった。貧しい祖母との二人暮しで、夜具さえないような生活だったという。十一歳の時、その祖母にさえ先立たれ、庄屋《しょうや》の家に子守り奉公として引き取られた。少女時代は幕末維新の混乱期で、会津は白虎隊《びゃっこたい》が無念の涙で飯盛山《いいもりやま》に散った会津戦争の舞台だった。そのなかで、シカは家を興《おこ》すことを念願して一心不乱に働き続けた。十八歳の時、庄屋の世話で婿養子《むこようし》佐代助を迎えて結婚したが、お人好《ひとよ》しで大酒飲みの佐代助は、シカの血のにじむような稼ぎを飲み代《しろ》として使い尽くすような男だった。一家の柱としての責任感で、シカは働き続けた。そこに、最愛の息子の火傷という追い討ちを受け、観音様への強い信仰を胸に、ひたすら自らに鞭《むち》打《う》って働き続けたという。

その母の姿が野口英世の心には常に在った。野口の母シカだけが特殊だったのではない。かつて、日本の農村を支えた母達は総じてシカのごとく働き者だった。四六時中働き詰めで生活を支えた。その背中を見て子供は育った。そこには厳粛なメッセージがあった。

私は、猪苗代の野口英世の生家と記念館を訪ね、母シカが米国で働く英世に送った手紙の展示を見て、涙を禁じえなかった。人並みに字も学べず、囲炉裏の灰でいろはの文字を覚えたというシカが、ひらがなだけの金釘《かなくぎ》文字で懸命に書き綴った手紙で、「はやくきてくだされ。はやくきてくだされ。はやくきてくだされ。はやくきてくたされ」と四回も繰り返し、英世の帰国を待ちわびる文面にシカの真情が溢《あふ》れているからである。これをニューヨークで受け取った英世の心情も痛切であったろう。

野口は二十八年にわたる海外生活を通じ、一度だけ日本に帰った。一九一五年（大正四年）の秋であった。既に、梅毒スピロヘータの研究で世界的名声を高めていた野口の帰国は、凱旋《がいせん》将軍のように迎えられ、新聞にも「天才野口英世君、米国から本日横浜着」（東京日日新聞）などの見出しが躍った。六十日間の帰国であったが、各地の講演会や歓迎会に忙殺され休む暇もなかった。但《ただ》し、講演旅行の際に母シカを伴って関西を案内し、生涯唯一《ゆいいつ》の親孝行ができたのがせめてもの慰めであった。その三年後、母シカは死去している。

もう一人、野口の人生を支えた女性が妻メアリー・ダージスであった。メアリーについてはあまり知られておらず、アイルランド系の鉱山技師の娘であり、地味で内気な性格で表にでない人だったという。

「日本人は二日に一度しか寝ないのか」と周辺をうならせるほど仕事に打ち込んでいた野口英世にとって、静かに家庭を守っているメアリーの存在は大事だった。それが、アフリカからの最後の手紙で野口が妻に伝えたかったことにも思える。「悲劇の人」といわれる野口英世だが、理解者と支援者に支えられ、「自らの道」と信じた仕事に挑んだ幸福な人だったのかもしれない。

高峰譲吉の栄光とその悲しみ

「無冠の日本大使」として

ペリー来航以来百五十年近くになろうとする日米関係史において、米国に在住した日本人で、高峰譲吉ほど日米の相互理解に貢献した人はいない。高峰が六十九歳（以下、数え年）でニューヨークに客死する前年の一九二一年、高峰は体調がすぐれず、何とか帰国して故郷高岡で静養したいという希望を強く抱いていたが、渋沢栄一の手紙に「高峰、米国を去らば、日米親善の方途絶る」とあるのを見て、帰国を断念、米国の土になることを決意したという。

何とも大袈裟《おおげさ》な話に思えるが、高峰を調べていくと、化学者としての業績を超えて、いかにこの人物が日露戦争を挟む日米関係において大きな貢献をしたのかが浮かび上がってくる。

ニューヨーク州サリバン郡のメリーワルド、マンハッタンから車で二時間ほど北上した自然豊かな森の中に「松楓殿《しょうふうでん》」といわれる純日本建築の文化遺産が残っている。京都御所を模したこの建物は、元々は一九〇四年のセントルイス万国博覧会の日本館として建築されたものだったが、閉会後、高峰が日本政府から譲り受け、セントルイスから千五百キロも離れたニューヨークの郊外に移築されたものである。高峰は、当時の日本の宮大工技術の粋を集めたこの建物を日米政財界人の社交の場にしようと考え、実際に高峰健在時には大いに活用されたという。日露戦争時の米国において「無冠の日本大使」として活躍した高峰譲吉の民間外交の舞台となったのである。

松楓殿は、譲吉の死後に売却され、戦前は企業格付けに名を残すムーディーズ・インベスターズ・サービス社の創業者一族が所有、戦後は金融事業の名門、オズボーン一族が所有・管理していた。その後、松楓殿は六十年ぶりに日本人の手に買い戻され、現在は日本文化財団（JAPANESE HERITAGE FOUNDATION 在ニューヨーク）によって修復・保存がなされていると聞く。

また、今日でも、ニューヨーク在住の日本人が、折に触れて会合に参加する「日本倶楽部《クラブ》（現・日本クラブ）」や「ジャパン・ソサイアティー（日本協会）」も、その設立時に高峰譲吉が果した役割は大きく、実質的な創始者といってもよい。日本倶楽部は、ニューヨークにおける日本人と米国人との交流のための社交機関として一九〇五年に設立されたもので、「日本倶楽部創設資料」によれば、「紐育《ニューヨーク》における邦人中、知名の米人と対等に接触交際する機会を有する者僅《わず》か数名にすぎず」という現状に対し、高峰譲吉がハーバード・クラブやイェール・クラブなどの活動状況や規約を調べさせ、横浜正金《しょうきん》銀行、三井物産、森村組、大倉組などの日系企業の支援を得て会員約八十名でマンハッタンの西八五丁目四四番地の建物を一カ月三百ドルで借りてスタートさせたとある。一九〇五年六月の発会式には、日露戦争の戦費調達のためニューヨーク訪問中の金子堅太郎と日銀副総裁のポジションにあった高橋是清《これきよ》が講演をしている。高峰譲吉は、一九一五年までの十年間、日本倶楽部初代会長を務めた。

興味深いのは、日露戦争のための日本の外債引き受けに協力してくれたユダヤ人銀行家のヤコブ・シフや鉄道王ハリマンなどを日本倶楽部に招待して日米交流の実を挙げたという事実である。また日本倶楽部は、在留邦人相互の連絡・交流の場としても機能し、娯楽室や日本レストランを有する日本人の集会場ともなっていった。野口英世も、将棋を指しによく出入りしていたという。日本倶楽部の資産は、一九四二年、日米開戦によって米国政府に没収されたが、戦後の一九五七年に再興され、一九六三年からは現在の西五七丁目一四五番地の日本クラブ会館で活動を続けてきた。

また、ジャパン・ソサイアティーは、日米の文化交流の基点として一九〇七年に設立された。日露戦争の日本海海戦の英雄たる黒木大将が率いる「筑波《つくば》」「千歳《ちとせ》」のニューヨーク寄港を期して行われた歓迎会で設立が決議され、ニューヨーク大学の学長J・フィンレーを会長、高峰譲吉を副会長としてスタートした。日露戦争により、日本に対する米国の評価は高まっていたが、他方、カリフォルニアでの日系人の土地所有禁止問題など、日本人への警戒心も強まっており、微妙な時代背景において設立されたということである。ジャパン・ソサイアティーは今日でも各種の質の高い文化交流イベントを企画・主催しており、活動実績への評価は高い。

「ポトマックの桜」にも尽力

さらに「ポトマックの桜」も高峰の尽力で実現したものである。一九〇九年、当時のタフト大統領夫人、ヘレン・タフトが「ワシントンの緑化運動の一環で大和桜を植えたい」と相談してきたのを受けて、高峰は東京市長の尾崎行雄に協力を依頼、ただちに桜の苗木二千本が寄贈された。尾崎は、日露戦争に勝てたのは、T・ルーズベルト大統領の調停のおかげと考えており、お礼をする機会を期していたという。当時の日本の国民感情では、「戦争に勝ったのにポーツマス条約を巡る戦後処理外交で負けた」という認識が一般的で、日比谷焼き討ち事件にも見られるごとく、アメリカの役割を冷静に評価する者は少なかった。二千本の桜には尾崎の複雑な思いが込められていたのだが、不幸にもこの苗木は土壌伝染病の菌に侵されていることが、植物検疫《けんえき》で判明、すべて焼却処分されてしまった。尾崎は、直ちに静岡興津《おきつ》の農事試験場に無菌の苗木育成を依頼、ここで育苗《いくびょう》された三千本が、一九一二年に改めてワシントンに向けて船積みされ、ポトマック河畔に植えられたのである。

この時、日本から桜を贈られたのはワシントンだけではなかった。ニューヨークにも桜の苗木が贈られ、一九一二年の四月には、ハドソン河に臨むグラント将軍の墓所に数百本の桜が植えられ、高峰譲吉も参列した大規模な桜植付け式が行われている。グラント将軍の墓所が選ばれた理由は、一八七九年にグラント将軍が日本を訪問、米国の大統領経験者として最初に日本を訪れた人となったことによる。同時に、ニューヨークのセントラルパークにも相当数の桜が植えられたという。

私も米国の東海岸に生活した十年間、毎年春のポトマックの桜を楽しみにしていた。満開の桜を見上げながら本居宣長《もとおりのりなが》の「敷島の大和心《やまとごころ》を人問はば朝日ににほふ山桜花」を思い出したものである。一九七六年の「さくら祭」において、フォード大統領は高峰の孫、ジョーキチ・タカミネⅢ世を前にして、「六十四年前、高峰譲吉の発案と費用負担で東京からワシントンＤＣに桜が贈られた」と語り、高峰の業績を称《たた》えた。

ところで、高峰譲吉と野口英世は今世紀初頭のニューヨークを舞台に活躍した代表的日本人といえるが、二人の接点はあまり大きくない。高峰のほうが二十二歳も年上ということもあるが、野口がロックフェラー医学研究所の助手としてニューヨークに登場した一九〇四年には、高峰は「ニューヨークで最も有名な日本人」であり、「格が違う」という感じであった。それでも、時には接点があったようで、面白い写真が残っている。日本倶楽部でメキシコからの訪問者を歓迎する席で、高峰と野口が一緒に写っているもので、一九二〇年前後の写真であろう。

化学者にして実業家

高峰譲吉は、一八五四年（安政元年）、父高峰精一、母幸子の長男として高岡に生まれた。高峰家は歴代医をもって越前《えちぜん》松平家に仕えてきた名家で、父精一も京都や江戸に出て蘭《らん》医学を学んだ人物であった。譲吉一歳の時、加賀藩の御典医となって金沢に移った父のもとに転居、九歳で藩校明倫堂に入学した。十二歳の時には、加賀藩より選抜されて長崎に留学、長崎語学所の英語教師、何礼之《がのりゆき》の塾に入り、翌年には宣教師フルベッキの英語学校に入学した。

時代が明治に改まった一八六八年、十五歳の譲吉は大阪の適塾に入門、塾主の緒方《おがた》洪庵《こうあん》は既に死去していたが、福澤諭吉、大村益次郎《ますじろう》、橋本左内らの先輩に続いた。十六歳で、大阪帝国大学の前身たる大阪医学校に転学、また大阪舎密《せいみ》学校においてドイツの化学者リッターについて化学分析学を学んだ。実にあわただしい十代を経て、二十歳の時には、東京の工部省工学寮（現、東大工学部）の応用化学科に入学、次第に化学者としての歩みを見せ始めた。

大きく高峰譲吉を変えたのが、一八八〇年からの三年間の英国留学であった。工部省からグラスゴー大学、アンダーソニアン大学に派遣され、応用化学を学んだ。ビクトリア期の英国において、リバプールやマンチェスターの各種工場を実地見学し、とくに人造肥料の製造を研究できた意味は大きかった。帰国後は農商務省工務局勧工課に勤務となり、「殖産興業」の現場に立った。和紙、藍《あい》の製造や酵素の研究による清酒醸造に着手したという。

さらに一八八四年、三十一歳の譲吉に運命的転機が訪れた。米国ニューオリンズでの万国博覧会の日本代表を命じられて渡米、生涯の伴侶《はんりよ》となるキャロライン・ヒッチ嬢と出会うのである。キャロラインは、ニューオリンズ市の名家で造幣局長を務める人物の長女で十八歳であった。わずか数カ月で婚約に至るのだが、高峰の魅力と気合もさることながら、東洋からきた一人の役人に運命を託す決断をしたキャロラインの情熱は驚嘆すべきものであった。二人は、太平洋をはさんで思いを貫き、一八八七年に米国において結婚式を挙げた。

高峰は、一八八六年には燐酸鉱《りんさんこう》による人造肥料技術に基づき「東京人造肥料会社」を創立した。渋沢栄一、益田孝《ますだたかし》、大倉喜八郎、浅野総一郎、安田善次郎などの名だたる財界人の支援によるものであった。この辺りから高峰は化学者にして実業家という存在感を高めていく。そして一八九〇年、米国の酒造会社に高峰元麴《もとこうじ》改良法の特許を買われ渡米、以後、活動の拠点を米国に移した。

高峰が成功者になっていく過程をみつめると、「特許」（知的所有権）というものにいち早く着眼し、戦略的に自らの発見や研究を生かしたことに気付く。一八八六年の三十三歳の時に、特許局の長官代理となり、日本の特許行政の基礎を確立することに貢献している。

高峰は、自らの研究成果に数え切れないほどの特許を取得しているが、特にドクター・タカミネの名を揺るぎ無いものとしたのは、消化酵素タカ・ジアスターゼの製法の確立であり、アドレナリンの純粋結晶単離の成功によるホルモン学への貢献であった。日本でも三共商店（現、三共株式会社）を通じてジアスターゼの国内販売を開始、常備の胃腸薬として市場を席捲《せっけん》した。

アカデミズムとビジネスの両方で成功を収めた高峰が、その富を凝縮して建てたのが、ニューヨークのハドソン河畔の本邸、リバーサイド・ドライブ三三四番館であった。一階は奈良時代、二階は平安時代、三階は鎌倉《かまくら》室町時代、四階は桃山時代、五階は江戸時代の様式という構想の下に設計された広壮華麗な建物で、エレベーターとセントラル・ヒーティング完備の七階建て、資材や家具調度は日本や欧州から運ばせた。一九一二年に完成、ロックフェラーやモルガンなどの米国の大財閥の人々との親交の場となった。高峰譲吉の到達点のシンボルでもあった。

幸福な上昇志向の時代

高峰が死に至る病身の身を挺《てい》して務めた最後の仕事が、一九二一年にワシントン会議にやってきた日本政府代表団の歓迎であったというのはあまりにも皮肉なことであった。このワシントン会議によって、日本は日英同盟を解消、二十年後の真珠湾に向かう迷走に入っていくのである。ニューヨークでの日本政府代表団の歓迎晩餐会《ばんさんかい》には、ニューヨーク市長やロックフェラー、モルガン、カーネギー等の名士がこぞって出席し、米国での高峰の存在感の大きさを示した。この過労がたたって、高峰の健康は急速に悪化していった。

思えば、高峰譲吉がニューヨーク社交界の名士として華々しく活躍していた二十世紀初頭の二十年間は、日本にとって「日英同盟の二十年」と重なる期間であった。一九〇二年に締結された日英同盟に支えられる形で、日本は日露戦争から第一次世界大戦に至る国際関係を、いわば「ユーラシア外交の勝ち組」として生き延びることができた。官営八幡製鉄の高炉に最初の火が入ったのが一九〇一年であり、一切の近代産業基盤もなかった極東の島国日本が、五大国、三大海軍国の一翼を占めるまでに台頭した、その「奇跡の二十年」であった。

歴史家は「ベルサイユ・ワシントン体制」という表現を使うが、一九一九年のパリ講和会議、一九二一年のワシントン会議によって形成された「多国間の協調による国際協調システム」である。つまり、第一次大戦後の世界秩序枠が形成されていく大国の綱引きの中で、日本は「一等国」という自尊心をくすぐられながら五大国の一翼を担《にな》う外交へと引き寄せられた。英国との二国間同盟外交の基軸を相対化させ始めたのである。

ワシントン会議は一九二一年の十一月から翌二二年の二月まで三カ月間続けられ、日英同盟を破棄し、太平洋地域における日英米仏《ふつ》の権利の相互尊重と紛争処理協議を約する「太平洋に関する四カ国条約」のほか「海軍軍縮条約」「九カ国条約」が締結された。日本は海軍大臣加藤友三郎を首席全権とし、駐米大使幣原喜重郎が交渉の中心にいた。「幣原外交」と呼ばれる国際協調外交の展開であった。

但《ただ》し、その背景には米国のしたたかな戦略が存在していた。米西戦争でフィリピンを領有し、アジア太平洋に本格的に参入し始めた米国にとって、日英同盟は万一日米が衝突した場合に英国が米国に敵対することを意味し、「多国間協調」という枠組を準備し、何とか日英同盟を解消させようという意図がワシントン会議を牽引《けんいん》したことは間違いないのである。

それ以降、日本は外交インフラの無い国が多国間の外交ゲームに参画することの難しさを露呈するかのようにダッチロールし、満州国問題を巡って孤立、そして真珠湾へとのめり込んでいくのである。高峰譲吉が「無冠の大使」といわれながら民間外交を支えた時代は、ある意味では日本にとって幸福な上昇志向の時代だったのかもしれない。

家族達の数奇な人生

正に「功なり名を遂げ」社会にも大きな足跡を残して逝《い》った高峰譲吉の家族達のその後は、しみじみと考えさせられる数奇なものであった。偉大な存在の割には研究や文献の少ない高峰に関し、根気よく取材を積み上げた貴重な労作が飯沼信子《いいぬまのぶこ》『高峰譲吉とその妻』（新人物往来社、一九九三年）であり、その作品をも参考に高峰の縁者のその後を辿《たど》る。

まず、イエール大学卒で化学者としての道を歩んでいた長男のジョー（譲吉II世）は、一九三〇年に四十二歳の若さでマンハッタンのホテルの一室から謎《なぞ》の転落死をとげた。事故として処理されたが、禁酒法の時代に、闇《やみ》の酒の醸造・流通に財源を求めていたマフィアに殺害されたとの説もある。ジョーの妻ヒルダは、二人の子供を残し、再婚のためフロリダに去った。

次男のエーベン・孝が高峰化学研究所を引き継いだが、内向的性格で父や兄のようなリーダーとしてのカリスマはなかった。エーベンは父譲吉の存命中に歯ブラシ製造会社などを起こしたこともあったが、事業の才覚も無く失敗、多額の負債を父に処理してもらった。父の遺産相続のすぐ後、エーベンの妻は「日本人はもうこりごり」という言葉を残して離婚を申し出、譲吉が収集した骨董品《こっとうひん》などもかき集めて去っていったという。エーベンは戦後の一九五三年になって米国籍の取得を認められるが、その半年後に急逝した。父の栄光の陰で、国際結婚と国籍に悩み、自らのアイデンティティーに苦闘した姿が浮かび上がる。

最も衝撃的な人生に転じたのが、高峰譲吉の妻キャロラインであった。一九二五年、譲吉の死後三年、五十九歳のキャロラインは次男エーベンの友人で二十三歳も年下のチャーリー・ビーチの熱烈な求愛を受け入れ再婚した。チャーリーはアリゾナの片田舎の牧場主で、写真をみるとハンサムで逞《たくま》しいカウボーイという印象である。ニューヨークでの王侯貴族のような生活を捨て、砂漠のアリゾナの生活を選択したキャロラインの心は何だったのであろうか。解放感のなかでキャロラインは、乗馬服を着てチャーリーと牧場を駆け巡るような生活を楽しんだようで、一九三三年には二人一緒に日本旅行をしている。結局、キャロラインは一九五四年にアリゾナに死ぬまで、約三十年間チャーリーと添い遂げており、それは三十五年間の譲吉との結婚生活に匹敵する期間となった。

現在、高峰譲吉の栄光の象徴でもあったリバーサイドの旧高峰邸は、他人の手に渡り八世帯の表札が並ぶ集合住宅になっている。類《たぐい》まれな成功と貢献の人生を送った高峰譲吉の足跡を訪ね、「一代の栄華」という言葉を噛《か》み締めざるをえない。

日本近代史を予言した男、朝河貫一《あさかわかんいち》の苦闘と日米関係

二十二歳で米国に留学

一九〇〇年、朝河貫一はコネチカット州ニューヘーブンのイェール大学の大学院歴史学科に学んでいた。朝河貫一といっても、今日の日本ではほとんど知られていない。しかし、二十世紀の前半、イェール大学教授として米国を舞台に活動した歴史学者、朝河貫一の足跡は、今日においてこそ注目されるべきものである。私自身、朝河が書いた作品を読むにつれ、「こんな日本人がいたのか」という感慨を深め、その識見に圧倒される思いであった。

一九〇〇年の一月一日付けの「年頭の自戒」において、二十六歳の朝河貫一は「歴史学研究によって日本に報恩しよう」との意思を固めるのだが、その中で「私が日本を後にして、このアメリカという異国の地にきたりて、人類史上の日本の相対的地位を知った」と述べている。相対的地位の認識、つまり自己を客観視する視座の形成、

それこそが朝河が生涯を賭《と》して挑戦した課題であり、日露戦争から太平洋戦争に至るまで、次第に自らを客観視する視点を見失い迷走していった故国日本に対し、朝河が遠く米国から発信し続けた警鐘のメッセージであった。

不思議に思うのだが、十九世紀末から二十世紀の初頭にかけて、海外に雄飛し独自の道を切り開いた人物には、東北地方の出身者が多い。やはり、幕末維新にかけての内戦の「負け組」として、薩長《さつちょう》藩閥支配の明治新政府の下で、東北出身者は立身出世の階段を昇る機会に恵まれず、厳しい立場に置かれていたことの投影であろう。これまで取り上げてきた新渡戸稲造、野口英世、内村鑑三、津田梅子などもそうした事情が海外展開の背景にあった。そして、朝河貫一もまた福島県の出身者であった。

朝河貫一は、一八七三年（明治六年）十二月、旧二本松藩（丹羽《にわ》氏十万石）の藩士朝河正澄の長男として福島県二本松町根崎（現在の二本松市根崎）に生まれた。明治維新によって士族としての仕事の道を断たれた朝河正澄は、小学校の教員になる資格を得て一家の生計を支えるべく、二本松から二十キロほど離れた立子山村の尋常高等小学校に赴任した。父とともに立子山に転居した朝河貫一は、一八七九年に父が校長を務める小学校に入学した。幼少時より「神童」といわれるような優秀な生徒だった。

一八八七年には、福島県尋常中学に進学、毎日十キロの道のりを歩いて通学したという。卒業式には総代として見事な英語で答辞を読んだというから刻苦勉励の人だったのであろう。この頃から海外留学への強い意欲を抱き、その第一歩として一八九二年に東京専門学校の文学科へ進学した。文字通りの苦学生で、翻訳の仕事や原稿料で学費を稼ぎ出した。大学二年の時、本郷教会の牧師であった横井時雄の紹介で、ダートマス大学の学長ウィリアム・タッカーより「学費免除での留学」を許可されたが、渡航費の見通しがたたず、懸命に金策に走った。力になってくれたのは、東京専門学校の恩師たる大西祝《おおにしはじめ》、大隈重信《おおくましげのぶ》、坪内逍遥《しょうよう》などの早稲田人脈に加え、勝海舟、徳富蘇峰などの錚々《そうそう》たる顔ぶれであり、故郷福島の旧友達であった。つくづく感心するのは、この時代の日本人の「人材を育てること」への情熱であり、面倒をみることを厭《いと》わない「濃い人間関係」である。

一八九六年、朝河貫一は念願かなってニューハンプシャー州のダートマス大学に留学することができた。二十二歳であった。授業料と寮費は免除となったが、生活費を稼ぐためにホテルの給仕や皿洗いをしながらの学生生活であった。彼の真剣な生活態度と向学心が醸《かも》し出す雰囲気のせいか、同級生達は貫一を「サムライ」と呼んだという。歴史や宗教、そして哲学などの学識が深まるにつれ、貫一は精神的試練ともいうべき時期に入っていった。

おそらく、自らと日本が置かれている歴史的状況が分るにつれ、いいしれぬ寂寥《せきりょう》感と葛藤《かっとう》が襲ったのであろう。ダートマス時代の朝河貫一は、留学にあたって世話になった徳富蘇峰の「国民新聞」に「形骸生《けいがいせい》」というペンネームで十篇の米国レポートを寄稿しているが、その内容を読むと、日米対比のなかで日本の在り方を考察する姿勢が萌芽《ほうが》していることに気付く。

ダートマスでの三年半の生活を終え、無事卒業した朝河は、さらなる向学心に燃え、イエール大学大学院歴史学科に入学する。帰国を待ちわびる両親には心苦しい思いで、大学院進学の意思を伝えたようで、父正澄の自分の感情を押し殺した貫一宛《あて》の激励の手紙が残っている。学費の給付を受けながらの貫一のイエールでの研鑽《けんさん》の日々が始まった。朝河貫一は、これ以後の生涯のほとんどをイエール大学のあるニューヘーブンで過ごすことになる。一九〇二年、朝河貫一は「大化の改新の研究」でイエール大学から博士号を授与された。

朝河貫一は、米国での五十二年間にわたる生活の間に二度、日本に帰国している。一度は、一九〇六年二月から一九〇七年八月までの一年半で、日本に関する図書資料の収集を目的とするものであった。日露戦争直後の日本を観察する機会ともなり、故郷の二本松にも足を運んでいる。また、奇《く》しくもこの日本滞在中に、貫一の帰国を待ち望んでいた父正澄が急逝しており、実家の整理を終え、後顧の憂《うれ》いなく米国での研究生活に腰を入れる決意で再渡航している。

二度目の帰朝は、それから十年後の一九一七年七月から一九一九年十月までの二年余で、「日本の中世史研究のため」のイェール大学から東大の史料編纂所《へんさんじょ》への正規の留学であった。この間、朝河は京都、奈良などの関西地方や九州地方への長期の調査旅行を行った。とくに、鹿児島県薩摩郡の入来村《いりきむら》での滞在では、日本の封建制度の史料として極めて貴重な「入来院氏古文書」を調査し、その成果が朝河の学術研究書の中でも最も高い評価を受ける『入来文書』（一九二九年）となって、イェール大学とオックスフォード大学から発行されている。欧州の中世史などと比較した「比較法制史」という研究領域を確立する上で、重要な地歩固めであった。この二回目の帰朝以来、日米戦争を挟んで約三十年、残りの生涯で朝河貫一が日本の土を踏むことは一度もなかった。

日本帝国主義の冷静な観察者

朝河貫一という人物は、日清戦争の直後に渡米して以来、日露戦争、第一次世界大戦、そして日米戦争と日本の敗戦を海外から注視してきたことになる。それは、日本が新興の帝国主義国家として「台頭」して行く過程であり、結局は挫折《ざせつ》・崩壊に向かう過程でもあった。この日本帝国主義の冷静な観察者が果たした役割は、彼の二冊の作品に象徴されている。一つは、一九〇四年、日露戦争の最中に英文で出版した“The Russo-Japanese Conflict”（『日露紛争』）であり、もう一つは、一九〇九年に出版した、唯一《ゆいいつ》の日本文による著書『日本の禍機』である。

『日露紛争』は、日本側の立場から英文で書かれた日露戦争についての解説であり、米国、英国で出版、驚くほどの売れ行きをみせた。この本が出版されたのは、正に二〇三高地で日本陸軍が死力を尽くしてロシア軍と対峙《たいじ》していた時期であり、ロシア海軍のバルチック艦隊がウラジオストックを目指して航海中という時期でもあった。欧米諸国民の日露戦争への認識は複雑で、帝政ロシアの脅威を警戒する者もいたが、「キリスト教国ロシアと野蛮な後進地域アジアの小国日本との戦い」という程度の認識が一般的であった。朝河は、この戦争を日本の民族防衛戦争と位置付け、日本の正当性を擁護した。

朝河の論点は、日本・韓国・清国《しんこく》などの東アジアは、平和友好を重んずる民であり、侵略・交戦を繰り返してきた遊牧民たる西アジアとは異なることを強調し、日本が自らの存立を守ることによって、韓国・清国・満州の主権が守られ、東アジアの独立も取り戻すことができるというものであった。東アジアの歴史的経緯を冷静に分析し、ロシア帝国主義の被害者たる東アジアの覚醒《かくせい》と「覇権なきアジア」の実現を主張する論理性は、欧米の知識人に強いインパクトを与えた。

日露戦争中だけでも、朝河は三十回以上の講演依頼を引き受け、自説を展開した。これらの活動は、米国の政府・メディアの日露戦争への認識を変えさせ、米国世論の日本への同情と理解を深めさせる上で、大いに意味があった。日露開戦後、米国の調停・仲介を引き出すべく米国に派遣された使節・金子堅太郎にとっても、朝河の活動は大きな力となった。イェール大学での日露講和についてのシンポジウム開催などを陰で支え、国際関係の専門家の日露戦争への理解を促しただけでなく、国際世論の中で日本が採るべき講和条件などについての示唆《しさ》も与えてくれたのである。

日露戦争後のポーツマス講和会議においても、朝河は日本政府から「オブザーバー」の資格を与えられ、ポーツマスに二週間滞在した。この時、朝河は「領土の割譲や賠償にこだわってはならない」ことを日本側代表団に再三忠告した。日本側の全権は小村寿太郎外相と高平小五郎駐米公使であった。講和条約は、中国・朝鮮における日本の権益を拡大したものの「領土については南樺太《からふと》のみ、賠償はなし」という線で落ち着いたが、日本の国内世論は納得せず、「日比谷焼き討ち事件」などを起こしている。

「民族防衛戦争」として日露戦争を位置付け、日本およびアジア擁護の論陣を張った朝河は、正にその論理の延長線上において、日露戦争後、後発の帝国主義国として東アジアに覇権を求め始めた日本の増長に危機感を覚え始める。その問題意識を集約した作品が『日本の禍機』であった。一回目の帰朝後に執筆されたもので、高田早苗《さなえ》と坪内逍遥の尽力で、この本が世に出たのは一九〇九年であった。本の題名を決めたのも坪内逍遥であったという。『日露紛争』が海外に対する日本の擁護であったとすれば、『日本の禍機』は日本への叱責《しっせき》であった。

『日本の禍機』において、「将来の国運の大半は、我が国民が一方には今後東洋の最大問題たるべき清国に対し、他方には今後世界の最富強国たるべき米国に対する関係によって定まらん」と朝河は述べる。そして「日本の最も恐れるべきところは清国にあらず欧米の諸国にあらず。実に己を不正の地に陥《おとしい》れ清国および欧米をして正義の側に立たしむるにあるなり」と論ずる。日露戦争直後の時点で、日本近代史の結末を予言するかのごとき洞察である。そこから、帝国主義を後追いすることなく、道義をもってアジアに関わるべし、という朝河貫一の主張が展開されるのである。

しかし、その後の日本が採った路線は、朝河の失望を増幅し続けるものであった。一九一五年の「対華二十一カ条の要求」は、朝河にとって旧知の大隈重信の内閣によるものだっただけに、失望は怒りにまで高まり、「米国の世論を敵に回し、世界の信義を失うことの危険」を大隈への私信で忠告している。朝河が日本に寄せた役割期待は「覇権なきアジアの道義的指導者」であった。

日米開戦の回避に努めたが

日露戦争から三十六年、朝河貫一は歴史の舞台に再び登場する。日米の緊張関係が高まり、武力衝突が避け難い一九四一年秋の情勢下で、何とか開戦の危機を避けるために、ルーズベルト大統領から天皇に宛てた親書を送る運動への参画であった。

三十年来の友人、ハーバード大学のフォッグ美術館東洋部長ラングドン・ウォーナーの示唆と協力を得て、朝河は「戦争に突き進もうとする日本の軍部を抑えるためには、天皇による詔勅しかない」との思いで、大統領親書の草案作成に没頭した。今日、この草案は朝河の故郷の福島県立図書館に、多くの朝河の遺品とともに保存されている。その内容は、ペリー来航以来の日米関係史を総括し、明治維新や大化の改新に見せた先人の見識と指導力を称《たた》え、天皇の直接的指導の下に国際友好国の仲間に日本が復帰することを切々と訴えるものであった。この草案をもって、ウォーナーは、一九四一年十一月二十七日、二十八日の両日、ワシントンの官庁街を走り回った。真珠湾攻撃の十日前であった。

ウォーナーが面談したのは、国務省極東部長補佐のバランタインや上院外交委員会のエルバート・トーマス上院議員などであるが、ルーズベルト大統領へのルートとしては、大統領と親交のあったアーチボールド・マクリーシュ議会図書館長に期待したようである。実際に朝河の草案がどの程度の影響を与えたのかは分らないが、歴史的事実として、大統領の天皇に対する親書は発信された。それは、東京時間の十二月七日の午前であり、親書がグルー駐日大使の手元に届いたのが同日の午後十時過ぎ、大使が東郷茂徳《しげのり》外相に対し天皇への拝謁《はいえつ》を求めたのが十二月八日の午前零時三十分であったという。その時には、真珠湾の攻撃部隊は既にハワイの間近に迫っていた。

時間的に間に合わなかったというだけでなく、最終的に届けられた大統領の親書の内容は、朝河の草案とはかけ離れたものだった。米国自身、十一月二十六日の時点で提示した「ハル・ノート」（ハル国務長官による包括的基礎協定提案）の線で、日本と一切の妥協をする意思はなく、戦争も辞さずの姿勢を固めており、大統領親書にも「戦争を避けたい」という誠意よりも恫喝《どうかつ》にも近い表現がみられる。また日本に対する、「好戦的な日本の軍部を天皇や政治から切り離す」という朝河の期待も、現実離れした情勢認識というべきで、いかに朝河が真剣だったとはいえ、峻厳《しゅんげん》な国際政治の前での「学者の議論の虚弱さ」をさらけ出したといわねばならない。動き出した歴史の潮流は個人では止められない。

朝河貫一の必死の努力にもかかわらず、日米開戦は避けられなかった。朝河は深い失意の中にあったが、戦争中を通じて在米日本人としては例外的な待遇を受けた。多くの日本人・日系人が「収容所生活」を余儀なくされたのに比べ、朝河のイェール大学での研究活動の自由は保障された。それでも、米国に対する忠誠の誓約をさせられたり、銀行口座を凍結され、週二十五ドル以上は払い戻しできないなどの制約を受けたという。その中で朝河は、ウォーナーなどの日本文化研究者を支援するかたちで、「文化財・歴史遺物の保護救済」や日本の敗戦を想定した「日本再生・救済」活動などに協力した。懸念《けねん》した通りの道を転がり落ちる祖国日本を「救済」することに関わる朝河貫一の心は複雑であったろう。

朝河貫一の正気と孤独

朝河貫一の生涯についての年表を作ってみると、朝河の米国での学究生活が容易なものではなかったことが想像できる。朝河がイェール大学の歴史学の教授になったのは、一九三七年、既に六十四歳であり、定年退職の五年前であった。準教授になったのが五十七歳、助教授が五十四歳であり、いかにも遅いといわねばならない。『日本の禍機』を復刻出版した講談社学術文庫の裏表紙も、厳密にいえば誤りを書いている。「世界に孤立して国運を誤るなかれ——日露戦争後の祖国日本の動きを憂え、遠くアメリカからエール大学教授・朝河貫一が訴えかける」とあるが、この本を出版した一九〇九年当時、朝河貫一は教授どころか助教授でさえなかった。イェール大学講師になったばかりであった。彼の研究者としての学識を疑う者はないが、学者としての「学内の地位」は決して恵まれたものではなかった。「日本人として初めて欧米の一流大学の教授になった男」という表現が朝河貫一に使われるが、現実には孤独で長い道のりだったのである。

私生活においても、朝河貫一の人生は必ずしも幸福だったとは思えない。彼は三十一歳の時、一九〇五年に、大学院時代に知り合った農場経営者の娘ミリアム・ディングウォールと結婚する。しかし、父正澄の反対にあい、正式には父が死去した後、一九〇七年九月にワシントンの日本大使館で青木周蔵大使の媒酌という形で挙式、日本名を美里安《みりあん》として入籍している。しかし、妻ミリアムは一九一三年に、わずか三十三歳の若さで他界、二人の間には子供はなかった。それからの三十五年、朝河は孤独の中でひたすら自分の学問の道に「精進」した。驚嘆すべき精神力であった。それでも、日米戦争に入ってから晩年にかけての朝河は、一人の夜、懐《なつ》かしい妻を思い出して静かに涙を流すこともあったという。異国の地で、悲しみを背負いながら朝河は志を胸に生きた。

結局、朝河貫一とは何だったのだろうか。日本近代史を省察する時、戦後の「後追いの批評」が氾濫《はんらん》する中で、正に近代史の屈折点に屹立《きつりつ》し、理念をもって日本の進むべき道を提示していた人物がいたということであろう。そして、朝河貫一の正気と孤独こそ、日本の二十世紀を映しだす鏡に他ならない。二十世紀の日本は、朝河の忠告にもかかわらず、世界史の潮流変化を的確に認識して「理念」を持って世界史の転換をリードすることができず、欧米列強模倣の世界にさ迷い込み、孤立の焦燥の中で挫折の苦渋を舐《な》めた。敗戦後の日本も、あえていえば形を変えた欧米模倣、特に米国への追随によって国際社会に関わってきた。そこでは「バランス・オブ・パワー」を外交の本質とする現実主義が優先され、理念をもってあるべき世界を目指すことを軽視してきた。朝河貫一の存在は、「条理を貫く」ことの難しさとともに、歴史の条理を探究することの尊さを語りかけてくるのである。

近代石炭産業の功労者、松本健次郎と日本の二十世紀

父の所縁《ゆかり》の場所で

自分の体内を流れている血と二十世紀の歴史の関係を実感するような体験など滅多にできるものではない。私自身がそうした息をのむような体験をした。二〇〇〇年の八月末に父を亡《な》くした。八十一歳であった。その翌月、北九州経済同友会に頼まれた講演で、北九州市を訪れた。小倉駅から手配の車で会場の西日本工業倶楽部《クラブ》に向かい、「着きました」という言葉に視線を門柱の所に立つ看板にやると、そこには「重要文化財　旧松本家住宅」と書かれていた。思い当たることがあって、私の心に電撃が走った。その建物こそ父の所縁の場所だったからである。

私は八歳だった一九五五年夏からの一年半、筑豊《ちくほう》の炭坑（嘉穂《かほ》郡明治炭鉱）で生活したが、その頃、父は片道二時間近くをかけてその炭坑街から戸畑（現在の北九州市）の石炭会社の九州支店に通勤していた。明治鉱業という石炭会社で、その会社の

創始者がこの「旧松本家住宅」の持ち主だった松本健次郎だった。父が何度となく「松本健次郎は偉かった」というのを聞いた記憶があるし、『松本健次郎傳』という立派な装丁の本を大切に書棚に立てていた。生前、父が打ち込んだ仕事の話を真剣に聞いたことはないが、会社人間だった父が、自分の働いた会社と仕事に大きな誇りを抱いていたことは感じていた。旧松本家住宅を案内されながら、日本近代史における石炭産業の意味とそれを興《おこ》した主役の一人であった松本健次郎の足跡を思った。それは、その足跡の後を辿《たど》るように石炭産業に生きた亡父・寺島和郎の意思がどこかで働いているような体験だった。

旧松本家住宅は、一・三ヘクタールの敷地に立つ巨大な洋館と日本館で、明治四十五年に完成した。洋館は、アール・ヌーボー様式の傑作といわれ、日本銀行本店や東京駅を設計した明治時代の代表的建築家、辰野金吾（一八五四―一九一九）によって設計された。第二次大戦までは、松本家が住宅として使っていたが、敗戦後の七年間は進駐米軍に接収され、将校宿舎として利用されていたという。私は洋館一階の洗練された意匠の大広間に設けられた会場で北九州の経済人を前に「時代認識と進路」について の話を進めた。この建物を何度となく訪れたであろう若き日の父の姿が目の前を過《よぎ》ったように感じた。

骨太な明治の産業人の典型

一九〇〇年、三十歳の松本健次郎は洋行帰りの筑豊の炭坑王としての地歩を固め始めていた。一八九六年（明治二十九年）に門司《もじ》の安川松本商店が設立した明治炭坑株式会社の取締役となり、赤池炭坑、明治炭坑、豊国炭坑などの筑豊を代表する炭坑の所有権を順次取得し始めていた。炭鉱の事業は、俗に「山師」という言葉が成り立つほど前近代的なものであったが、健次郎は筑豊の炭鉱においては当たり前だった「納《な》屋《や》制度」を廃止するなど、近代産業としての石炭産業を育てた先駆的存在の一人であった。

松本健次郎は一八七〇年（明治三年）に安川敬一郎の次男として福岡市に生まれた。安川敬一郎は慶応義塾に学び、炭鉱事業家として財を成した人物であり、健次郎には十六歳離れた弟として安川第五郎がいるが、この第五郎は安川電機を育て、東京オリンピックの組織委員会の会長を務めている。

健次郎は十七歳で県立福岡中学校を卒業、安川商店神戸支店に見習い勤務の後、上京して国民英語学校と物理学校に入学した。一八九〇年に伯父の松本潜の要望を受けて娘の松本静子と結婚、養子縁組して松本姓となった。その翌年、一八九一年、二十一歳の時、米国に留学、フィラデルフィアのペンシルバニア大学の財政経済学科に入学した。かの野口英世が同じくペンシルバニア大学の医学部に押しかけ留学を果たす九年前であった。米国留学を勧めたのは、父の紹介で面談したトーマス・グラバーだった。長崎の「グラバー邸」に名を残すグラバーは、貿易商として、幕末維新期の薩長軍の武器調達で巨万の富を得た英国人であり、伊藤博文ら維新の元勲となった青年達の英国留学を手配したことでも知られる。そのグラバーが母国である英国よりも新興の産業国家たる米国への留学を勧めたところが興味深い。

一八九三年に帰国、その翌年には陸軍歩兵少尉《しょうい》として日清戦争に出征している。翌年には終戦で召集解除となるが、一九〇四年には日露戦争のため再び召集されて大本営付陸軍大尉となっている。この時、健次郎は不思議な役割を果たしている。一九〇五年三月、語学力を買われた健次郎は、米国からの観戦武官として来日したアーサー・マッカーサー中将一行を満州に通訳として案内したのである。言うまでもなく、GHQ最高司令官ダグラス・マッカーサーの父親である。この時、健次郎は大連から沙河《さか》を経て奉天までマッカーサーを案内し、児玉《こだま》源太郎将軍、大山巌元帥《げんすい》との会見を通訳している。

一九〇五年九月、健次郎は再び大本営から満州行を命じられた。これまた歴史的な役回りであり、米国の鉄道王E・H・ハリマン一行の満州視察の案内役であった。神戸、大連、旅順、北京《ペキン》、仁川《じんせん》、京城《けいじょう》を回った。日露戦争の戦勝にもかかわらず、日本の政財界は満州の経営については自信がなかった。井上馨、渋沢栄一等の支持もあって、桂内閣は一億円の資金提供とひきかえにハリマンによる満州鉄道の共同経営権取得を認める覚書（同年十月十二日付）にサインした。この覚書を強引に破棄させたのがポーツマスから帰った外相小村寿太郎であった。日本からの船旅を終え、サンフランシスコに帰着したハリマンは覚書破棄を伝える電信を手にして怒り狂ったといわれる。

「愛国心の発露」によってハリマン計画の破棄のために陰で動いたのが松本健次郎であった。通訳として交渉に立ち会ったためすべてを掌握していた健次郎はアメリカ資本の満州席捲《せっけん》に危機感を抱き、小村寿太郎に覚書の危険性を伝える画策をしたのである。ハリマン計画を潰《つぶ》したことが日本にとっていかなる意味を持ったかを評価することは難しい。歴史に仮定は成り立たないが、もし満州国を日米共同で経営していたら、その後の太平洋戦争はなかったかもしれないし、日米中の関係も変わっていたかもしれない。

日露戦争後の健次郎は産業人としての本格的活動を始めた。明治鉱業に加え、明治紡績、安川電機製作所、黒崎窯業《ようぎょう》、九州製鋼、九州水力電気などの会社を起こし、社長を務めた。松本健次郎の足跡の中で敬服するのは、産業人として成功したということではなく、技術者教育に極めて熱心だったということである。一九〇七年には、戸畑に明治専門学校を設立、国家に献納した。九州地域では、「明専」といわれ、親しまれた。今日の九州工業大学の前身である。骨太な明治の産業人の典型が松本健次郎であった。

この明治専門学校には、中国革命の父とされる孫文が何回か訪れている。一九一一年（明治四十四年）の辛亥《しんがい》革命によって、孫文は臨時大総統に選ばれたが、翌年には軍閥の袁世凱《えんせいがい》が権力を奪取、孫文は日本への亡命を余儀なくされた。この時、宮崎滔《みやざきとう》天《てん》から頼まれ、健次郎は戸畑の安川邸に孫文をかくまったのである。孫文は、明治専門学校の学寮食堂で学生達と一緒に食事をしていたという。

松本健次郎は、日本工業倶楽部の理事（一九二九年就任）や石炭鉱業連合会会長（一九三三年就任）などの財界要職を経て、戦時期には東条内閣の内閣顧問や貴族院議員になっている。そのため、戦後はGHQにより公職追放となるが、一九五一年には追放指定を解除され、経団連や日経連の顧問となる。一九五八年、米寿を期して一切の財界活動から引退、一九六三年十月、東京・世田谷の自宅で九十二歳の生涯を閉じた。晩年の健次郎は、八十六歳の時、青春の思い出の地、フィラデルフィアを訪れ、ペンシルバニア大学から名誉法学博士の学位を授与されている。

石炭産業を生きた私の父

私の父が、早稲田大学を卒業して明治鉱業に就職し、筑豊の赤池鉱業所に配属されたのは昭和十三年（一九三八年）春であった。当時、大手石炭会社への就職は友達に羨《うらや》ましがられたと父は語っていたものである。しかし、日本が正に戦争に向かおうとしていた時期であり、応召した父は陸軍軍人としての軍役に就き、満州などで職務を果たし、「ポツダム中尉」として迎えた終戦後、再び明治鉱業に復帰した。戦後の石炭産業は復興を支える「傾斜生産方式」の柱となり、父も労務・総務畑の若きエースとして、人生で最も燃焼して働いていた。終戦の一九四五年に二千二百三十四万トンだった国内炭の生産は、一九六一年の五千五百四十一万トンというピークに向けて増産を続けた。石炭が「黒いダイヤ」といわれた時代であった。

昭和二十二年の春、父は北海道雨竜郡沼田町の明治鉱業・昭和鉱業所に転勤となり、敗戦後の混乱をひきずる中を、九州から実に三週間の日時をかけて赴任したという。その夏、昭和鉱業所で生まれたのが、他ならぬこの私だった。その後、父は釧路の近くの庶路鉱業所、筑豊の明治鉱業所、再び北海道の上芦別鉱業所などの石炭産業の現場で労務担当としての仕事に従事し、父の転勤に付いて私も北海道―九州―北海道と転校を繰り返した。

日本の石炭産業のピークは一九五七年頃で、国内炭坑数八百六十四、従業員三十八万人、炭坑労働者の組合「炭労」は「総評の闘う機関車」といわれ、労働組合運動の先頭に立っていた。「総資本対総労働の闘い」とされ、戦後の労働運動の最高潮期のシンボルが三井三池争議であり、一九六〇年であった。丁度、六〇年安保とも重なり、社会党を中心とした「革新勢力」の黄金時代でもあった。その最も先鋭的だった労働組合を相手に、現場で労務管理の仕事をしたのが父であった。

しかし、私の記憶の中にある父の姿は、労使対立を抱えた問題のある炭鉱に派遣され、心労の中で生真面目《きまじめ》・誠実に問題を解決しようとした現場の調整役である。父と母は力を合わせて炭鉱の近代化に努め、生活改善運動や文化活動にも立ち向かっていた。炭坑街あげての運動会の盛り上がりなどを覚えている。不器用な人だったが父は誰からも慕われていた。私が大学三年生の時、一九六九年に明治鉱業は、政府の石炭政策もあって企業ぐるみ閉山となり、歴史の幕を下ろした。父は本社の労務担当の責任者であったが、会社がなくなってからも一年近く、従業員の再就職の世話に無給で飛び回っていた。「誇り高いヤマの男の再就職は大変だ」とよく言っていた。

石炭から石油へのエネルギー流体革命が着実に進行し、石炭会社を追い詰め、「追われゆく坑夫たち」という状況をもたらしていったのである。「追われゆく坑夫たち」は岩波新書から一九六〇年に出された上野英信の本のタイトルであるが、炭鉱労働者の置かれた状況を鋭く問題提起した名著であった。その中で上野は「戦後の炭鉱労働者が、敗戦にともなう膨大な数にのぼる戦災、引揚、帰還兵士と戦時工業の崩壊によって放出された失業者のプールとして、昭和二十三年に四十六万人を数えたことは、その後十余年にわたる炭鉱失業をいっそう救いがたいものにした」と述べ、当時の状況を集約している。日本の一次エネルギー供給構造において、石油の比重が石炭を追い抜いたのが一九六二年であり、一九七〇年には石油七二%、石炭二〇%という比率になった。残酷なまでの転換であった。

土門拳《けん》が『筑豊のこどもたち』という定価百円のザラ紙の写真集を出し、親にも棄《す》てられ炭坑住宅に取り残された子供達の姿を紹介したのが一九六〇年であった。敗戦後の失業者のプールだった炭鉱が、「エネルギー革命」という名のもとに、うめき声を発していた様相は、一九五〇年代後半に筑豊にいた私にとっても脳裏に焼き付く強烈なシーンであった。「何故《なぜ》、教室に弁当を持ってこられない子供がいるのか」、昼食時に我慢しながら本を読んでいる姿をみながら、子供心に「この世には個人の善意などでは救えない巨大な不条理が存在すること」を直感したものである。

「劉連仁事件」という影

ところで、この私が生まれた北海道沼田町の昭和炭坑は、とんでもない歴史的事件の舞台でもあった。一九四五年七月、つまり戦争が終わるわずか一カ月前、昭和炭坑に「強制労働」のために連れてこられた中国人坑夫のうち五人が脱走、四人は翌年春までに道内で保護されたのだが、一人山東省出身の劉《りゅう》連仁さんだけが終戦を知らないまま逃亡を続け、実に十三年後の一九五八年に石狩管内の当別で発見・保護されたという事件である。

グアム島の横井庄一《しょういち》さんやルバング島の小野田寛郎《ひろお》さんにも驚かされたが、冬の北海道の厳しい寒さを考えれば、劉連仁さんの十三年間の逃亡というのは信じ難い生命力なのである。北海道が中国と陸続きであると信じて、徒歩で故郷に帰ろうと考え、山中で洞穴を掘って十三回の「冬眠」に耐えながら逃亡を続けたというのだから、ものすごい話である。発見後、当時まだ国交のなかった中国本土に赤十字の手配で帰国、毛沢東主席とも面談し、「抗日民族英雄」と称《たた》えられた。その後、劉さんは一九九一年から九八年の間に六度来日したが、二〇〇〇年九月二日、八十七歳の生涯を終えた。

もちろん、劉連仁さんが「強制連行」され、脱走したのは終戦前のことであり、父が昭和炭坑に赴任したのは戦後二年経《た》ってのことではあるから直接の関係者ではないが、劉さんが直面した不幸は、日本人として真剣に考えねばならないテーマを孕《はら》んでいる。「強制連行・強制労働」という事実関係を的確に検証する材料はない。どの程度の強制だったのか、つまり「拉致《らち》、誘拐」に近い形で日本に連れてこられたのか、それとも、募集に応じて来てみたら雇用条件が劣悪で強制労働に近いものだったのか、判断材料はない。一九五八年の劉連仁さん発見後の国会論戦でも、当時の岸信介首相は「強制して連れてきたのか、あるいは本人が承諾して来たのか、これを確かめるすべがございません」と答えている。

しかし、大切なのは、一九四二年の十一月二十七日付の閣議決定「華人労務者内地移入に関する件」によって、戦争による成人男子召集増のため人手不足となった炭坑等の生産力を支えるための中国からの労働力移入が国家の施策として行われたという事実である。劉連仁さんのように「強制連行された中国人は約四万人、その内日本国内で死亡した人は約二万人」（北海道新聞調査）といわれる。

同じように日本内地に移入された朝鮮人は百万人を超すといわれ、「参政権問題」など今日の永住在日朝鮮人に関連する諸問題の背景となっている。中国からの「強制連行＝労働者内地移入」問題は、日中間の国家関係においては、一九七二年の日中国交回復の時点で、中国は対日賠償請求を放棄したことになっており、日本政府の公式見解は、「労働者内地移入」に関わる問題も含め解決済みというものである。しかしながら、劉連仁さんは、一九九五年の来日時に当時の村山首相に対して「日本政府の公式謝罪と補償を求める親書」を送付、翌九六年三月には、強制連行や強制労働を違法として、日本政府に二千万円の国家賠償を求める訴訟を東京地裁に起こしたが、劉さんが死去したため、長男の劉煥新さんが引き継ぐ形となった。二〇〇一年七月には、東京地裁が国に請求通り二千万円の賠償金の支払いを命ずる判決を下した。国は東京高裁に控訴《こうそ》し、なお係争中である。（注＝二〇〇五年六月二十三日、控訴審判決、請求棄却、原告敗訴。六月二十七日、上告。二〇〇七年四月二十七日、上告審判決、請求棄却、原告敗訴）

自国の歴史を省察すべし

いかなる国の歴史の中にも目をそむけたくなるような影の部分がある。明治維新後の日本史にも、胸を張って振り返るべき面と悔悟と悲しみをもって振り返るべき面が混在している。劉連仁さんという存在は、日本が近代史を積み上げて今日に至るまでに、「キレイゴト」では済まされない悲惨な歴史的事実を経由していることを突きつけてくる。そして、国が道を誤ることがどれほどの不幸を自国民や近隣の国民に与えるものかを思い知らされるのである。

私は、自国の歴史にいたずらに自虐《じぎゃく》的になることには共感しない。しかし、同時に、自国の歴史を省察することなく、自己弁護と自己正当化に傾斜することも間違いだと思う。自尊心と謙虚さのバランスが求められるのである。自民族を誇りに思うにせよ、大切なのは、他国からも理解の得られる「開かれたナショナリズム」であろう。日本の近代史を正視すれば、列強のアジア制覇に脅えながら、アジアの先頭を切って西洋の科学技術文明を取り入れた部分と列強模倣路線の自己過信の中で自らがアジアを侵略する側に堕した部分という二重性を内包していることに気付かざるをえない。この二重性に対する感受性を失ったならば、我々の歴史意識は急速に閉鎖されたものとなる。

現在、日本は再び重要な局面にある。「失われた十年」の閉塞感《へいそく》を背景に、ITと金融で揺さぶりをかけてくる米国への嫌悪《けんお》と反発という「反米ナショナリズム」のマグマが蓄積され始めている。他方、自国への自立・自尊の思いが、教科書問題に見られるごとく、自国史全面肯定の「閉ざされたナショナリズム」となってアジアを刺激している。軍国路線が挫折《ざせつ》した時の反省と戦後日本の蓄積を灰燼《かいじん》に帰すような愚を犯してはならない。

情報戦争の敗北者だった大島浩駐独大使

意図せざるエージェントに

十年以上も前になるが、ニューヨーク駐在の頃、ペンシルバニア州のピッツバーグで交通システムのプロジェクトがあり、かなりの頻度で訪れた時期がある。訪問地のアンティークの店を覗《のぞ》く趣味のある私は、ある店で興味深い古新聞を手に入れた。一九四五年の八月十四日付、つまり太平洋戦争が終わった対日戦勝記念日、V―Jデーの地元紙「ピッツバーグ・サン・テレグラフ」である。

一面に「PEACE（平和）」という赤字印刷の大見出し。「太平洋での戦火止《や》む」という見出しの下に、右肩にはトルーマン大統領が「JAP」占領の司令官にマッカーサーを任命したという記事、左肩には同年の七月三十日に米巡洋艦インディアナポリスがフィリピン海で日本の潜水艦によって沈められ、八百八十三名の兵士が死んだという記事が同艦の写真とともに載っている。米本土からマリアナに原爆の部品を運び終えた直後の沈没だったと解説されている。

二面には幾つかの気になる記事がある。一つは、日本人は負けたふりをしているかもしれず、「トリック」に気を付けよという有識者・政治家のコメントを紹介している記事である。ご丁寧にも、真珠湾まがいの最後の「騙《だま》し討ち」に出るかもしれないという警告や、ドイツから渡された原爆を持っているかもしれないという指摘さえある。

もう一つは、史実として驚いたのだが、ピッツバーグの東南約百五十キロのところにベッドフォード・スプリングスという保養地があるが、そこに米国がドイツを占領した際に捕捉《ほそく》した日本の駐独大使・大島浩《ひろし》ほか約百五十名の邦人外交官等が収容されており、日本敗戦の報に呆然《ぼうぜん》とする彼らの姿が報じられているのである。

大島浩はこんなところで終戦を迎えたのか。不思議な印象が私の心に強く残った。特定の人間に歴史の責任を問うのは妥当ではないが、この大島浩という人物こそ「親独派」の中心であり、ヒットラーの友人として日本を日独伊三国軍事同盟の路線へと引き込んだ責任者の一人なのである。

この大島浩を巡る衝撃的な本が出版されたのは一九九三年であった。“HITLER'S

JAPANESE CONFIDANT" Carl Boyd, University Press of Kansas,1993（邦訳『盗まれた情報――ヒトラーの戦略情報と大島駐独大使』左近允尚敏訳、原書房、一九九九年）である。この本によって私は、大島浩という軍人が果した何とも皮肉な歴史的役割を知り、米国が敗戦後のドイツからどうして丁重に大島を米国に移送したのかも含め、すべての謎《なぞ》が氷解したように感じた。

大島浩は、一九三四年に陸軍からの駐在武官としてベルリンに赴任し、一九三八年には中将で駐独大使となり、三九年末に一旦《いったん》日本に帰任、四〇年九月の日独伊三国同盟締結への政界工作に奔走した後、ドイツ側の期待と信望を背景に再び駐独大使に任じられ、一九四〇年十二月にドイツに赴任、以来「終戦」まで日独関係の中心として活躍した。特筆すべきは、大島は極端なドイツ信奉者、ナチの共感者であり、ヒットラー自身を含め、当時のドイツ統治の中心人物と親交を深めていたことである。

大島が特に親交を深めたのは、ナチスの外交部長といわれたリッベントロップであった。リッベントロップはヒットラーの信任が厚く、一九三六年には駐英大使、三八年には外務大臣となり、ナチス外交を取り仕切り、一九四六年のニュールンベルク裁判で死刑となった人物である。二人が出会ったのは一九三五年春であったが、その年の秋には大島はリッベントロップの仲介でヒットラーと二人で面談している。この

ヒットラーとの親交ゆえに諜報のターゲットとなった大島（右）

「ヒットラーの心の中とドイツの戦争計画を知りうる人物」であり、「豊富な軍事知識を持ち、よく電報を打つ駐独日本大使のおかげで、米国は最高機密に近い情報を易々《やすやす》と手に入れていた」のである。

ところで、米国は第一次大戦後には、陸軍情報部第八課（MI―8）によって、日本の外交用、陸軍武官用、海軍武官用の電信暗号システムの解読を行っていた。その中には、一九二一年のワシントン軍縮会議時点で使われた東京とワシントンの交渉団の間に交わされた暗号交信をすべて解読していたとの「成功例」もある。MI―8は、一九二九年にスチムソン国務長官の「紳士は他人の手紙は読まないものだ」という方針によって閉鎖されたが、翌年の一九三〇年には、米陸軍省暗号部（ＳＩＳ）が暗号解読の仕事をワシントン市街（20 Constitution Ave.）のミュニッションズ・ビルで再開している。

日本外務省は、一九三八年末から、それまで使ってきたレッド暗号機を新型の暗号機に置き換えはじめた。ＳＩＳは「パープル暗号機」と呼ばれたこの新型暗号機の解読にてこずったが、四〇年秋にはパープル機の複製を作ることに成功し、完全に解読できるようになった。大島のドイツ大使への再任が決まったのは三カ月後の四〇年十二月であり、大島の不幸の始まりであった。大島が発信した情報は「マジック」というコードネームをつけられ、特別に重要視された。その多くは、ルーズベルト大統領やマーシャル陸軍参謀総長にもただちに届けられたという。

米国側の記録によれば、大島が東京に送った「マジック電報」は、一九四一年に七十五通、四二年に百通、四三年が四百通、四四年が六百通、四五年の五カ月で三百通とされる。その中には、決定的ともいえる重要な情報が含まれていた。とりわけ重要な情報を提供することとなったのが、ヒットラーのソ連侵攻に関する情報とフランスに展開したドイツ軍の防備状態に関する情報であった。

ドイツのソ連侵攻は四一年六月二十二日に始まったが、大島はそれ以前の段階で、ゲーリングから直接説明を受けた情報として、攻撃に使用される航空機の数から師団の種類まで、詳細な情報を東京に送り、それを傍受したSISのスタッフを興奮させた。ソ連侵攻の九日目には、大島は東プロシアのラステンブルグ近くのヒットラーの野戦司令部に飛び、二日間滞在した。また一週間足らずのうちに、再び野戦司令部にヒットラーを訪れ、五時間も会談している。最前線を目撃し、最高指導部と面談し、しかも専門知識に基づき報告するのだから、大島の「マジック情報」は米国にとってこの上ない貴重なものであった。

フランスにおけるドイツ軍の防備状態に関する詳細な情報も、実地見聞によるものだけに大きく連合軍を助けるものとなった。但《ただ》し、大島の情報は常に「ドイツ軍の優勢と最終的勝利」を強調するもので、時に正確とはいえなかったが、米国および連合軍にとっては、自前の諜報《ちょうほう》活動に基づく情報と継続的に対比分析することで、大島の情報の持つ意味を客観化することができた。こうして大島浩は、本人は全く意識しないうちに、連合国に貢献するエージェントとなってしまったのである。マーシャル陸軍参謀総長は「第二次大戦における最も重要な情報源の一つはベルリンの日本大使であり、ヒットラーの意図についての情報の基礎になった」と書き残している。

東条英機との至近距離

大島浩は一八八六年（明治十九年）、陸軍軍人で陸軍大臣まで務めた大島健一の息子として岐阜県で生まれた。父健一が四年半もドイツに留学し、プロシア陸軍に学んだことの影響で、大島浩は幼少時からドイツ語を学び、ドイツの歴史、風土、哲学を学ばされた。夏冬の長期休暇の時には、ドイツ人の家庭に預けられるほどの徹底した教育であり、大島のドイツ語のレベルは、誰もが舌を巻くものであったという。

一九〇〇年という年、大島は十四歳の少年であったが、前年より市谷台《いちがやだい》の東京陸軍地方幼年学校に在学し、すでに職業軍人としての道を歩み始めていた。同期生に後の首相で太平洋戦争の主役たる東条英機がいた。東条は大島よりも二歳年上だったが、二人はウマが合い、中央幼年学校、陸軍士官学校、陸軍大学校と同じコースを歩んだ。大島が一九二一年に、武官補佐官としてドイツに赴任した時は、東条もドイツ留学中で、異国の地でさらに親交を深めたという。この「東条英機との至近距離」が、ナチス・ドイツに利用される背景になったともいえる。

大島は、陸軍士官学校十八期として、日露戦争の終わった一九〇五年に卒業した後、軍人としての赫赫《かくかく》たるキャリアを積み上げている。一九一三年には、陸軍大学に入学、一九一五年に卒業するが、その間の一九一四年九月からの四カ月間、第一次世界大戦における対ドイツ青島《チンタオ》攻略作戦に実戦参加した。この時、日本陸軍はそれまで教えを請うてきた師匠格のドイツと初めて戦ったのである。その後、一九一八年にはロシア革命後のシベリア出兵に参加、宿願のドイツ勤務は意外に遅く、一九二一年、三十五歳になってからであった。この時は、ドイツとオーストリアに三年半駐在している。帰国後は砲兵部門を歩き、三一年からの参謀本部勤務の後、三四年から駐独武官としてベルリンに着任した。

この間のキャリアの中で、大島の人生を決定付ける一つの考え方が醸成されていく。それは「ロシアの脅威」に対し、「ロシアとドイツの分断の必要」という考えだった。「ロシアの脅威」は日本近代史を貫くトラウマのようなものだが、日露戦争においてロシアが後顧の憂《うれ》いなく日本と戦えたのは「ドイツの友好的中立」のお陰であり、ロシアを孤立させることが日本の利益という考えだった。ロシア皇帝ニコライ二世とドイツ皇帝ウィルヘルム二世が結ぼうとした独露同盟への「ヴェルケの密約」こそ日本外交の悪夢とするもので、なんとしても独露離反を実現することの必要を、大島は確信していった。この確信が日本をドイツとの枢軸《すうじく》同盟に引き込んでいく誘因となったのである。

吉田茂駐英大使との論争

大島浩についての研究は少ないが、鈴木健二（元毎日新聞記者、現成蹊《せいけい》大学教授）が大島豊子夫人をはじめとする多くの関係者のインタビューや日記を積み上げて出版した『駐独大使・大島浩』（芙蓉書房、一九七九年）は価値ある労作である。この中で鈴木が検証したのは、大島浩が「日本を戦争に引き込んだ極悪人」ではなく「思い入れの強い単純な軍人」だったというものである。大島の「ドイツかぶれ」について面白い話が紹介されている。「ドイツに来たなら、キルシュワッサとハルツアケーゼを食べなければ一人前ではない」というのが、大島の口癖だったという。キルシュワッサはドイツのさくらんぼ酒で、ハルツアケーゼはハルツ山脈地帯産の臭《にお》いの強いチーズで、よほど慣れないと口にできるものではない。「ウィスキーは英国のもの」として、大島は一切口にしなかったという。

日独防共協定を巡り、大島浩と後の首相吉田茂の圧巻ともいえるエピソードが残っている。一九三六年秋、ドイツ駐在武官だった大島は、ベルリンからロンドンへと飛び、着任間もない吉田茂駐英大使と面談、日独防共協定への理解を求めたという。大島の論点は「独露分断」にあり、ロシアとドイツが連携することを回避し、ロシアの極東への圧力を軽減することにあった。これに対し、吉田茂は、日独防共協定が結局は米英との敵対を招き、日本の外交選択肢を狭めるとして強硬に反対し、自説を変えなかった。大島は不機嫌を隠さず、ベルリンに帰った。しかし、この年十一月二十五日、日独防共協定はベルリンで調印された。

後日談も残っている。一九四五年十二月六日、米海軍輸送船で浦賀に帰着した大島を戦争犯罪容疑者としての逮捕令状が待ち構えていた。巣鴨《すがも》に出頭するまでに時間があったので、十二月十日に、大島は外務省に吉田茂外相を訪れて、帰朝報告を行った。この時大島は、「自分はドイツと日本が兄弟になることこそ日本の平和に役立つと信じていたが誤りだった。大臣が正しかった」と詫《わ》びたという。これに対し吉田は、「あの時の議論でどちらが正しかったか、結論を出すわけにはいかん」と大島の手を握り、「巣鴨の生活はつらかろうが、頑張ってくれたまえ」と励ましている。

大島浩は一九四六年に東京軍事裁判の被告となり、一九四八年十二月に終身禁錮《きんこ》の判決を受けた。その後、一九五五年には保釈、一九七五年に茅ヶ崎《ちがさき》の自宅で八十九歳の天寿を全うした。外務省関係者および外交の専門家の間では、大島の外交を「外務省無視の独断専行」「素人《しろうと》外交の失敗」と批判する人が大半である。確かに大島は、思い込みの激しい偏狭な外交を展開したといえる。しかし、それでは昭和外交において、大島等の専横を抑える識見と指導力のある外交官がどれほど存在したのかを考えるならば、大島浩を否定するだけで話は済まないことに心寒くなるのである。

現代の日本にも通じる教訓

ある意味で、大島は生真面目《きまじめ》なまでに職務を遂行した。決して、手抜きをしたわけでも、ふざけていたわけでもない。しかし、歴史は過酷にも、大島に対して「敵に的確な情報を提供し続けたピエロ」の役割を与えることとなった。彼が、専門の外交官ではなく、ナチス中枢との親密さという特別の事情で軍人でありながら大使に起用されたこともあり、ことさら几帳面《きちようめん》に詳細な報告を送り続けただけに、悲劇性は深い。

日本の組織社会に特色的な病弊も、この話には潜在している。「ムラ社会への順応」が埋め込まれているのか、帰属組織への狭い意味での忠誠が高く評価される傾向があり、全体の戦略性に配慮するよりも、専《もっぱ》ら帰属組織の中で有能と評価される行動を選択しがちとなる。「省益あって国益なし」とまでいわれる日本の官僚制に今日でも貫かれている傾向であるが、大島浩も自らの有能性と優秀性を実証するかのように、ひたすら電信を送り続けたのである。あくまでも内側の論理を探究し、国益を失ったのである。

この話は、遠い昔の皮肉なエピソードとして終らせることはできない。今日でも、現代的文脈において、同様の事態に直面しているともいえる。

米国という国は、情報戦での「諜報」における歴史的な成功体験を踏まえ、最も組織的・体系的に盗聴を含む諜報に力を注いでいる。その象徴的存在が国防総省の準独立機関NSA（国家安全保障局）であり、NSAが世界に張り巡らした通信傍受のネットワークであるECHELON（エシュロン）である。

エシュロンとは「UKUSA世界監視ネットワーク」のことを意味するコード名である。このネットワークは、第二次大戦中の米英間の暗号情報協力協定「BRUSA」を起源とし、一九四七年にオーストラリア、カナダ、ニュージーランドを加えた五カ国での「UKUSA」として再発足した。その後の冷戦期を通じ、米国の通信傍受情報の交換協力国は、ソ連および東側を取り囲むように拡大され、ドイツ、イタリア、デンマーク、ノルウェー、トルコ、ギリシャ、日本、韓国、タイも参加している。しかし、あくまでもエシュロンの中核はアングロサクソン系の五カ国であり、突き詰めていえば米国のNSAのスーパーコンピューターを駆使した情報処理である。これによって、世界中の電話、ファックス、無線、Eメールなどの通信が傍受され盗聴されているという。

エシュロンの実態は謎とされてきたが、二〇〇一年に入って英国を除く欧州諸国がエシュロンによる米国の諜報活動に対し神経質になっていることもあり、メディアの注目を集め始めた。二〇〇一年夏、EUはエシュロン調査ミッションを米国に派遣したが、米国側から協力を拒否された。怒り狂ったEU議会は、同年九月九日、つまりあの同時テロ事件の直前、「エシュロンは違法」という議決を行った。IT革命といわれる時代において、開放系・分散系の情報メディアといわれているインターネットを使ったEメール・システムまでが傍受されていることは、二十一世紀の国際情報システムにとって重大である。「大切な情報伝達は、郵便を使って封書で」という話が笑えないジョークとして語られる状況なのである。

冷戦期における「東側への諜報活動」という安全保障上の目的を失い、米国の諜報機関はその活動の比重を「経済諜報」へと移動させつつある。米国の産業や企業にとって「不利益、不公正」な外国の競争企業の動きを諜報によって抑制しようというものである。米国はOECDに圧力をかけ、一九九八年に「外国公務員に対する賄賂《わいろ》禁止国際協定」を実現させたが、これも海外プロジェクトの受注競争で米国企業を有利に導くための「仕掛け」である。欧州諸国がこのルール策定を渋ったのも、現実的に競争企業の活動状況についての情報を掌握できるのは、米国の諜報機関だけだからである。自明の普遍的ルールを定め、情報面での優位性を生かして相手の動きを抑える、これが米国の戦略である。ＩＴ革命などといわれ、ますますオンラインの情報システムへの依存が深まりつつあるが、それはいつでも「第二の大島浩」が生まれる可能性を示唆《しさ》するものでもある。

第三章　アジアの自尊を追い求めた男たち

アジアの再興を図ろうとした岡倉天心の夢

一八八〇年代の「日本ブーム」

ロンドンでオペレッタ「ミカド」を観《み》た。二〇〇〇年九月からのストランドのサボイ劇場での再演で、初演が同劇場でスタートした一八八五年以来、実に百十五年ぶりの舞台である。

解説によると、一八八〇年代の英国では「日本ブーム」が吹き荒れており、「ミカド」もその盛り上がりの象徴だという。一八六二年のロンドン万博に、駐日英国公使のオールコックが、個人として収集した六百十四点の日本関連の展示品を提供して以来、浮世絵をはじめとする日本文化が欧州を魅了しはじめ、十九世紀末の「印象派」などに深い影響を与えたことは、本書の欧州篇において言及した。しかし「日本ブーム」のなかで歪《ゆが》んだ日本像が形成されていったことも指摘されねばならない。

ギルバート&サリバン原作による「ミカド」の舞台は、予想していたよりも違和感を覚えなかった。デフォルメした日本像として見れば、笑って済ませられるたわいもないものだが、この辺りから日本人に対するイメージが形成され始めたことが感じとれる。サムライ、ハラキリなど残虐《ざんぎゃく》で暴力的な性向、ちょん髷《まげ》と洋服が同居したアンバランス、封建的・権威主義的価値観、これらが渾然《こんぜん》一体となってステレオタイプの日本イメージとなっていったのであろう。

「ミカド」の公演は、一八八六年からは幾つもの班に分かれての巡回興行が始まり、アメリカ全土、フランス、ドイツはもとより、南アフリカからモスクワまで公演がなされたという。森鷗外《おうがい》も留学先のドイツで、一八八六年の十月に「ミカド」を観たことを日記に記している。十九世紀末の西洋社会全域に「極東の奇異な国」としての日本のイメージを定着させる上で、「ミカド」は大きな意味をもった。

こうしたイメージ形成に対する日本人としての問題意識を基盤に、この時期に日本人による優れた日本人論・日本論が英文で世界に向けて発信された。本書でも触れた内村鑑三の『代表的日本人』(一八九四年)、新渡戸稲造の『武士道』(一八九九年)が代表格であり、岡倉天心の『東洋の理想』(一九〇三年)『茶の本』(一九〇六年)もその系譜といえる。特に、天心の作品は、日露戦争前後の民族意識の高揚を背景に、単なる日本文化の解説書ではなく、西欧的価値と相対峙《たいじ》する日本的価値の提示を試みたものであった。

「和漢洋の知の体系」を深め

岡倉天心は、福井藩士出身の貿易商人、石川屋勘右衛門の次男・岡倉覚三として、文久二年(一八六二年)に横浜に生まれた。開港後の横浜で幼少期を過ごしたことが、その後の天心にとって大きな意味を持った。七歳の時から、アメリカ人ジェームズ・バラーの私塾で英語を学んだという。十一歳の時、父親の東京転居に伴い上京、十二歳で東京外国語学校に、翌年十三歳で東京開成学校高等普通科に入学した。さらに十五歳で東京開成学校を改称した東京大学の文学部に編入、政治学・理財学専修科に属した。

今日でいう政治経済学を専攻しながらも、天心の関心は英国人教師W・ホートンの英文学講義や漢文学に向かい、「和漢洋の知の体系」を深めていく時期となった。また、文人画（南画）や漢詩、琴曲、茶道を習い、若くして江戸の文人趣味的世界に踏み込んだという。芸術家気質・詩人気質はこうした体験から醸成されたのであろう。

この頃、天心はアメリカ人教師アーネスト・フェノロサと運命的出会いをしている。当初フェノロサは美術の専門家ではなかった。ハーバード出の二十四歳の青年教師として一八七八年に着任し、政治学・理財学・哲学を担当していた。フェノロサは来日後、日本の書画骨董《こっとう》に関心を抱きはじめ、英語の堪能《たんのう》な天心等の学生を頼って、神社仏閣を訪ね歩いた。行動をともにするうちに、師弟・同志関係ともいえる二人の密接な関係が深まったのである。

日本に自尊と誇りを取り戻そうとしたが

東京大学在学中の天心は、わずか十七歳で十三歳の大岡もと（基子）と学生結婚した。翌年、天心は東京大学文学部の一期生として卒業するのだが、この時、幼な妻基子との喧嘩《けんか》によって運命を変えられることになる。天心が精魂傾けて書き上げた卒業論文「国家論」を、妊娠中の妻基子は嫉妬《しっと》に狂って燃やしてしまい、やむなく天心は二週間で「美術論」を書き上げ、なんとか卒業にこぎつけたという。晩年の述懐（岡倉一雄『父岡倉天心』）だから、どこまで本当の話か分らないが、この出来事がなければ、天心は美術とは関係のない外交官か大蔵官僚になっていたかもしれない。

明治十三年（一八八〇年）、天心は文部省音楽取調掛として奉職する。以後、明治三十一年に東京美術学校校長を辞めるまで、十八年間の官僚生活を送る。明治十五年頃から、上司の九鬼隆一や恩師フェノロサとともに京畿地方の古社寺の調査に再三赴き、日本の伝統美術を再評価する視座を構築する。明治十九年には、美術取調委員として欧州出張を命じられ、初めての海外体験をする。

明治二十年十月に米国経由で帰国、東京美術学校の設立準備の仕事に関与し、明治二十二年に東京美術学校が開校されると、翌年には二十八歳で校長を命じられる。ここまでは、正に順風満帆の人生であり、美術行政のエリート官僚としての道を歩むのだが、明治三十年頃になると「恋多き男」たる天心の血の騒ぎに由来する恋愛スキャンダルに直面する。

恋愛スキャンダルの果てに

今日ならば週刊誌のスキャンダル記事の格好の対象となるであろうが、哲学者・九鬼周造は岡倉天心の子供だという根強い説がある。もっとも、名著『「いき」の構造』を書いた九鬼周造といっても昨今の日本人はほとんど知らないだろう。「和漢洋の知の体系」のうち、和と漢の知を徹底的に軽視した戦後日本文化の中で、途方もなく分断・劣化した知性が蔓延《まんえん》しており、九鬼周造を知らない知識人が跋扈《ばっこ》する時代なのである。この九鬼周造の母・波津子と岡倉天心は特殊な恋愛関係にあった。

波津子は花柳界の出身で、九鬼隆一男爵《だんしゃく》の妻であった。そして、九鬼隆一は文部省時代の天心の上司であり、つまり天心は「上司の妻」と深い関係になったのである。きっかけは、明治二十年、最初の欧州出張の帰途、米国のワシントンに立ち寄った際、特命全権公使としてワシントンに赴任していた九鬼隆一から、米国の文化に合わず「ホームシック」にかかった波津子を日本に送り届けることを依頼されたことにある。帰国後も天心と波津子の関係は続き、波津子の三男である九鬼周造が「岡倉覚三氏の思出」（九鬼周造全集、第五巻所収）において、父九鬼隆一男爵と別居した母の根岸の家に天心が訪れていた幼少期の思い出を語っている。

泥沼の恋愛に悶々《もんもん》とした天心は、女性問題を暴露した中傷文書による攻撃に追い詰められ、明治三十一年（一八九八年）美術学校校長を辞職した。この問題は、天心個人の問題に止《とど》まらず、天心に従って、橋本雅邦以下十七名の美術学校教官が辞めるという大騒動になった。この年十月、天心達は東京の谷中《やなか》に「日本美術院」を設立、天心も官吏の制約から解放された在野の美術運動の指導者として華麗な活動を始めた。当初は潤沢な資金も集まり、展覧会なども成功したが、次第に経営困難となり、路線や人事を巡る内紛なども起り始めた。美術院運動の行き詰まりや波津子の精神状態の不安定化に苦悩した天心は、現実逃避的となり、一九〇一年十二月、突然インドへの旅立ちを決意し、出奔した。

インドでの天心は、カルカッタ郊外でタゴール家の人々と親交を結んだほかベンガルの若い民族主義者達と交流を深めた。そして、ひたすら『日本の覚醒《かくせい》』の草稿の執筆に打ち込んだ。つまり、天心にとってインドへの旅は自分がなすべきことの「自覚の再生」の旅であった。その産物が一九〇三年にロンドンで出版された『東洋の理想』（“The Ideals of the East, with Special Reference to the Art of Japan”）であった。

「アジアは一つである」というあまりにも有名な言葉で『東洋の理想』は始まる。今日、「アジアは一つ」などという荒削りな見解を語る人はいなくなった。アジアの文化の多様性を精査する分類重視の学問体系の「整備」によって、天心の「アジアは一つ」は極端な単純化と見なされるようになった。

しかし、「アジア」という言葉の語源がトルコの地名ASSOSに由来することを考えると、天心の提起した概念もあながち無意味とは思われない。ギリシャ側からみたアナトリア（小アジア半島）の突端に位置するアッソスという地名が、その背後に広がる地域全体を意味するようになっていったのだという。つまり、ヨーロッパ（欧州）に対する対置概念として「アジア」が確立されてきたわけであり、アジアとは本来的に単純化された漠たる概念なのである。

西欧帝国主義の支配に苦しむ中国、インドを目撃・観察し、西力東漸《とうぜん》の緊迫感のなかで、欧州が提示した「アジア」概念を転生させて敢然と「アジア共通の価値」を掲げようとした天心の問題意識は痛いほど理解できる。

「今日アジアのなすべき仕事は、アジア的様式を擁護し回復する仕事となる」と天心は言い切り、アジアの自覚の再生を主張した。「過去の影は未来の約束である」として、自己への回帰を探究した天心の「いかなる木も、種子の中にある力以上に偉大になることはできない」という言葉は、西欧化に迎合した時流のなかで必死にアイデンティティーを探究することで自らとアジアの再興を図ろうとした天心の真情の吐露であった。

日米を往復する人生

ボストン美術館から歩いて五分もかからないところに、ガードナー美術館がある。ボストン社交界の女王といわれた富豪イザベラ・ガードナー夫人（一八四〇―一九二四）が蒐集《しゅうしゅう》した美術品を中心に設立された美術館であり、ルネッサンス期の傑作といわれるティツィアーノ・ヴェチエルリオの「ヨーロッパの略奪」を所有していることでも有名である。この美術館一階のブルールームに夫人が尊敬し親交を結んだ芸術家・学者を記念する展示ケースがあり、岡倉天心関係のコーナーが設けられている。事実、ガードナー夫人は、一九〇四年に天心が初めてボストンを訪れて以来、天心の良き理解者であり支援者であった。

生涯の間に天心は五回ボストンを訪れ、延べ三年半滞在した。ボストン美術館の東洋部長として東洋美術の蒐集に貢献する傍ら、西洋と東洋の狭間《はざま》に屹立《きつりつ》し、『茶の本』

の執筆に打ち込んだ。一八九九年に出版された新渡戸稲造の『武士道』を意識し、武士道だけが日本的価値を語るものではないとの思いも投影されている。『茶の本』こそ天心の蓄積したものが凝縮した詩篇というべきものであろう。

天心は「茶は医薬としてはじまり、のち飲料となった。中国においては、八世紀に高雅な娯楽のひとつとして詩歌の領域に登場した。十五世紀になると、日本はこれを審美的宗教、すなわち茶道にまで高めた」と語り、「茶は生きる術についての一種の宗教である」と結論づける。そして、「一杯の茶」に深淵《しんえん》な"HUMANITY"が凝縮され、「茶道は、すべての愛好家を趣味のうえで貴族にすることによって東洋民主主義の真髄をあらわしている」ことを強調した。『茶の本』は、一九〇六年五月にニューヨークで出版されるや米国の読書界の話題となり、フランス語、ドイツ語にも翻訳され、岡倉天心の名は全西欧の知識人に知れ渡った。不思議なことに、『茶の本』が日本で翻訳されたのは天心死後十六年が過ぎた昭和四年（一九二九年）であった。

天心が晩年の生活の舞台とし、今日でも存在感を残す五浦《いづら》に土地を買い求めたのは明治三十六年（一九〇三年）であった。茨城県大津町五浦（現在の北茨城市大津町）は、天心の弟子飛田周山の出身地で、生活と創作の基点を探す天心を飛田が案内したことが縁で購入することになった。五浦海岸は岩礁《がんしょう》錯雑とした奇勝の地で、最初は岬に突き出た観浦楼という料理屋の廃屋と土地三百坪の購入であったが、景観保存のため順次買い足し、最終的には一万坪以上に達した。現在、この地には天心記念五浦美術館が建てられている。

天心一家が本格的に五浦に移住するのは、天心が最初の訪米から帰国して後の一九〇五年の五月であった。この年、天心は五浦に邸宅と波際《なみぎわ》の岩場に六角堂を建てた。天心はこの六角堂にこもり、太平洋の荒波の音を聞きながら思索にふけることをこよなく愛したという。この年の秋から、ボストン美術館に一年の半分は勤務する契約に従い再渡米、以後日米を往復する人生が続くのである。

『茶の本』の成功を土産に帰国した一九〇六年の夏、天心は越後《えちご》の赤倉にも広大な土地を購入して山荘を建てた。また、運営難の日本美術院の五浦移転を決定。横山大観、菱田《ひしだ》春草、下村観山、木村武山の住居や日本美術院研究所が慌《あわた》しく建築された。「東洋のバルビゾン」のごとき美術郷を目指す実験が始まったのである。結果的には、一九〇七年九月に各界の名士や同好家を五浦に招いて行われた盛大な観月会をピークに、美術院の五浦時代は勢いを失っていった。米国との間を往復する天心に代わる求心力がなかったのである。

利用された「アジアは一つ」

天心は五十二歳に腎臓炎《じんぞうえん》で死去するまで、急ぎ足で生き続けた。

茨城大学教授の森田義之《よしゆき》は『岡倉天心と五浦』（中央公論美術出版、一九九八年）に寄せた論考において、岡倉天心という存在が「多様な側面と対立矛盾する諸要素」を持つことを指摘し、「近代日本の知識人のなかで岡倉天心ほど一筋縄では捉《とら》えにくく、分類・定義・評価の難しい人物もめずらしい」と述べる。確かにそのとおりである。彼の人生には「野心に満ちたエリート官僚」「破滅型の恋愛耽溺者《たんできしゃ》」「江戸趣味的風狂人」「芸術家肌の理想と夢の追究者」「日本の伝統文化と美的精神のカリスマ的紹介者」「世界的なアジアの告知者」「日本帝国主義の理念的支柱」という様々な表情がある。類稀《たぐいまれ》な才能と情念がもたらした複雑な矛盾と分裂ともいえるが、森田が指摘するごとく「天心の思想と行動が内包する二重性とパラドックスは、明治という時代が抱えこんだ日本の近代化の過程そのものの二重性とねじれに重なりあう」と理解すべきであろう。

ところで、天心はインド訪問中の一九〇二年に詩聖タゴールを訪ねて親交を結んだ。東洋人として最初のノーベル賞をタゴールが受賞したのは、天心が死んだ一九一三年であった。その三年後、一九一六年にタゴールは初めて来日し、五浦をも訪れ、しばらく滞在した。六角堂にこもって、亡《な》き友人をしのぶ短詩を作ったという。「民族と国境を超えた人間愛」をひたすら求め続けたタゴールと岡倉天心の「アジアは一つ」は、ある瞬間において共鳴しあった。しかし、その後のタゴールが日本の帝国主義化と西洋文明模倣を激しく批判するに至って、戦前の日本人はタゴールを忘れた。世界の共生を詠《うた》うタゴール的世界観を「弱小国の詩人のたわごと」として、富国強兵のナショナリズムに沈潜し、「アジアの盟主」を志向し始めたからである。そして、天心の「アジアは一つ」もそのための格好のスローガンに利用されることになっていった。

天心は、日本帝国主義の結末を見ずして大正二年（一九一三年）に死んだ。日本が第一次大戦に乗じて本格的に欧米列強模倣の路線を明示した「対華二十一カ条の要求」の二年前であった。天心は間違いなく西欧の「文明」に根本的懐疑を突きつけていた。「西洋は進歩を信じているが、いったい、何にむかっての進歩であろうか？　アジアは尋ねる――完全な物質的能率がえられたとして、そのとき、いかなる目的がはたされたというのであろうか？　……西洋の栄光には、不幸にしてこの裏面がある。大きいだけでは、真の偉大ではない。贅《ぜい》をつくした生活が、すなわち文化であるとはいえない。いわゆる近代文明を構成する個人は、機械的慣習の奴隷《どれい》となり、みずからがつくりだした怪物に容赦なく追いつかわれている」(『日本の覚醒』)と天心は鋭く指摘する。また、天心は皮肉を込めて語る。「西洋人は、日本が平和な文芸にふけっていたころは野蛮国と見なしていた。しかし日本が満州の戦場に大殺戮《だいさつりく》行動をおこしてからは文明国と呼んでいる」(『茶の本』)。

岡倉天心は、西洋への劣等感の中にあった日本をアジアの中に共鳴させることによって自尊と誇りを取り戻そうとした。しかし、自尊はいつ傲慢《ごうまん》に転ずるかもしれぬ危険な因子を孕《はら》む。日本近代史はそのことへの内省なくしては振り返れない。天心の足跡とその影響を再考する時、「自制された自尊心」を保つことがいかに難しいかを痛感させられるのである。そして、これはグローバリズムの潮流に立つ今日的課題でもあることに気付く。

五浦海岸に立ち、岩場に張り付いたような真紅の六角堂と波しぶきを見つめると、研ぎ澄まされた文明観を胸に太平洋の彼方《かなた》を見つめていた岡倉天心の姿が目に浮かんでくる。皮肉なことに、この六角堂の立つ岬の西側に「風船爆弾打ち上げ跡」が在る。天心の死後三十年、太平洋戦争に突入した日本はこの地から遠くアメリカを攻撃する意図で偏西風に乗せた風船爆弾を打ち上げたのである。なんとも物悲しい話である。

「偉大な魂」ガンディーの重い問い掛け

唯一《ゆいいつ》の政治家

私はデリーのこの場に立った。一九四八年一月三十日、ガンディーが暗殺された場所である。芝生の広場の真中に柵《さく》で囲まれた小さな碑があり、三発の銃弾を浴びてガンディーが倒れたその場所までコンクリートで残された足跡が続き、そこで途切れていた。掃除人が一人、黙々と掃き清めていた。隣接して「ガンディー記念博物館」があり、暗殺時に着ていた血染めの白布をはじめ、彼の生涯を語る展示がなされていた。博物館の出口に小さな売店があり、ガンディーに関する埃《ほこり》まみれの本や小冊子が売られていた。ノベルティーで溢《あふ》れる欧米の博物館に慣れた感覚からすれば、拍子抜けするほど貧弱な売店で、皺《しわ》だらけの店番の老人が数冊買った本の埃を払いながら大儀そうに袋に入れてくれた。

インドは混沌《カオス》である。知性による表層理解を超えた存在である。八年ぶりのインド訪問であり、「IT大国インド」といわれる昨今、さぞ変化しているのであろうと予想していた。しかし、悠久の歴史を有するインドの時間軸は長いのか、変化の兆候は希薄だった。なるほど街並は若干きれいになったが、依然として牛が悠々と道の中央に横たわり、渋滞した車の窓に物乞《ものご》いが押し寄せる様子は少しも変わっていない。空港でも街中でも、とにかく圧倒されるほど人が多い。清濁、美醜を超え、眩暈《めまい》がするような暑さと喧騒《けんそう》の中で、雑然としたものが混沌なりに収まっている。このインドにガンディーは生きた。

二十世紀の意味を辿《たど》る「一九〇〇年への旅」で様々な人物をとりあげ、その人の目線と呼吸によって時代を考察する試みを続けてきたが、このガンディーだけは二十世紀に足跡を残した人の中であまりに特異である。丸メガネをかけた痩《や》せた小男で、腰布で体を包んだ半裸のインド人が、「ブッダ以来最も影響力を持ったアジア人」となって、歴史を変えたのである。

飽食と肥満に自己嫌悪《けんお》になりながらも文明の恩恵に浸って生きる私自身をも含む現代人からすれば、対称軸の彼方《かなた》に立つ人物といえるガンディーの存在は謎《なぞ》であり気掛かりである。二十世紀の知性を代表するアルバート・アインシュタインはガンディーについて次のように述べた。「道徳的衰退が一般的な我々の時代にあって、彼だけが政治領域におけるより高い人間関係の概念を体現する唯一の政治家であった」。

「俗物」から「聖者」への道

ガンディーは一八六九年、インド・グジャラート州のポールバンダル藩王国の宰相の子供として生まれた。日本でいえば明治二年であり、ほぼ夏目漱石などと同世代である。インドにおける身分制度、カーストにおいて、ガンディー家は、バラモン、クシャトリア、バイシャ、スードラという四つの階級の中で第三階級のバイシャの商人カーストに属していた。ガンディーの父カラムチャンドは四度結婚したが、最後の妻プタリーバーイとの間に儲《もう》けた三男一女の末っ子がガンディーであった。敬虔《けいけん》なヒンズー教徒だった母の影響を強く受けて育ったガンディーであるが、彼の前半生を追うと後半生の「聖者」のイメージとは違う「世俗性」を印象付けられる。

当時のインドでは珍しくなかったようだが、ガンディーは十三歳で結婚した。父親が選んだ商人の娘カストゥルパが相手であり、同じく十三歳だった。一八八八年に十九歳のガンディーが英国留学に旅立つまでに、彼らは六年の結婚生活を過ごしていたが、わずか十六歳の時に最初の赤ん坊を失い、その後二人の子供を作っていた。あまりに未熟な結婚はガンディーの心の傷となった。嫉妬《しっと》と独占欲からガンディーは少女妻に異様なほど執着し、性的欲望を巡る葛藤《かっとう》に勝てなかったこと、親としての自覚が持てなかったことなどを後年に自伝の中で深く反省している。反省は性的欲望の否定へと向かい、三十七歳にして「純潔の誓い」を立て、一切の性交渉を断つ。この思い込みの強さがガンディーの人生を貫く特色である。

十九歳からの英国留学の三年間を経て、インドに帰国したガンディーは三人目の子供である次男マニラールを妻カストゥルパに産ませるが、翌年には単身で南アフリカに渡っていき、妻子を呼び寄せるのはその三年後であり、妻カストゥルパは幼子を抱え、いつもガンディーに振り回される人生を余儀なくされたのである。

英国留学時代のガンディーは、地位と金を求めて弁護士資格取得を目指す典型的な植民地からの留学生であった。この頃のガンディーの写真をみると、微笑《ほほえ》ましいほどに「英国紳士」の真似《まね》をしており、三つ揃《ぞろ》いの背広に立ちカラーのワイシャツとストライプのネクタイ、二重の金鎖のついた金時計を身につけ、山高帽をかぶった姿は、かつてエノケン（榎本健一）が「俺は村中で一番、モボだといわれた男」と歌いながら演じた「おのぼりさん」「だておとこ」を思わせる。

ガンディーがロンドンに生活した一八八八年から九一年という時代の英国は、ビクトリア時代の後期であった。マルクスが『資本論』を大英博物館に通いつめて書き上げてから二十年後、夏目漱石や南方熊楠《みなかたくまぐす》のロンドン滞在の十年ほど前であった。大英帝国の繁栄にも陰りが見えはじめていたが、それでも一九〇〇年の時点で、英国が保有する船舶トン数は世界の八分の五を占めるという時代であった。

英国での三年の生活の中で、ガンディーは次第に大英帝国の繁栄の陰に悲惨な貧困者が存在する矛盾に気付き始めた。英国的生活にあこがれる気持も次第に萎《な》え、「インド回帰」ともいうべきインド人としての自覚を高めていった。『バガヴァッド・ギータ』などのインドの古典を読み始め、E・アーノルドの『アジアの光——仏陀《ぶつだ》の生涯』やキリスト教の『聖書』などを熟読したという。また、この頃ロンドンで注目され始めていた「神智学《しんちがく》」に関心を抱き、影響を受けたことがうかがえる。「神智学」は自然に対する科学の制覇を信奉する科学万能主義に対する懐疑に基づき、超自然的な存在に関心を寄せるものであるが、「計算や打算を超えた自己放棄」の価値観の萌《ほう》芽《が》として興味深い。

『若き日のガーンディー』（寺尾誠訳、未来社）を書いたC・D・S・デェヴァネッセンは「もしガンディーが一度もイギリスへでかけず、ロンドンの街頭を歩くこともなかったとしたら、果して彼がマハトーマ（偉大な魂）という人になりえたであろうか」と述べるが、おそらくその通りであろう。

一九〇〇年、ガンディーは南アフリカにいた。英国留学を終え、インドに帰国してからのガンディーは、ボンベイやラジコットで弁護士としての仕事をするがうまくいかず、南アフリカの商会からの誘いを受けて、一八九三年の五月、新天地を求めて南アフリカに渡ることを決意したのである。南アフリカでの生活は、ガンディーにとって「真理への確信に基づく不服従の闘い」という思想の基軸を醸成する期間となった。ガンディー自身がインド人に対する差別を体験し、大英帝国の植民地支配の不条理に立ち向かう意思を固め、青年弁護士として南アフリカのインド人による政治組織のリーダーとなり始めた。

また、一九〇四年からは実験農場「フェニックス農場」を開設し、新聞「インディアン・オピニオン」を発行しながら、家族や支援者とともに自給自足の理想郷を目指す実験に立ち向かった。機械文明への過剰依存を嫌い、額に汗して働くことを尊ぶガンディーの思想、そして民衆を分断し差別する支配の構造に対する静かな抵抗思想が、次第に形をなしてきた。インド問題に対するガンディーの視点を明示した著書『インドの自治』が出版されたのが一九〇九年であった。

英国のインド支配の構図

大英帝国のインド支配の歴史は長く、その支配の構造は巧妙であった。英国のインド進出は、一六〇〇年に設立された「東インド会社」が、一六一二年にインド西海岸のスラートに商館を設置したことから始まり、一八五八年にセポイの乱が鎮圧されてムガール帝国が滅亡するまでを「東インド会社時代」とよぶ。セポイとはインド人の傭兵《ようへい》のことで、ヒンズー・ナショナリズムに目覚めた最初の民族闘争ともいえるこの反乱を機に、英国は東インド会社による間接経営ではなく、インドの直接統治に乗り出した。英国のインド総督を「副王」とし、ロンドンの英政府にインド担当大臣を配する植民地統治であった。

一九四七年八月のインド・パキスタン分離独立までの経緯は、森本達雄『インド独立史』(中公新書)などに要領よく解説されているが、どうして英国のインド支配がかくも長期間継続したのかについてだけ言及しておきたい。一言でいえば「分断統治」、インド社会の分裂的要素、多様性に巧妙に楔《くさび》を打って、結束させない流れを形成したからにほかならない。ヒンズー対イスラムという宗教対立、根強いカースト制度、人種・言語の多様性、地方主義へのこだわりなど、インド社会に内在する分裂的要素を逆手に取った統治を試みたということである。

その分裂したインドを結束させ、民族の自尊を求めて徒手空拳《くうけん》で大英帝国と闘ったのがガンディーであった。ガンディーの手段は「サティヤーグラハ（真理への確信に基づく不服従の闘い）」であり、武器や暴力を使わず、愛と条理を貫き、徹底して相手の良心に訴えかける方法であった。弾圧され、投獄されても決してひるむことなく、ガンディーは徹底した自己犠牲の中で、条理を主張し続けた。執拗《しつよう》なガンディーの非暴力不服従に苛立《いらだ》った英国人の本音を正直に語ったのが、一九三一年、円卓会議に際してのチャーチルの発言だった。「かつてはインナー・テンプル法院の法律家だったのに、いまや暴動を煽動《せんどう》する托鉢僧《たくはつそう》となったこの男が、半裸の姿で副王の宮殿の階段を踏み上って、英国国王兼インド皇帝の代表者たちと対等の立場で交渉し、ことを議するなどというのは、吐き気をもよおすような恥辱的光景である……」。それでも、ガンディーは不屈の精神で時代を引き付けていった。

タゴールとの生涯の友情

ところで、「詩聖」と言われたタゴールとガンディーが初めて会ったのは一九一五年であった。ガンディーがインドに帰国した直後であり、既にタゴールは一九一三年にアジア人として最初のノーベル賞を受賞しており、「民族詩人」としての名声を確立していた。一八六一年生まれのタゴールは、ガンディーよりも八歳年長であるが、二人の間には生涯の友情が芽生えていった。

タゴールは、抑圧に苦しむインド人を覚醒《かくせい》させる詩を謳《うた》い続けた。「おまえたちが恐れている者たちは、内心ではおまえたちより脅えているのだ……彼らの罪におののいて」というタゴールのメッセージは熱くインドの人々の心を打った。一九一九年のアムリッツアルの大虐殺《だいぎゃくさつ》が起った時、タゴールはノーベル賞受賞時に英国王から授かった「ナイト」の称号を返却し、ガンディーおよびインド民衆との連帯を明らかにした。

しかし、ガンディーの運動が異様な高揚を見せ始めると、詩人と行動者たるガンディーの間に微妙な差異が生じた。民衆のガンディーへの盲信が、熱狂や憎悪を増幅させ、結局は偏狭なナショナリズムに立つ暴力の応酬に至ることをタゴールは恐れたのである。

そして、ガンディーの非暴力闘争を「近視眼的ナショナリズム」に立つ「偏狭と否定と絶望の教義」とする公開書簡を一九二一年に発表した。これに対しガンディーは

「ブッダ以来最も影響力を持ったアジア人」

彼の思想の凝縮ともいうべきメッセージをもって応酬した。「幾百万のインドの人々にとっては、人生は永久に明かぬ夜か永遠の昏睡《こんすい》状態である。私は飢えた人々の苦しみをカビール（中世インドの宗教詩人）の歌で宥《なだ》めることはできないことを知った。……彼らに食わんがための仕事を与えよ。食うために必要のない私が、なぜ糸を紡《つむ》ぐのか、と聞かれるかもしれない。なぜなら私は、自分に属していないものを食べているからだ。私は同胞達を掠《かす》めて生きているのだ。あなたの懐《ふところ》に入ってくるすべての貨幣の跡をたどられるがよい。そうすれば、私が言うことが真実なのを実感なさるだろう。なんびとも紡がねばならない。タゴールも紡ぐがいい。他の人々とおなじように。彼も外国衣服を脱ぐべきである。今日ではそれは義務である。明日のことは神が思慮してくださる。『ギータ』（ヒンズーの教典）に言うとおり、正しきをなせ」。

タゴールは、日本や米国、欧州を回り、「西洋と東洋の協調と融合」を主張する立場からガンディーの追随者達の排他性を懸念《けねん》したわけだが、以後、謙虚に沈黙した。タゴールは、自分がその出現を待望し予言してきた人物との論争が長引くことを望まなかった。これこそ、タゴールの偉大さを示す話だと思う。ロマン・ローランは鋭く言及している。「タゴールとガンディー、これら二人の偉大な精神の間の論争は重要である。彼らは互いに尊敬しあいながら、使徒と哲人、聖パウロとプラトンのように、その心情において運命的に違っている。なぜなら、一方は、新しい人間性の確立を目指す信仰と慈悲の精神である。他方は、全人類の念願を、同情と理解において結合せんとする、自由な、広大な、清澄《せいちょう》な知性である」。

一九三二年九月にガンディーが獄中で「死に至るまでの断食《だんじき》」で英国の暴政に抗議した時、タゴールは「インドの結合と社会の全体性のために、貴い生命を犠牲にする価値は十分にあります。私達の悲痛な心は、尊敬と愛をもってあなたの崇高な苦行に従います」という声明を出した。そして、二十六日後に英国の妥協でガンディーが断食を解いた時、瀕死《ひんし》のガンディーの枕元《まくらもと》にはタゴールが座っていた。一九四一年八月に死去する直前まで、タゴールは「大地の詩人」としてガンディーと共にあることを謳い続けた。

ガンディーの夢実現せず

ヒンズーとイスラムの和解と協調に基づくインドの統一的独立というガンディーの夢は実現しなかった。結局、宗教と民族の対立の溝は深く、インドとパキスタンの分離独立という事態を迎えざるをえなかった。一九四七年八月十五日、インド独立の式典にもガンディーは姿をみせなかった。ガンディーの生涯は、その悲劇的最後を含め挫折《ざせつ》に終わったというべきであろう。それでも、二十世紀を振り返る人の心には、何故《なぜ》かガンディーのシルエットが浮かび、「汝《なんじ》が声、誰も聞かずば、一人歩め、一人歩め」と語りかけてくる。

NHKは、一九九七年五月二十五日、「NHKスペシャル・家族の肖像——ガンディーの灯火を掲げて」を放映し、ガンディーの子孫達の現在を報告した。その取材記は『ガンディーを継いで——非暴力・不服従の系譜』（日本放送出版協会）として出版されている。

これによれば、ガンディーの長男ハリラールは、父の期待する生き方に反抗し続け、酒に溺《おぼ》れたあげく、イスラム教に改宗し、結核療養所で朽ち果てるように死んだという。「偉大な父」を持つことの悲劇なのかもしれない。次男マニラールは南アフリカに残り、アパルトヘイト（人種隔離政策）と闘い続け、激しい弾圧の中で非暴力・不服従運動を続けた。彼は南アフリカの白人支配の終焉《しゅうえん》を見ることなく一九五六年に死んだが、その子供達は「民主化」のために闘い続けた。マニラールの次女エラは、一九九四年五月のマンデラ大統領の下での「虹《にじ》の国」南アフリカのスタートを支える与党ANC（アフリカ民族会議）の国会議員となった。マニラールの長男アルンは一九八七年に米国に移住し、ミシシッピー州メンフィスで「ガンディー非暴力研究所」を設立、教会や保育園で子供達に祖父ガンディーの思想を語りかけている。

「一粒の麦」ガンディーの思想と行動は、米国のM・L・キングや南アフリカのマンデラをはじめ、二十世紀を動かした人々に大きなインスピレーションを与えた。蒔《ま》かれた種子は不条理な差別を排除する人類の「良心」として着実に芽を出してきたともいえる。

しかし、他方、ガンディーを銃弾で倒した民族や宗教の壁は、二十一世紀を迎えた今日でも容易に崩れそうにもない。一九九八年春の総選挙で政権についたインド人民党は、ガンディーの暗殺犯であるヒンズー至上主義者ナスラム・ゴドゥセもメンバーであったRSS（民族義勇団）を基盤とする。イスラム国家パキスタンへの敵愾心《てきがいしん》と不信から核実験さえ強行するという姿勢をとるバジパイ政権の政策をみていると、「ヒンズーとイスラムの融和」を説き続けたガンディーの精神はどこにいったのかと思わざるをえない。

ガンディーについての様々な文献を読み終え、深い感慨を覚える。何故、ガンディーはガンディーになったのか。決して、生まれながらの聖者ではない。気付くのは、年齢を重ねるごとに、自らの使命感が研ぎ澄まされ、次第に「純化」されていることである。別の表現をすれば、「頑固さ」とか「こだわり」とでもいうべきものが際立《きわだ》ち、前進するごとに自己イメージが形成され、その自己イメージに固執するうちに、抜き差しならない「非暴力の聖者」になっていったという印象である。人間における偉大性は実はそんなものかもしれない。

（注＝二〇〇四年五月、下院総選挙において、インド人民党率いる与党連合が、国民会議派率いる野党連合に敗北。バジパイ首相は辞任。同月に発足した国民会議派を中心とする統一進歩連盟（ＵＰＡ）政権は、マンモハン・シン首相が比較的安定した政権運営を続け、パキスタンとの包括的対話路線を進め始めた）

インドが見つめている――チャンドラ・ボースとパル判事

忘れられた英雄チャンドラ・ボース

東大寺大仏殿、中門からここに至る内庭の歩道には味わい深い配慮がある。インドの石、中国の石、朝鮮半島の石、そして日本の石が敷き詰められているのである。いうまでもなく、仏教伝来の道を示している。それは、日本人の精神世界の古層を暗示する道でもあり、それほどにインドと日本人の関係は古く、かつ深いものがある。

ここでは二十世紀における日印関係史の断章を思い起こしながら、そこに映し出される日本の自画像を考察しておきたい。定点座標のように日本を見つめるインドの視線は、日本のアジアとの関わりの「根の浅さ」を鋭く射抜くものである。

チャンドラ・ボースという人がいた。これほど日本と縁のあったインド人もいないのだが、日本人の記憶からはすっかり消えてしまった。祖国独立のために「インド国民軍」を率い、日本軍とともにインパール作戦を戦った人物である。非暴力抵抗主義を貫いたガンディーやネールとは対照的に、武力闘争をもってしてもインド独立を目指した存在である。

「風雲児」という言葉こそチャンドラ・ボースのために用意されたというべきであろう。チャンドラ・ボースは一八九七年、ベンガルの弁護士の九番目の子供として生まれた。名門プレジデンシー・カレッジをイギリス人教師をなぐって中退後、英国に留学、ケンブリッジを卒業した。一九三八年にはガンディー等の国民会議派の議長に就任するが路線対立でガンディーによる追い落としを受けて翌年に辞任、国民会議派左派の同志と「フォワード・ブロック」（前衛）を作り、武力抵抗独立路線へと傾斜していき、一九四〇年七月には英国官憲によって逮捕された。

ここからがチャンドラ・ボースの地球を駆ける闘いの始まりであった。一九四一年一月、仮釈放中に変装してカルカッタを脱出したボースは、アフガニスタン経由で辛酸をなめながらソ連に入り、さらにはヒットラーのドイツに辿《たど》りついた。ナチスと手を組んだボースは、英国によって北アフリカや欧州戦線に投入されて捕虜になったインド兵を組織化して「在欧インド軍団」を結成、反英独立運動をベルリンを基点に展開し始めた。

しかし、ヒットラーの人種偏見に違和感を感じたボースは、日本によるアジアでの開戦と日本軍がインドに隣接したビルマにまで進軍したことに刺激され、駐独大使大島浩に接触、「日本行き」を希望し始めた。対インド政略上、ボースを利用することの有効性に配慮した日本軍は、一九四三年四月、マダガスカルの沖でドイツの潜水艦Uボートから日本の潜水艦伊号29に荒波の中で乗り移るという決死的試みを成功させた。

ボースというカリスマ的指導者の登場によって、日本のシンガポール占領後に投降したインド兵等によって設立された「インド国民軍」の反英闘争は大いに盛り上がった。一九四三年十月には、東南アジア各地からのインド人の代表が集まり、「自由インド仮政府」が設立され、ボースは主席となった。その翌月、東京で行われた「大東亜会議」にボースは自由インド仮政府を代表してオブザーバー参加した。

「大東亜会議」は「東条英機が戦争目的の正当化のために日本が占領したアジア地域の傀儡《かいらい》政権を集めて行なったデモンストレーション」との評価を受けがちだが、話はそれほど単純ではない。日本の意図を超えて、アジア六カ国からのそれぞれの参加者が、自らの民族の自立・独立を求めて、主体的な意思を持ち始めていたからである。ボースも日本への期待や信頼はともかく、「敵の敵は味方」というしたたかな意思で、反英独立闘争に日本を利用しようとしたというべきであろう。ボースはインド国民軍の強化に力を入れ、二万人を超す兵力にまで拡充させていった。

インパール作戦の「大義名分」

一九四四年三月、日本陸軍の三個師団とインド国民軍の共同作戦としてのインパール作戦が開始された。当初、大本営は「大東亜戦争」の西端をビルマとして、インド侵攻は想定していなかったが、ビルマ防衛のために英国軍の対ビルマ軍略基点たるインパールへの攻撃を決意したものであった。ボースはインド民衆の民族解放戦争への呼応を期待して、インパールではなくインド独立運動の発祥地であるベンガルへの直接侵攻を希望して要衝地チッタゴンの攻撃を主張したという。

日本の太平洋戦争史でも、インパール作戦は最悪の失敗といわれ、まともな補給・兵站《へいたん》戦略も無く、四カ月の間に「世界最多雨地帯」といわれたビルマ・インド国境地帯に三万人もの日本軍人の屍《かばね》の山を築く悲惨な結果に終わった。ボース率いるインド国民軍も健闘空《むな》しく、壊滅的な痛手を受けて撤退した。

ボースはビルマに留まり、日本軍とともにイラワジ会戦を戦ったが、一九四五年五月のラングーン陥落とともにバンコクに退却、日本の敗色の中で、ソ連の力を借りてインド独立闘争を継続する意思を固めた。日本軍の中には、ボースの変節をなじる声もあったが、敗戦の混乱の中においても、南方軍総司令官寺内寿一《ひさいち》大将は、ボースの意向を支援したいと考え、軍用機を仕立ててボースをソ連軍が進駐した大連に送り届ける手配をした。この九七式重爆撃機が、一九四五年八月十八日の早朝、台北空港を離陸する際、事故に遭い、「悲劇の英雄」チャンドラ・ボースは四十八歳の生涯を閉じた。遺骨は葬儀が営まれた東京杉並の蓮光寺《れんこう》に安置されて今日に至っている。

インド国民軍については、朝日新聞の従軍記者としてインパール作戦に同行した丸山静雄の『インド国民軍』（岩波新書、一九八五年）という優れた証言報告がある。終戦後、ラングーンに約一万人、マレーとバンコクに七千人のインド国民軍兵士がいたが、武装解除の後、デリーに送還され収容された。英国にとっては「英国王への反逆」であるインド国民軍の将校を処罰する軍事法廷が始まった。

ところが、これが思いもかけぬ方向に展開した。裁判の進行につれて、インド民衆の反英独立運動への問題意識と情熱が火のように燃え盛り始めたのである。ネールの国民会議派の巧みな誘導もあったが、「インド国民軍将兵はインド独立のために戦った愛国者であり、即時釈放されるべきである」という抗議運動はインド全土に燃え広がった。ボースの出身地ベンガルのカルカッタでは、十万人のデモ行進となり、各地で数百人の死傷者を出す事態が続いた。

英国は、建前として「有罪」とする判決は貫いたものの「刑の執行停止」という形で、インド国民軍将校を釈放せざるをえなかった。一九四六年三月七日、デリーで行なわれた英軍の戦勝記念パレードに対し、インド民衆は店も学校も工場もすべてを閉鎖してボイコットした。大英帝国のインド支配は音を立てて崩れ始めた。

私がふと思うのは、戦史上「最悪、拙劣、無意味」といわれるインパール作戦であるが、視点を変えれば、この作戦が唯一《ゆいいつ》、日本の「大東亜戦争」の大義名分にかなった作戦だったのかもしれないということである。無論、この戦争があくまでも日本の国益のための暴発であり、「白人帝国主義からのアジアの解放」など後追い的正当化にすぎなかったことを十分に認識していても、インド国民軍とともに戦いインパールに積み上げた三万人の日本兵の犠牲は全く無駄だったとも思えないのである。

日本としては、インドを直接支配する領土的野心も無く、ビルマ防衛のために突っ込んだ無謀な戦いであったが、歴史の女神は「アジアの自立と覚醒《かくせい》」への道程に皮肉な役回りを日本に準備していたのかもしれない。

チャンドラ・ボースが現代のインドにおいてどう評価されているのか。私の興味は正にこの点にあった。「日本軍国主義と手を組んで傀儡政権を率いた人物」として軽んじられているのかと想像していたが、事実は逆で、インド独立の英雄の一人として、歴史博物館にその行動と足跡がパネルとなって展示されていた。とくに、出身地のベンガルでは「伝説の英雄」であり、今も「チャンドラ・ボースは生きている」という話が、あたかも義経伝説のごとく語り継がれているという。生きていれば二〇〇二年で百五歳なのだが、現在のインドでは、ガンディー、ネールの国民会議派が少数党に没落し、ヒンズー至上主義の政権が成立していることも「チャンドラ・ボース再評価」の背景にあるとの解説も耳にした。（注＝二〇〇四年五月、国民会議派が連立を組んで政権復帰）

パル判事の重み

日本が太平洋戦争に敗北した翌年、一九四六年の五月から二年六カ月をかけて「極東国際軍事裁判」（東京裁判）が行なわれた。この時、判事を構成したのは十一カ国であったが、インドから参加したのがラダ・ビノード・パル判事であった。インドが英国から独立したのは一九四七年八月十五日であり、東京裁判の開始時点では英国の属領であったが、臨時政府の首班ネールの要請を受けてパル判事が参加したのである。

パル判決書は、少数意見として無視され東京裁判の結果には影響を与えなかったが、A級戦犯二十五名の被告全員を無罪とする驚嘆すべきものであった。今日、その内容は講談社学術文庫の分厚い二冊になって読むことができる。英文にして千二百七十五頁《ページ》、日本語で百万語におよぶ膨大なものであるが、筋道の通った論理構成と物事の本質を見抜く洞察力は読む者の心を捉《とら》えて離さない。パル判事は「復讐《ふくしゅう》の欲望を満たすために、単に法律的な手続きを踏んだにすぎないようなやり方は、国際正義の観念とはおよそ縁遠い。こんな儀式化された復讐は、瞬時の満足感を得るだけのものであって、究極的には後悔をともなうことは必然である」と述べ、東京裁判の正当性そのものに疑問を投げかけたのである。

パル判事は決して日本に同情したり、弁護したりする意図で「日本無罪論」を展開したのではなかった。勝ち誇る戦勝国が、権力の誇示と復讐心の満足のために、「文明」の名において「平和に対する罪」を問うという虚構に対して、条理を尽し、国際法理に照らして「正義」を貫こうとしたものであった。

パル判事は、一八八六年にベンガルで生まれた。三歳で父を失い、極貧の中で苦学を続けた。最初は数学を学び理学修士にまでなったが、やがて法学を専攻、法学博士の学位を得て一九二三年にカルカッタ大学の法学部教授となった。東京裁判にやってきた時はカルカッタ大学の総長であった。独立運動の激しかったベンガルに生まれ育ったことが彼の人生に深い影響を与えたようで、思い出の中で、パル判事は一九〇五年の日露戦争での日本の勝利が、十九歳のインドの青年パルに与えた衝撃を語っている。「同じ有色人種である日本人が、北方の偉大なる白人帝国主義ロシアと戦ってついに勝利を得たという報道は、われわれの心をゆさぶった。私たちは、白人の前をわざと胸を張って歩いた。先生や同僚とともに、毎日のように旗行列や提灯《ちょうちん》行列に参加したことを記憶している。私は日本に対する憧憬《しょうけい》と、祖国に対する自信を同時に獲得し、わななくような思いに胸いっぱいであった」。

東京裁判の後、パル博士は三回来日している。最後の来日は一九六六年十月、八十歳の時であった。病をおして尾崎記念会館での読売新聞主催講演に臨んだパル博士は、「世界平和と国際法」という話を予定していたが、壇上で一言も発することができず、合掌を続けた。「無言の講演」は聴衆に深い感動を与え、すすり泣きがもれたという。

この来日時の一九六六年十月十一日付の朝日新聞夕刊に、「東洋の政治的復活」と題するパル博士の日本人へのメッセージが掲載されている。

その中で博士は、「日本の青年に」として、「西洋の『分割して統治せよ』という政策を警戒してください。どんなに大切なイデオロギーのためであっても、分裂してはいけないのです」と述べた後、「若い日本の皆さんにお願いしたい。物質的に順応するだけではいけない。精神的に順応することが大切です。身近な仕事や目的に順応するばかりでなく、大局的なビジョンに基づいて仕事や目的を決めていただきたいのです。人類社会に対する高い使命に燃えて、人生の意義を十分に発揮していただきたいのです」と結んでいる。

日本から帰国して三カ月後の一九六七年一月十日、パル博士はカルカッタの自宅で生涯を終えた。パル博士の記念碑は、箱根芦ノ湖畔の釈尊聖霊殿の庭に建立《こんりゅう》されているが、若い日本人は、パル博士の存在さえ知らぬ者が大部分である。

サンフランシスコ講和会議とインド

一九四九年十月一日、中国で毛沢東率いる中華人民共和国が成立したその日に、東京の上野動物園では、インドのネール首相から日本の子供に贈られたインド象・インディラの贈呈式が行われた。吉田茂首相までが参加しての式典で、当時の日本の雰囲気を表している。敗戦から四年、占領下の日本は少しずつ安定を取り戻しつつあったとはいえ、国際的には孤独を噛《か》み締め、寂しかったのである。この頃、独立を果し、非同盟路線を行くインドは眩《まぶ》しいほどの存在感を持っていた。そのインドが象を贈ってくれたことを、日本国民は心から喜んだのである。

一九五一年九月、サンフランシスコで行われた「対日講和会議」にインドは参加しなかった。米国主導の講和会議に対し、「日本に駐留している米軍が引き揚げるならば、インドは署名してもよい」という条件をつけた。それは、日本に対しては「わずか六年前まで白人帝国主義からのアジアの解放を叫んでいた貴方《あなた》がた日本人は、米国に敗れて志を失い、早くも米国陣営の一翼を担《にな》う形で進みだすのですか」という暗黙のメッセージでもあった。「非同盟」「反植民地」「新国際経済秩序（国際的分配の公正）」を外交基軸としたネール首相の意思を反映するものだった。

それでいてインドは日本に対し実に味わい深い手を差し伸べてくれた。翌年六月、単独講和（日印平和条約調印）に応じてくれたのである。これは、日本の戦後国際社会復帰にとって、大きな意味を持つものであり、一九五五年のバンドン会議（アジア・アフリカ会議）への日本参加の道を開く契機であった。

インドが見つめている。このことは戦後の日米関係においても大きな意味をもった。サンフランシスコ講和会議と日米安保体制実現の立役者であったJ・F・ダレス（国務省顧問、後に国務長官）は、一九五二年一月号の「フォーリン・アフェアーズ」誌に「太平洋の安全保障」（"Security in the Pacific"）を寄稿し、対日講和と米国のアジア太平洋戦略を解説しているが、その中で次のごとくインドに言及している。「インドは、米国が日本を対等なパートナーとみなし、友好的な協力関係を構築していく可能性は低いと考えている。インド政府が講和条約調印の条件として、米軍の日本および琉球《りゅうきゅう》諸島からの完全撤退を要求したのもそうした理由からであり、この要求が認められなかったため、インド政府は講和条約の調印を拒否したのであった。我々は、こうしたインドの懸念《けねん》が現実のものとならないようにしなければなるまい。……米国が全アジアから放逐され、全アジアが我々に対峙《たいじ》するような事態を回避するためにも、我々は日本での東西協力を実現させなければならない」。インドの暗黙の圧力は確実に米国の対日政策およびアジア政策の深層心理に影響を与えていたのである。

戦後のある時期まで日本にとって重い存在だったインドは、日本の高度成長の過程で次第に日本人の関心の対象ではなくなっていった。「インド人もびっくり」のカレーのコマーシャル程度のインド認識となっていったのである。今日、インドにおけるITソフトウエア産業の隆盛を背景に、新たな意味で日本人のインドへの関心は高まり始めたともいえる。しかし、「ビジネスの機会としてのインド」というだけの軽薄なインド認識では、日本人の浅薄さに冷笑を受けることになろう。

日本は現在国連の安保理事会の常任理事国に名乗りをあげているが、インドも常任理事国になる意思を表明している。大方の日本人の感覚からすれば、国連分担金第二位の日本こそ常任理事国になって当然と考えがちであるが、それこそ経済至上主義の思い込みであり、インドの持つ国際社会での存在感は軽視できないものがある。冷戦期を通じて非同盟主義を貫き、大国主義に一貫して反対してきたインドの存在は重く、インドこそアジア・アフリカの代表にふさわしいとする主張は一定の説得力を持つのである。

インドの自己主張は時に鼻につくものがあり、とくに一九九八年五月の地下核実験の実施などは、「非核平和主義」を主張する日本からすれば、許し難い暴挙である。いかにパキスタンや中国の核に対する抑止力を確保するためとはいえ、国際世論を敵に回す愚挙でさえある。しかし、日本がいかに抗議し、経済制裁に踏み切っても、インドは自らを正当化する理屈を変えようとはしない。インドからすれば、「米国の核の傘に守られている日本が他の国の核装備を批判するのはおかしい」ということになる。

確かに、日本の核廃絶に対する姿勢には一貫性がない。唯一の被爆国として、「ノーモア・ヒロシマ」のアピールはするが、五大核大国の権益を守る恣意《しい》的な核拡散防止の動きに対し、筋道を通して核全面廃絶を迫るわけでもない。その背景には、自らが米国の核抑止力に守られて冷戦期を送ってきた後ろめたさがあることは否定できない。日本の二十世紀をじっと見つめてきた目線の中で、米国への過剰依存が日本のトラウマになっていることをインドは見抜いているのである。

（注＝その後、二〇〇五年に日本はインド、ドイツ、ブラジルとともにＧ４案を共同提出し、国連変革に動いたが、国際社会の十分な支持が得られず挫折《ざせつ》した）

革命家・孫文が日本に問いかけたもの

人を惹《ひ》きつけるオーラ

孫文は「中国近代革命の父」として、本土の中国においても台湾においても広く敬われる英雄である。「三民主義」を掲げて闘い続けた偉大な革命家としての足跡を疑うものではないが、生身の人間としての孫文の人生を追跡するならば、複雑な感慨を覚える。そして、この人物と日本との濃密な関係を考えると、結局は戦争に至った二十世紀前半の日中関係に他の選択肢がなかったのか、深く考えさせられる。

一九〇〇年五月、孫文は箱根の宮ノ下の富士屋ホテルに宿泊している。親密な関係にあった日本人女性と同宿であった。この年、中国では義和団事件の嵐《あらし》が吹き荒れていた。孫文は、一八九五年秋の清朝《しんちょう》に対する革命運動である第一回広州蜂起《ほうき》に失敗、三年間にわたる欧米での亡命生活を経て、日本を基点に再起を模索していた。

今や「革命浪人」などという言葉は死語となったが、まさに孫文は革命を夢として語り続ける革命浪人であった。華僑《かきょう》の間では「ほらふき孫文」という意味で「孫大砲」と呼ばれていたという。身長百五十六センチ、孫文はどちらかといえば小男であり、常に金に困っていて「博愛」などという字を揮毫《きごう》し、集会後に「いくらでもいいから買ってくれ」と悪びれることなく懇請していた。孫文の足跡を辿《たど》ると、至る所に孫文の揮毫が残っているのに驚かされる。サンフランシスコでは、中華街に立つ門に「天下為公」という孫文の字が大きな看板になって飾られている。

こういうと、荒唐無稽《むけい》な革命を夢想し、支援者に金を無心する小男という孫文像が浮かぶが、決してそれだけの男ではなかった。何よりも孫文を孫文たらしめたのは、いかなる状況におかれても絶望しない精神力と人を惹きつける不思議な人間的魅力であった。強烈な使命感が魅了したのか、逆境に置かれながら孫文には常に支援者が現れている。辛亥《しんがい》革命までに十回の武装蜂起にことごとく失敗し、負け犬として海外を流浪《るろう》し続けた孫文であったが、絶望的状況においても人間としての品格と明るさを失わなかった。

一九一四年に、四十九歳で二十七歳も年下の宋慶齢と再婚しているが、それも人を惹きつけるオーラに満ちていたということであろう。そして、何よりも驚かされるのは孫文の思想の進化である。実践と思索を積み上げながら、民族の独立と祖国の近代化、民衆の解放を目指した孫文の思想は深まり続け、中国革命運動の支柱となっていったのである。

生い立ち

孫文は生涯のうちに六回ハワイを訪れており、延べで七年以上もハワイで過ごしている。一八七九年、移住して成功していた長兄を頼って渡航、十三歳だった。高校にあたるイオラニ・スクールで学び、一八八二年に卒業している。その後、オアフ・カレッジの前身にあたるプナハウ・スクールに進学したが、クリスチャンになろうとしたことが華僑の伝統的価値を重んずる兄の逆鱗《げきりん》に触れ、一八八三年夏に帰国を余儀なくされた。このハワイでの留学体験が、孫文にとっての原体験であり、生涯を方向付けるものとなった。

孫文は一八六六年、広東《カントン》省香山県の農村に農家の三男として生まれた。極貧ではなかったが、父親が清朝風の辮髪《べんぱつ》、母親は纏足《てんそく》という、伝統的習慣に包まれた家庭環境の中で育った。一家の運命を変えたのは、この頃広東地域に吹き荒れた海外移住ブームであった。カリフォルニアでの金鉱山の発見と大陸横断鉄道建設、ハワイでのプランテーション開発などが低賃金労働者を必要とし、多くの中国人が太平洋を渡った。孫文の十二歳年長の長兄も叔父に連れられて十七歳でハワイに渡航、プランテーションの労働者から身を立て、ホノルルとマウイで農地開拓に成功し、財を蓄えた。この兄によって、孫文の世界が広がったのである。

最も感受性豊かな年頃でのハワイ留学の四年間に、孫文が身につけたのは、キリスト教への心酔であり、欧米の近代民主主義社会への憧憬《しょうけい》であった。十七歳で中国の故郷に帰ったものの、中国の退嬰《たいえい》的状況に憤懣《ふんまん》を抱いた孫文は、友人とともに村の信仰の対象であった廟《びょう》の神像を破壊して追放処分となり、わずか一年で香港《ホンコン》に移り住んだ。香港での孫文はクイーンズ・カレッジという官立高等学校などで学びながら、キリスト教の洗礼を受け、布教活動に情熱を燃やしている。その後、広州の博済医院で助手の仕事をした後、一八八七年、二十一歳の年に、香港の西医書院（香港大学医学部の前身）に入学、一八九二年に医学博士の学位を取得して卒業した。

卒業とともに、マカオで医院を開業したが、「医術を生活の手段とする革命家」の血が騒ぎ始めた。後年、自伝において「私は一八八五年、中国がフランスに敗北した年から清朝を倒して民国をたてようと決心した」と述べているが、これも彼の香港時代の出来事であった。結局、孫文は十三歳から二十六歳までの間、米国が影響力を強めつつあるハワイと大英帝国領の香港で欧米流の学校教育を受け、「中国の近代化の遅れ」を実感し、列強に蝕《むしば》まれる祖国解放の革命運動の指導者としての基盤となる知見を構築したといえる。

また、香港時代の孫文は、十九歳の時に同郷の盧慕貞という女性と、両親の決めたとおりに結婚している。その後、妻を郷里に残したままの生活が続くが、六年後に長男孫科が生まれ、二人の娘も生まれている。彼女との間には全く愛情は存在しなかったと述懐し、後に最愛の伴侶《はんりょ》宋慶齢と再婚するわけだが、革命に狂奔した男の女性関係は謎《なぞ》であり、多くの人を傷つけたことも想像に難くない。

一八九四年春、孫文は最初の政治的行動を起こした。日清戦争の直前、清朝の実力者たる李鴻章《りこうしょう》に対して、政治改革の意見書を提出したのである。その内容は、明治維新後の日本をモデルとして立憲君主制を前提とする改良主義的なものであったが、李鴻章からは黙殺された。欧州

孫文は多くの日本人に助けられた

列強のみならず新興の隣国日本にさえ恫喝《どうかつ》されていることへの屈辱を胸に、この年十一月、ハワイに渡った孫文は「興中会」を設立、組織的な中国変革運動に向けての行動を開始した。翌年二月には、香港に興中会本部を設け、十月には広州で最初の武装蜂起を試みたが、直前に仲間の裏切りにあって頓挫《とんざ》、日本への亡命を余儀なくされた。苦難の海外放浪の始まりであった。

孫文は、清朝の変革に見切りをつけ、「排満興漢」、すなわち満州人による清朝を倒して漢民族主導の中国を造ることへと決意を固めつつあった。自らの辮髪を切り、日本からハワイへと旅立った孫文は、ホノルル、米本土各地の華僑と接触して民族意識を訴えた。華僑の中でも「客家」といわれる華僑グループの支持の輪が広がっていった。客家とは黄河流域の中原の漢民族が異民族による圧迫や政治不安を逃れて南に集団移動したもので、その出自もあって進取の気性に富み海外に華僑として雄飛した者が多い。現在でもサンフランシスコに本部のある洪門会は客家系の結社であるが、この洪門会のネットワークが客家人である孫文の革命運動を支えた。「華僑は革命の母」という孫文の言葉が残っている。

さらに、大西洋を渡った孫文は、ロンドンに一年ほど滞在、清国の公使館に十日間ほど監禁されたりもしたが、ロンドン生活の間に大英博物館に通いつめ、マルクスやヘンリー・ジョージなどの社会科学の文献を真剣に読破した。こうした勉強を通じて「三民主義」といわれる孫文の思想の基軸が形成され始めた。

進化する孫文思想

「三民主義」の骨格は、民族主義、民権主義、民生主義の三つから成るといわれてきたが、出発点における孫文思想の中心は民族主義であった。それも、西洋列強の中国支配から民族の解放・統一を図るというよりも、満州族からなる清朝の支配に対して漢民族主導の中国を実現しようというもので、狭い視界からの「素朴な愛国心」に立つ民族主義であった。事実、辛亥革命以降においても、孫文は列強の反発に配慮して、列強の中国での既得権益については容認的であった。

民権主義とは、主権在民の近代民主主義の実現であった。若き日にハワイや香港に学んだ孫文が実現すべき社会として思い描いたのが、この民権主義であった。当初は、清朝の下での「立憲君主制」を求めていたが、次第に「共和制」の実現へと傾いていった。

民生主義とは、民族・民権革命が成就《じょうじゅ》して後の社会において展開すべき政策理念という性格をもつ。ロンドン滞在時に米国の経済学者ヘンリー・ジョージの『進歩と貧困』を読んだ孫文は、民族の独立と民権主義を実現した社会においてもなお存在する資本主義の矛盾としての分配の不公正という問題に気付き、「地権の平均」「資本の節制」などの考え方を提示して無制限な私有制を国家が制御する社会政策の必要を主張し始めた。

三民主義思想がまとまった形で表現されたのは、一九〇五年に東京で中国革命同盟会を結成し、機関誌「民報」を発刊してからであるが、革命の経緯の中で実践的に補強され、革命運動を支える中核思想となっていった。

一九一一年に辛亥革命が成功、孫文は南京《ナンキン》で臨時大総統に就任して中華民国を成立させたが、清朝の残滓《ざんし》ともいうべき袁世凱《えんせいがい》に大総統を譲らざるをえず、その野望に翻《ほん》弄《ろう》されて再び日本への亡命を余儀なくされた。その時、中国革命党を結成。孫文は捲《けん》土重来《どちょうらい》を期して「反袁世凱」の活動を続けた。袁世凱は皇帝にまでなろうとしたが、一九一六年に急逝、中国は列強支配と軍閥割拠の混沌《こんとん》の色を深めていった。そのなかで、孫文の三民主義が明確に性格を変え始めたのは、一九一九年の「五・四運動」からであった。

五・四運動は、北京《ペキン》の天安門広場に約三千人の学生が集まり、ベルサイユ講和会議でのドイツの山東利権の日本への譲渡に反対するデモを行なったことから火がついた。逮捕された学生三十二名の釈放を要求する学生と民衆の運動はエスカレートし、「学生釈放、売国奴懲罰、日貨排斥」は全国主要都市に飛び火、軍閥政府の抑圧にもかかわらず、制御不能な事態となった。孫文は直接この運動に関わらなかったが、「このような新文化運動は、今日の我が国において、まこと、思想界空前の大変動である」と述べている。民衆の自覚と大衆運動の力を印象付けられた孫文は、前衛としての秘密結社的色彩の濃かった中国革命党を中国国民党と改称し、民衆を基盤とする革命運動へと照準を定め直した。

一九二〇年代の孫文は、三民主義に新しい視界を開きはじめた。民族主義については、漢民族の国家建設とか五族協和などという国内的な視界からの主張を脱皮し、「帝国主義からの民族の解放と統一」を明確に主張するようになった。民権主義については、共和制の下での「人民による政治」の重視とともに民国（共和制）に反対する者には民権を付与しないことを主張した。また、民生主義についても、農民・労働者に直接呼びかけて、小作農への土地供与、失業労働者救済への国家の関与を主張した。「新三民主義」といわれる思想が総括的に提示されたのは、一九二四年、広州における第一回国民党全国代表大会であった。

覇道と王道

「革命いまだならず」という言葉を残し、一九二五年三月、孫文は肝臓ガンのために北京で五十九歳の生涯を終えた。欧米流の教育を受け、世界を見た指導者、孫文によって切り開かれた中国革命を最後に成就させたのは、「生まれて一度も海外に行ったことの無い」土着の指導者・毛沢東であった。孫文の後継者を自任した蔣介石が、共産中国の成立とともに台湾に去った後も、大陸中国で孫文の晩年の思想と意思を守ったのは、宋三姉妹の次女であり孫文の妻であった宋慶齢である。一九八一年五月に慶齢が死去する二週間前、中国共産党は国家名誉主席という地位を彼女に与えた。

一九二四年十一月二十八日、つまり死去の四カ月前、孫文は神戸で有名な「大アジア主義」についての講演を行なっている。これが、生涯にわたり親しく付き合ってきた日本に対する遺言のようなメッセージとなった。この講演は以下の言葉で締め括《くく》られた。「あなたがた日本民族は、欧米の覇道の文化を取り入れていると同時に、アジアの王道文化の本質ももっています。日本がこれからのち、世界の文化の前途に対して、いったい西洋の覇道の番犬となるのか、東洋の王道の干城となるのか、あなたがた日本国民がよく考え、慎重に選ぶことにかかっているのです」(孫文選集、第三巻)。

締め括りの言葉に先立ち、孫文は次のような時代認識に言及している。「西洋の科学文明は武力の文明となってアジアを圧迫しており、これは中国でいう『覇道』の文明である。東洋には道徳、仁義を重んずる『王道』の文明がある。『王道』を基礎として不平等を打破するためアジア諸民族の連合を図らねばならない。日本がアジアに先駆けて不平等条約を撤廃して独立国となったこと、日露戦争に勝利したことはアジア諸国に独立の希望をもたらした。それ故《ゆえ》に日本の責任は重い」。

この時の孫文のメッセージは、日本の明治以降の歴史に関する総括であり、日本の進路への警鐘でもあった。この孫文最後の訪日には重要な背景があった。この年、一九二四年一月、国民党は第一回全国代表大会を広州で開催、総理に就任した孫文は、第一次国共合作を成立させ、「連ソ(ソ連との連携)、容共(共産党との連携)、労農援助」の大会宣言を発表した。当時の中国の現実は「軍閥割拠」であり、平和的統一を目指した孫文は、その年秋の軍事クーデターで北京を制圧していた馮玉祥《ふうぎょくしょう》(一八八〇―一九四八)の政局主導の要請を受ける形で北上を決意、上海《シャンハイ》から天津《てんしん》経由で北京に向かったが、天津に入る前に、上海で一万人の民衆の大歓迎を受けた後、あえて日本を訪れたのである。この時の北上宣言では、国民会議の開催と不平等条約の撤廃が強く主張されており、孫文の意図としては、不平等条約撤廃を日本国民に訴えたいという気持が存在していた。孫文は日本の政財界人との面談を求めて東京行きを希望したが、日本側は北京政局の混迷への配慮と不平等条約撤廃の要求を回避するために孫文に冷淡であり、やむなく神戸での講演・記者会見となったのである。

自らが辛酸を舐《な》めた不平等条約の改正に対し、日本こそ中国の理解者であるべきだった。にもかかわらず、日本は列強模倣の路線へと傾き、中国の要求を無視した。第一次大戦後、敗戦国ドイツは中国への領事裁判権を放棄していたし、一九一七年のロシア革命後に成立したソ連も、一九二四年の中ソ協定で治外法権の撤廃を承認した。孫文の日本への失望は深まっていった。排斥されるべき植民地帝国主義国としての日本となっていったのである。

孫文は心底から日中連携を模索し、日本への期待と希望を抱いていた。孫文の生涯には本当に心を通わせていた多くの日本人の友人が存在した。本書の欧州篇でも触れたが、博物学の先駆者、南方熊楠とはロンドンで親交を深め、和歌山に帰国後の熊楠を訪ねている。また、実業家、梅屋庄吉《しょうきち》は物心両面で孫文を支え続け、孫文と宋慶齢の結婚についても、実質仲人《なこうど》のような協力をしている。梅屋庄吉という人物は、長崎の貿易・精米業者の家に生まれ、若くして出奔、香港・シンガポールを舞台に写真業や映画興行で財をなしたというが、文字通り財を傾けて孫文の革命運動を支援した。また、『三十三年之夢』（一九〇二年）を書いたアジア主義者・宮崎滔天《とうてん》や三十年近く孫文の側近にあり、最期《さいご》に立ち会った萱野《かやの》長知《ながとも》のような支援者もいた。それでも、日中連携は夢と消えたのである。

日本は二十世紀初頭という時代の底流をなしているテーマを読み間違えた。帝国主義列強間の植民地支配抗争の時代として時代を認識し、その脅威から自らの国を守ろうとする情熱が、日露戦争を経て自信を深めるにつれて、自らも列強の一翼を占めるという誘惑に引き込まれた。既に世界史のテーマが「民族の自決」と国民国家の時代に向かいつつあることを読み取れなかった。もし、この時点での日本の指導層に一歩前に出たビジョンをもって西洋のアジア支配からの脱却に共感と連帯を構想する人物がいれば、二十世紀の日本の歴史は変わっていたであろう。日本は、「対華二十一カ条の要求」（一九一五年）、ベルサイユ講和会議におけるドイツ山東利権の継承の要求（一九一九年）、そして満州国建国（一九三二年）へと「遅れてきた帝国主義国家」の性格を露《あら》わにしていった。

今、二十一世紀の初頭に立って、我々は時代の底流にあるテーマを的確に認識しているであろうか。おそらく、我々の多くは冷戦後の世界史のテーマを「グローバルな市場化」の潮流と捉《とら》えているはずである。米国を発信源とするＩＴ革命とグローバル化が、普遍的な時代潮流であると認識している議論が主流である。

しかし、本当にそうなのか。資本主義の陰の部分ともいうべき「行き過ぎた市場主義・競争主義」がもたらすマネーゲーム至上の世界をどう制御するのかが、既に次の時代の主要テーマとして顕在化しつつあるのではないか。二十世紀初頭を省察する眼は、現代に照射されねばならない。

魯迅《ろじん》が否定した馬々虎々《マーマーフーフー》

仙台留学と藤野先生

上海の博物館で不思議な写真を見た。魯迅の柩《ひつぎ》を担《かつ》ぐ「毛沢東、宋慶齢、内山完造（魯迅を支援した内山書店主人）」という写真である。

魯迅は一九三六年十月十九日に死去した。同月二十二日、上海の万国公墓に向う中国最初の「民衆葬」の葬列は六千人を超した。魯迅の柩は「民族魂」と刺繍《ししゅう》された絹《けん》布《ぷ》でおおわれた。その人物の志を引き継ぐことを「柩を担ぐ」と表現するが、中国社会主義革命の中心人物たる毛沢東、孫文夫人の宋慶齢が柩を担いだということは、魯迅の現代中国における位置付けを象徴するものである。

もっとも、毛沢東の研究者によれば、一九三六年の十月に毛沢東が上海での葬儀に現れたというのは史実ではないという。確かに写真には、毛沢東に似た人物が柩を担いでいる姿が写っているのだが、これは正しくないらしい。日本人として葬儀に参列したジャーナリスト松本重治《しげはる》の手記『上海時代 ジャーナリストの回想』(中公文庫、一九八九年)も、毛沢東の参列には一切言及していない。結局、謎《なぞ》めいた話なのだが、魯迅という存在の重さを印象付けられるエピソードである。

魯迅の本名は周樹人、一八八一年九月二十五日に上海の南約二百キロの紹興《しょうこう》に生まれた。中国酒の代表格たる紹興酒の故郷である。生家は清朝末期の典型的な地方素封家で、祖父は科挙試験に合格した進士として「内閣中書」の地位にまで就いた名家であった。しかし、祖父が収賄《しゅうわい》事件で失脚したり、魯迅十五歳の時に父親が病死してから急速に困窮したという。魯迅は没落する家を長男として支えながら、親族の蔑《さげす》みの視線や軋轢《あつれき》のなかで中国社会の深奥《しんおう》に内在する「闇《やみ》」のようなものへの問題意識を芽生えさせていった。

一八九八年、十六歳の魯迅は、学費が要らないこともあって、南京の江南水師学堂に入学した。しかし、わずか半年で退学、同じく南京に新設された鉱務鉄路学堂に再入学した。ここでの勉学が西洋の科学技術への目を開かせ、魯迅の思考に大きな刺激を与えた。

一九〇二年四月、魯迅は日本留学のため南京から船で横浜に着いた。嘉納治五郎が清国の留学生向けに開設した東京弘文《こうぶん》学院に入学して二年間、日本語を学んだ。そして一九〇四年、医者になることを決意、仙台医学専門学校に入学した。魯迅の仙台留学は、ちょうど日露戦争の時期と重なった。極東の島国日本が、明治維新から三十年、「富国強兵」を貫いて日清戦争に勝利し、日英同盟を支えとして強国ロシアと戦うという日本人の民族意識が最も高揚していた時期であった。一方、魯迅の祖国中国は、一九〇〇年の義和団事件によって列強にねじ伏せられ、清朝は断末魔の様相を呈していた。中国人の悲しみは深く、魯迅が辿《たど》り着いた横浜や東京は、「排満」（満州族支配の清朝打倒）の熱気が盛り上がっていた。

こうした時代背景の中での留学生活は、決して愉快なものではなかった。その象徴的体験が「幻燈《げんとう》事件」であった。日露戦争を伝える幻燈を学友達と観《み》た魯迅は、ロシアのスパイだという嫌疑をかけられた中国人が処刑されるシーンに同僚達が拍手喝采《かっさい》するのに調子を合わせている自分に悲しみを覚える。そして、同胞が処

魯迅は日本の良い面を最後まで評価した

刑されるシーンを見物にきた中国人達の虚《うつ》ろな傍観者の表情に衝撃を受ける。「あのことがあって以来、私は、医学など少しも大切なことでないような気がした。愚弱国民は、体格がいかに健全であろうとも、いかに長生きしようとも、結局意義もない見せしめの材料と見物人になるだけではないか」（『藤野先生』）と魯迅は述べる。一九〇六年三月、魯迅は「文芸をもって中国人の精神を改変する」ことを心に、仙台医学専門学校を中退、東京に帰った。

暗い思い出に満ちた仙台での留学生活の中で、魯迅にとってダイヤモンドにも近い輝きを放つ体験があった。それが「藤野先生」の存在である。仙台医学専門学校で解剖学の講義を担当していた藤野嚴九郎《げんくろう》という先生がいた。彼は魯迅の日本語が十分ではないのをみて、講義ノートを持ってくるように指示し、講義の度に魯迅のノートを文法の誤りまで含め朱筆で添削してくれた。魯迅の感動は深かった。仙台を去るに当たって、魯迅は藤野先生の写真をもらった。裏には「謹呈周君　惜別　藤野」と書かれている。魯迅はこの写真を中国に帰国した後も机の前に貼《は》り、「夜ごと、仕事に倦《う》んでなまけたくなるとき、あおいで灯火のなかに、彼の黒い、痩《や》せた、今にも抑揚のひどい口調で語り出しそうな顔を眺めやると、たちまち私は良心を発し、かつ勇気を加えられる」と語るほど大切にした。

藤野嚴九郎は福井県出身で、名古屋の医科専門学校を出て、仙台で教壇に立っていたが、仙台医学専門学校が東北大学医学部となる際、教授として認知されず、故郷福井に帰って町医者として一生を送った人であった。謹厳実直を絵にかいたような人物で、一九四五年、終戦の年の八月に死去したが、急病の患者の家に駆けつける途中に倒れるという如何《いか》にもこの人物らしい死であったという。

藤野嚴九郎は歴史に名を残した偉人でもなく、市井《しせい》の人である。しかし、ある時代までこの国に確実に存在した、「真面目《まじめ》な日本人」の典型であった。「民力」という言葉があるが、政治家や指導者の質ではなく、ごく普通の人が日常生活の中で示す判断と行動、そこにその民族の叡智《えいち》が滲《にじ》み出るものなのである。

『藤野先生』という作品は、一九二六年に四十五歳になった魯迅によって書かれたものである。そのことを考えると、魯迅が作家になることを決意するきっかけになったという「幻燈事件」はあまりにも有名な逸話ではあるが、多分に作家としての魯迅の脚色もあると思われる。それにしても、魯迅のこの小作品は「作家の過去の思い出話」に留まらず、現代を生きる我々をも走らせる光を放っている。この話が決して過去のものではないことを我々は思い知らされたのである。

魯迅の仙台における足跡を訪ねて、という理由で、一九九八年十一月、来日した江《こう》沢民《たくみん》国家主席は仙台を訪れた。「歴史認識」や「台湾問題」に繰り返し言及する江沢民主席の訪日は日中双方にとって冷ややかなものとなったが、過密なスケジュールの中で奇異な印象を残すほど、江沢民は仙台訪問にこだわった。そして、東北大学医学部に残された古い教室において藤野嚴九郎の子孫と面談し、魯迅への関心の深さを際《きわ》立《だ》たせた。

江沢民という人物は、一九二六年に江蘇《こうそ》省揚州に生まれたが、十七歳の時に南京中央大学理工学部に入学、大学の統合で上海交通大学電機学部に転校して以来、人生の大半を上海で過ごしてきた。とくに、一九八五年からの三年間は上海市長を務めている。彼が大学に入学してからの二年間は、日本占領下の中国であり、日本への屈折した心情をもたらす原体験を持ったことは想像に難くない。彼が十歳の時に、魯迅はこの世を去っているわけだが、上海人として魯迅の存在感を感じ取る機会は多かったはずである。魯迅と日本の関係についても、旧日本租界の魯迅の旧居跡や魯迅が眠る虹口公園の墓所を訪ね、十分な知識を持っていたであろう。

やはり、江沢民の仙台訪問にはメッセージが込められている。それは、「日中友好」を語る百万回の言葉よりも、一人の市井の人たる藤野先生が一人の中国人留学生に寄せてくれた情愛のほうがはるかに大事ですね、という深意とでもいうべきものである。

テロ事件と馬々虎々

魯迅は作家・文学者というよりも、文芸運動の闘士であり、思想家としての存在感を放っている。事実、彼の人生は中国の変革に向けての絶えざる論争の渦中《かちゅう》にあり、彼の評論集を読むと、よくも妥協することなく論争を続けたものだと驚嘆する。戦中の一九四四年に出版された魯迅研究の名著とされる竹内好《たけうちよしみ》の『魯迅』（日本評論社）も「死は魯迅にとって、肉体の静謐《せいひつ》さだけでなかった。現身の彼は、文壇生活の多くの部分を論争の中に過ごしている。翻訳と文学史研究に関する業績を除けば、大半は論争の文学である。小説さえが、ことに晩年の神話に取材した諸篇は、論争の性質を持っている。論争は、魯迅の文学が自己を支える糧《かて》であった」と論じている。

「寸鉄人を刺し、一刀血を見る」といわれるほど魯迅の論法は鋭く、簡潔に主題に踏み込み、論争すべき相手の矛盾を切り裂き、重要な方向へと視界を導く技は見事である。それにしても、魯迅は何と闘うために情熱をたぎらせたのであろうか。魯迅についての評伝は数多く存在するが、片山智行《ともゆき》の『魯迅――阿Q中国の革命』（中公新書、一九九六年）は、魯迅が闘ったものを理解する上で極めて凝縮した好著である。魯迅が闘い続けたものとは、中国社会に根強く存在し続けていた「馬々虎々《マーマーフーフー》」の土壌、すなわち何事も受身で情勢を受け入れる「欺瞞《ぎまん》を含む人間的ないいかげんさ」とでもいうべき中国人の生き方そのものであった。

『阿Q正伝』の衝撃はルンペン農民たる阿Qの失笑したくなるような間抜けな「馬々虎々」（ちゃらんぽらん）もさることながら、最後に革命党騒ぎに巻き込まれて処刑される阿Qを取り巻く民衆の「残忍な、それでいて臆病《おくびょう》な、きらきら鬼火のように光る眼」の不気味さである。そこには状況に流されながら自己保身を図る中国民衆の姿があり、際限無く存在する「馬々虎々」が欺瞞的政治社会を生み出していることへの魯迅の深い問題意識が滲みでている。

魯迅の文学、文芸運動を特色づけるのは「中国民族に対する深刻な観察」であるといわれる。彼は半植民地的状況を甘受する中国人の心理に容赦なく踏み込み、支配階級による欺瞞の装置として「儒教」さえ批判の俎上《そじょう》に載せた。毛沢東は魯迅について「彼には奴顔や媚骨がすこしもなかった」と語ったというが、被抑圧者が持ちがちな負け犬根性を嫌悪《けんお》し覚醒《かくせい》を叫び続けたのが魯迅だったのである。竹内好が「啓蒙者《けいもうしゃ》魯迅」と結論付けたごとく、魯迅はつまるところ革命が自分自身に内在する「馬々虎々」の心の変革であることを中国の民衆に訴え続けた啓蒙者であった。しかも、上から民衆を見下した啓蒙家ではなく、自らを論争の真只中《まっただなか》に置き、革命さえ「馬々虎々」に流れることを批判し続けた「永久革命」の実践者であった。

この「馬々虎々」の問題は決して中国に限ったことではない。時代の空気に合わせ、「長いものには巻かれろ」として生きていく態度、主体的に考えて選択していくのではなく、「仕方がないじゃないか」として進んでいく態度、そしてそれがもたらす結果について誰も責任をとらない状況、これらは日本においても十分に存在する。

かつて丸山真男《まさお》は、戦争に向った戦前期日本の意思決定における巨大な無責任の無限循環を解析した（『日本の思想』、岩波書店、一九五七年）が、戦後半世紀以上が経過し、丸山が問題視した「個人の析出」を許さぬ村落共同体が崩れ、中央権力構造における超法規的な意思決定システムが消失しても、なお我々自身を取り巻く「馬々虎々」の風潮、巨大な無責任状況は一体何なのであろうか。

例えば、二〇〇一年の米国での同時多発テロに対して、主体性も無くバタバタと事象の変転に合わせて憲法さえ解釈改憲していく泥縄状況は、それを「仕方がない」と傍観している国民の虚ろな表情とともに、今日的課題としての「馬々虎々」を思わせるのである。封建的社会を脱却したかに思える状況下においても、主体的にものを考えることは容易ではない。

現在、我々が置かれている状況を直視し、我々が「馬々虎々」に流れている理由を再考するならば、少なくとも二点が考えられる。一つ目は、情報面、あるいは価値観においてあまりにもアメリカというフィルターを通じてのみ世界を見る習慣を身につけてしまったことである。米国への依存構造が常態化するにつれて、封建的桎梏《しっこく》からは解放されたものの、自分自身の思考の基盤を構築することを喪失してしまったといえよう。二つ目は、生活保守主義の定着である。一定の豊かさの中で、「失うべきなにものも無い」存在ではなくなった国民の意識が、次第に保守化し、真の意味での変革を拒否していることである。「構造改革」などという言葉は走るが、世界潮流なるものに合わせることを改革としているという性格が強く、自前の変革の基軸を模索しているわけではない。

謎としての女性問題

あらゆる意味で妥協といいかげんであることを排除して生きた魯迅であったが、唯一《ゆいいつ》謎とされるのが女性である。もっとも、どんな男にとっても女性は謎であるが、魯迅は仙台を去った年の夏、故郷からの「ハハビョウキ」の電報で帰省すると、母が決めた縁組が待ち構えており、「故郷に残した母の面倒をみてくれることを期待」という程度の気持ちで、朱安という女性と結婚した。纏足《てんそく》の陰気な女性で、写真を見ても容姿も醜く、魯迅は生涯一度も愛情を感じたことはなかったという。「近代的個我の確立」を説いた魯迅にすれば、あまりにも矛盾する結婚であったが、魯迅はこの悲劇的な婚姻関係を形式的には一生続けている。

よく知られているごとく、魯迅は北京女子師範大学時代の教え子であり、文芸運動の同志でもあった十七歳年下の許広平と一九二七年秋から上海で同居し、一子、周海嬰をもうけた。許広平は才気煥発《かんぱつ》たる女性で、新中国では全国婦女連合会副主席などの要職も務めている。正妻・朱安は、封建社会の徳を体現したような女性で、愛されることなく忍従の中で嫁ぎ先の家を守り、魯迅の母の面倒を最後までみた。

この魯迅の朱安との関係に鋭く迫ったのが、中島長文『ふくろうの声　魯迅の近代』(平凡社選書、二〇〇一年)であり、魯迅にとっての影ともいうべき妻・朱安の存在の意味を掘り下げた論考である。魯迅の死後、送金が途絶え、薄い粥《かゆ》だけを食べて生活苦と戦っていた朱安は、魯迅の蔵書を売却しようとした。なんとか中止させようと出向いた魯迅の友人に対して朱安は言った。「あなたがたは口を開けば魯迅の遺物を保存せよ、って言うけど、わたしだって魯迅の遺物ですよ。わたしも保存してくれなくちゃ」。見事なまでの一言である。なるほど朱安は自立できない旧式な女であり、中国の前近代的存在のシンボルかもしれないが、皮肉にもそうした朱安に支えられて魯迅は生きたという面も否定できない。

真面目という薬

魯迅には四歳違いの次弟周作人と、七歳下の三弟周建人がいた。他にも弟、妹がいたが、夭折《ようせつ》した。とくに周作人は、兄魯迅に続いて日本に留学、辛亥革命後に帰国し、中国の新文化運動の旗手として活躍した。一九一七年以後は北京大学の教授として、海外文学の翻訳や随筆に冴《さ》えをみせた。戦後は、戦中の対日協力によって投獄され蟄《ちっ》居《きょ》を余儀なくされたが、「東洋の悲哀」を湛《たた》えた優れた中国の知識人であった。

その周作人が兄魯迅について書き残している随筆(『周作人随筆』、冨山房百科文庫、一九九六年)に興味深い記述がある。「(魯迅は)日本文学に対しては当時は少しも注意せず、森鷗外、上田敏、長谷川二葉亭等、ほとんどその批評や訳文のみを重んじた。ただ夏目漱石は俳諧《はいかい》小説『吾輩《わがはい》は猫である』を書いて有名だったので、それが活字になるごとにすぐに続けて買って読み、また『朝日新聞』に連載されていた『虞《ぐ》美《び》人《じん》草《そう》』を毎日熱心に読んでいた。……後日書いた小説は漱石の作風に似ていないけれども、その嘲諷中の軽妙な筆致は実は漱石の影響を相当強く受けたものであり、而してその深刻沈重なところはゴーゴリとシェンキエヴィチからきている」というのである。

確かに、魯迅は夏目漱石を意識していたようで、仙台から東京に戻ってから、ある期間、本郷西片町十番地の夏目漱石旧宅に周作人など五人と住んでいる。魯迅はこの家を伍舎と名付け、和服での生活を続けた。不幸にして「抗日運動」の側の思想的リーダーとなっていった魯迅であるが、日本人の良い面も最期《さいご》まで評価していた。また内山書店の内山完造など日本人の友人を大切にし、「日本の全部を排斥しても、あの真面目という薬だけは買わねばならぬ」と魯迅は内山に語っていたという。

魯迅は、その死の一月前に「死」と題する随筆を書いている。その年の春に病床につき、遺言らしきものまで準備しながら回復した経緯を書いたもので、必ずしも死を予感したものではないが、次の一文は魯迅の真骨頂とでもいうべきである。「熱があったとき、西洋人は臨終の際によく儀式のようなことをして、他人の許しを求め、自分も他人を許す、という話を思い出したことだ。私の敵はかなり多い。もし新しがりの男が訊《たず》ねたら、何と答えよう。私は考えてみた。そして決めた。勝手に恨ませておけ。私のほうでも、一人として許してやらぬ」。

「馬々虎々」と闘い続けた男の壮絶な最期であった。日中戦争は、魯迅の死の翌年、一九三七年に始まった。

不《ふ》倒翁《とうおう》・周恩来の見た日本

十九歳の日本留学

周恩来は、一九四九年の中華人民共和国成立以来、一九七六年の死まで実に二十六年間、国務院総理（首相）の地位を占め続けた。様々な政変や葛藤《かっとう》の中で、絶妙のバランス感覚を持って生き延び、不倒翁（起上り小法師《こぼし》）の名をほしいままにした。米中国交正常化の米国側の立役者、ヘンリー・キッシンジャーと百戦練磨の政治家でやはり「ミスター・カムバック」と呼ばれたリチャード・ニクソン元大統領は、周恩来について「人生で出会った最も感銘を受けた人物の一人」と語り、その洗練された知性と忍耐力に強く印象付けられている。

その周恩来が、十九歳から一年七カ月の日本留学生活を送り、失意の内に帰国したという事実を知る人は意外に少ない。とくに、中国訪問時に多くの知識人に問い掛けてみたが、周恩来の日本留学を知る人でも、その留学生活が挫折《ざせつ》と失望に終わったことを知る人は極めて少ないことに驚かされた。

『周恩来「十九歳の東京日記」』(矢吹晋編・鈴木博訳、小学館文庫)を手に、若き周恩来が日本のエリート校への進学を夢みて東京での生活を送った舞台ともいうべき神田の街をゆっくりと歩き回ってみた。一九一七年、天津の南開学校を卒業した周恩来は南開学校創設者の厳修や友人達に旅費・留学資金を工面してもらって日本に渡った。当時、日中政府間には、「中国人留学生育成十五年協定」という取り決めがあり、帝国大学と一高から八高までの高等学校、東京高等師範、東京高等工業、千葉医専に合格した中国人留学生は、中国政府から官費留学生としての支援を受けることができた。周恩来はこの制度を利用すべく、まず合格を期して神田区仲猿楽町七番地にあった中国人留学生向けの予備校「東亜高等予備学校」に入り、日本語を学び始めた。

周恩来の東京日記は「今日から一日も欠かさず記し、記念として残したい」という、青年ならば誰もが一度はその気になりがちな微笑《ほほえ》ましい一九一八年の元旦《がんたん》の決意から始まる。東京日記はその年の十二月二十三日まで終わり、帰国する翌年の四月五日までの滞在期間は空白になっている。この日記をじっくりと読むと、若き周恩来の焦燥と葛藤の息づかいまでが伝わってくる。

「今後は、勉強に没頭する。友人との付き合い、手紙のやりとりは一律に簡単にしなければならず、重要なことを除いて、けっして勉強を犠牲にして別のことをやってはならない。……私の決めた時間割によれば、一日は睡眠七時間、勉強一三時間半、休息その他が三時間半である」(一九一八・三・十一付日記)「日本にやって来たのに日本語をうまく話せず、どうして大いに恥じずにいられよう。これを自暴自棄というのだ。いかなる国を救うのか。いかなる家を愛するのか。官立学校に合格できない、この恥は生涯拭《ぬぐ》い去ることができない」(同七・五付)

周恩来の日本留学の時代背景は、社会意識と救国の思いに目覚めた青年にとって、とても勉学だけに集中できる状況にはなかった。周恩来が日本にたどり着いた翌月、一九一七年の十月に「ロシアの十月革命」が起り、離日して中国に帰着した一九一九年の五月に「五・四運動」が吹き荒れた。勉強して進学を決めなければという気持と、祖国を取り巻く時代環境の変化に吸い寄せられる気持とが交錯し、痛ましいまでに悩む姿がそこには存在している。それでも若き周恩来は、中国の新文化運動・文学革命理論の旗手であった陳独秀らの「新青年」のバックナンバーを読み込んだり、河上肇《はじめ》の『貧乏物語』、幸徳秋水の『社会主義神髄』、ジョン・リードの『世界を揺るがした十日間』、刊行されたばかりの『露西亜《ロシア》評論』などを読み、知的好奇心を掻《か》き立て社会思想に目覚めていった。

また、「民本主義」の主唱者で大正デモクラシーの理論支柱であった吉野作造を友人とともに訪れたが、不在のため面談できなかったという話も残っている。周恩来は、神田神保町を基点として「中華青年会」に頻繁に顔を出し、第一楼、漢陽楼などの中華料理店で留学仲間と議論したり、東京堂などの書店巡りをしたり、精力的に動き回っている。

そうした中で、周恩来は十九歳の青年としては、驚くほど透徹した認識を日記に書き残している。「欧州の戦争が終結した後、ドイツの軍国主義はおそらく存続していくのが困難だろう。日本の軍国主義は、またどこかと戦わされるだろう。『軍国主義』は二十世紀には絶対に存続できなくなると思う。私はこれまで『軍国』と『賢人政治』という二つの主義が中国を救うことができると考えてきたが、いま考えると実際のところ大きな誤りであった」(一九一八・二・十九付日記)

結果として、周恩来の日本留学は、進学という意味では失敗に終わった。一九一八年三月の東京高等師範学校の入学試験に不合格、同年七月の第一高等学校にも不合格となった。深い失望感の中で、周恩来は一九一九年の四月に神戸から船で帰国したが、周恩来の日本留学が意味の無いものだったかというと、それは違う。周恩来の思想の基軸となるような情報に接する機会となっただけでなく、大正デモクラシー期の東京を体験したことは重要だろう。日記をみても、周恩来は若者らしい好奇心を発揮して、浅草に映画や芝居を見に行ったり、上野に展覧会や音楽会に行ったりしているのみならず、日本橋の三越百貨店などにも足を向けている。

周恩来は一八九八年三月五日、江蘇省淮安《わいあん》県で生まれた。興味深いことに、周恩来の原籍は浙江《せっこう》省紹興にあり、作家・魯迅の遠い親類だという。魯迅の本名は周樹人であり、同じ紹興の周一族として、魯迅の本家筋に当たるらしい。周恩来の祖父周殿魁が、県知事など地方官職を支える実務幕僚である「師爺《シーイエ》」となり、紹興から淮安に転居した。紹興人は優れた実務家としての気質を有するといわれ、地方の財政・税務・司法などの実務分野に強い人脈を形成してきた。周恩来の資質の中に、有能な実務家としての紹興師爺の血が潜在していたと指摘する人もいる。

周恩来が育った家庭環境は決して恵まれたものではなかった。祖父周殿魁が五十数歳で死んでから、才覚に欠ける父の代になって生活が苦しくなり、一家で母方の実家のある江蘇省清河県に移住したものの、一九〇七年に母、翌年に継母が相次いで死に一家離散となった。十歳の周恩来は弟達と淮安の実家に帰るが、生活苦は長男の周恩来に重くのしかかった。十二歳の年、奉天の財務局に勤める伯父（父の兄）を頼って奉天に移り、初等教育を受けた。その後、伯父の転勤によって天津に転居し、一九一三年からの四年間は、欧米流の教育を英語で行うことで定評のあった私立学校・南開学校で学んだ。成績優秀な特待生で、友人からの信望を集めるリーダーであったという。

周恩来が生まれた一八九八年という年は、日清講和から三年後であった。十三歳の時に辛亥革命を迎え、清国が滅びて共和国になったものの、革命は軍閥によって掠奪《りゃくだつ》されてしまった。感受性の強い時期に混迷する祖国を目撃し、その混迷の中国に乗ずる日本の「対華二十一カ条の要求」を十七歳で体験、心が騒ぐ中での日本留学だった。

パリ時代

日本から帰った周恩来は、五・四運動への参画を通じて頭角を現していった。五・四運動とは、いうまでもなくベルサイユ講和会議における日本のドイツ山東利権継承を巡る中国民衆の反対運動であり、皮肉にも日本の中国への野心が、周恩来の登場を準備したことになる。南開学校に大学部が開設され、一期生として文科に入学した周恩来は、天津学生連合会のリーダーとなって、小冊子「覚悟」を出版して地歩を固め始めたが、一九二〇年の一月、高揚する民衆デモを指揮して逮捕され、半年間の獄中生活を余儀なくされた。

ところが、出獄後の周恩来に、欧州留学という機会が待ち構えていた。周恩来を評価していた南開学校の創設者厳修の配慮で、「勤工倹学」というフランスで働きながら学ぶというプログラムに乗る形での留学が決まった。このプログラムは中国フランス教育会が推進したもので、当時フランスには二千人を超す中国人学生がこのプログラムでの留学を実現していた。その中には、かの鄧小平《とうしようへい》も含まれていた。

一九二〇年十一月、周恩来はフランス船ポルトス号でマルセーユへと旅立った。革命家としての彼の人生を決定付ける四年間の欧州での生活のスタートである。周恩来のパリでの足跡を辿《たど》った作品としては、小倉和夫《かずお》『パリの周恩来——中国革命家の西欧体験』(中公叢書《そうしよ》)がある。小倉和夫は外交官で、二〇〇二年夏まで駐仏《ちゆうふつ》大使の任にあり、海外での長い間のフィールドワークを生かした鋭い評論を書いてきたが、とりわけこの作品は、深い人間観察に裏付けられた優れた周恩来伝である。

フランスでの周恩来の生活は、他の勤工倹学の学生と同じく貧しく、つましいものであった。重労働による疲労と薄給で、多くの学生は勉学にまで手が回らなかった。それでも周恩来は運命に身を任せるだけではなく、在ヨーロッパ中国学生監督などに手紙を書いて官費の支給を要請したり、天津の「益世報」に記事を寄稿し収入を得るなど主体的行動を続けた。

一九一七年のロシア革命を受けて、一九二〇年にはフランス共産党が設立されるなど、折りしも社会主義の高揚期であった。周恩来は英語版の「共産党宣言」「空想から科学へ」「国家と革命」など、マルクス・レーニン主義の基本となる文献を熟読し、深い影響を受けていった。一九二一年には中国共産党に入党、一九二二年六月にパリで設立された「旅欧中国少年共産党」(在欧州の中国人青年による共産主義組織)の中心人物の一人となる。この組織は翌年「旅欧中国共産主義青年団」と改名、その機関誌作りに貢献したのが鄧小平であった。中国の共産革命運動の指導層にフランス留学組が多いのは、こうした事情が背景にある。

東京での生活が、周恩来の思想の揺籃《ようらん》期であるとすれば、パリでの生活は革命家・周恩来の孵《ふ》化《か》期といえるだろう。一九二四年十一月、周恩来は中国に帰国した。孫文の死の前年で、国民党と共産党の「第一次国共合作」の時期であった。皮肉にも周恩来は、国民党が作った黄埔《こうほ》軍官学校の政治部主任となった。校長は蔣介石であった。周恩来は、この軍官学校の中で、したたかに共産党組織の拡充に腐心し、手腕を発揮しはじめた。一九二七年に第一次国共合作が崩れ、周恩来も国民党と戦うために「南《なん》昌蜂起《しょうほうき》」という武装蜂起を指揮し、敗れたものの、「井岡山に農村革命拠点を作る」という中国共産革命のパラダイムを生む導線となった。三六年十二月に、第二次国共合作の契機となった「西安事件」が起るが、蔣介石を監禁した張学良を背後から揺さぶったのも周恩来であった。政治的敵対者であった蔣介石との間にさえ一定の信頼関係を作る「不敵な調整役」としての周恩来の足跡にはうなるものがある。

毛沢東との関係

一九七六年、毛沢東と周恩来は同じ年に相次いで死んだ。毛沢東が五歳年長だが、一時期、周恩来のほうが共産党内部での地位は上席にあった。それでも、周恩来は毛沢東の権力掌握闘争を助け、生涯にわたり毛沢東を補佐する立場に徹した。二人の関係は決して「美しい補完関係」などではなく、猜疑心《さいぎしん》と嫉妬心《しっとしん》の人一倍強い毛沢東の圧力の中で、絶妙のバランス感覚としたたかさで生き延びた周恩来という構図が浮かび上がる。

あらゆる意味で周恩来と毛沢東は好対照である。周恩来は、日本、そしてフランスと青年期の海外留学体験を持ち、世界を見てきた近代化された知性であった。これに対し、毛沢東は湖南省出身で、師範学校出の「田舎教師」で、青年期に一度も外国の地を踏んだことのない土着の人であった。また、周恩来が見識の指導者であり、紛争やもめごとに対して一段高い見地から調整を試みる中で方向付けしていく人物であるのに対し、毛沢東は戦闘の指導者であり、苦境に怯《ひる》まず闘いぬく力に真骨頂があった。毛沢東には、漢民族だけでなく雲南の少数民族の血が流れており、軍官として辺境の地に遠征し、その地に留まった先祖からのゲリラ戦闘家的な血の騒ぎが潜在していたのかもしれない。よく「毛沢東は父、周恩来は母」という表現がなされるが、分り易《やす》いイメージだともいえる。

毛沢東が時代の中心に立った理由は、初期の中国共産党が、ロシア革命を先行モデルとして、上海など都市の労働者を組織化して革命運動を進めようとしたのに対して、「農村で都市を包囲する」という中国共産革命の道筋をリードしたことである。現実には、孫文の死の直前に出来上がった「第一次国共合作」が、一九二七年の蔣介石による上海クーデターで挫折《ざせつ》し、共産党が追い詰められたことによる苦肉の転回ともいえるのだが、農民との連帯の中で革命を推進するという路線は時代潮流をとらえていた。周恩来は、歴史の大きい道筋というものを深く理解して補佐役に徹し、土着の中国革命の大道を見失わないこと、自らの人生の基軸をそこに設定していった。

二人の生き方が象徴的に現れているのが女性関係だろう。周恩来は、日本から帰国して五・四運動に関わったころ、天津で六歳年下の鄧穎超と知り合い、文通などを通じて愛情を深め、フランスからの帰国後に結婚、生涯の伴侶《はんりょ》とした。

一方、毛沢東は十五歳の時両親が決めた二十歳の女性と結婚したが、彼女は二年後に病死、次に革命運動の同志であった楊開慧と結婚して三人の子供をもうけたが、一九三〇年に国民党との抗争の中で逮捕された彼女は毛沢東との絶縁を拒否して銃殺された。次に、やはり革命運動に同行して生活秘書を務めた賀子珍と結婚し、六人の子供を産ませたが、「自立した女」を志した彼女はモスクワでの学習を決意して毛沢東と決別したものの、モスクワで精神に異常をきたし、悲劇的末路を辿った。

その後一九三九年、「最悪の妻」となった女優出身の江青と四十五歳の時に結婚、政治的野心の強い江青に振り回され始めた。結局、江青は「文化大革命」を仕掛けた四人組の中心人物として逮捕・投獄され、九一年に獄中で首吊《くびつ》り自殺を遂げた。一九六〇年代からは、江青とも別居した毛沢東であったが、身辺には絶えず女性を配し、好色は生涯変わらなかった。満たされない不幸な男であった。

民をもって官を促す

戦後、日中間に国交が無かった時代に、石橋湛山は一九五九年と一九六三年の二度、周恩来の招請で訪中を果した。一九五七年に体調を崩し、わずか二カ月で首相を辞任した石橋だったが、「日中国交回復と友好関係の確立」をライフワークと考え、行動を続けていた。彼は、一九五一年以降の日米安保体制を否定するものではなかったが、大陸の「共産中国」との関係改善が、日米親善を阻害するものではないことを、繰り返し主張していた。

一九五九年九月に訪中した石橋に対し、周恩来は当時の岸信介内閣の「米国追随、反中国政策」と「対中政経分離政策」を批判し、「政経不可分」を主張した。そして、筋道を通す一方で、民間交流の積み上げの中から政府間関係を樹立するという「民をもって官を促す」路線を粘り強く推進した。それが、後の田中角栄内閣における日中関係正常化につながったことはいうまでもない。日本留学から抗日戦争まで、周恩来の視界には彼なりの日本に対する認識基盤があった。しかも、周恩来が目撃した日本は「大正デモクラシー」といわれた時代であり、まだ日本および日本人の「良さ」もポジティブな映像として残っていた。中国にとっての日本の意味をバランス良く認識する基盤があったということである。

現在、中国においては指導層の急速な世代交代が進んでいる。一九四九年の共産革命を若干なりとも記憶している世代が一線から退き、革命以降の世代が中心になろうとしている。江沢民（一九二六年生まれ）、李鵬《りほう》（一九二八年生まれ）、朱鎔基《しゆようき》（一九二八年生まれ）が去り、胡錦濤《こきんとう》（一九四二年生まれ）の時代が来るといわれているが、日中関係における相互信頼を支える人間関係ということになると、かなり寒々としているといわざるをえない。戦後の厳しい日中関係の時代においても、日本側に岡崎嘉《か》平太《へいた》、高碕達之助、中国側に廖承志《りようしようし》、郭沫若《かくまつじやく》のような友好を支える人物がいた。

最近、何回かの訪中の機会を通じて実感するのは、政治行政、経済産業、アカデミズム、すべての分野での指導層の若返りである。しかも、米国や欧州での留学、研修体験を持った三十歳代から四十歳代の人達が責任ある地位に就き始めているということである。残念ながら、彼等には日本への共感や理解の基盤がない。これらの人達と「相互敬愛」に立った関係を構築していくことのできる日本側の態勢も課題となる。隣の巨人、中国に正面から向き合う気迫に満ちた外交が求められる今、周恩来の落ち着いた大人の視線を思い出さずにはおれない。

（注＝胡錦濤政権下においては、財政官学すべてのセクターで「留美派」―米国留学体験者―の台頭が目立つ。例えば、中国のシリコンバレーといわれる北京郊外の中関村のハイテクパークでは、「英語の通訳は不要」といわれるほど、米国留学組の活躍が際立《きわだ》っている）

第四章　二十世紀再考――付言しておくべきことと総括

一九〇〇年エルサレム――アラブ・イスラエル紛争に埋め込まれたもの

オスマン支配下の安定

一九〇〇年のエルサレムはオスマン帝国の占領下にあった。オスマン帝国、このイスラムの帝国は、二十世紀に至るまでの約五百年間、西欧の脅威であり続けた。いや、二十一世紀を迎えた今日においても、「イスラムの栄光」の記憶として、キリスト教文明に対峙《たいじ》するモスリムの人達の矜持《きょうじ》になっているとさえいえる。

歴史地図を開き、思いを馳《は》せることを勧めたい。元々、セルジュク・トルコの一侯国にすぎなかったオスマンが十三世紀末に建国、一四五三年にはコンスタンティノープルを征服してローマ帝国の栄光の残滓《ざんし》ともいうべきビザンティン帝国を滅ぼした。最盛期は十六世紀で、スレイマン大帝（一五二〇年即位）の黄金時代には、一五二一年ベオグラード、一五二六年ブダペストを陥落させ、神聖ローマ皇帝カール五世率いる西欧最強のハプスブルク帝国と戦い、その本拠ウィーンに迫った。その最大版図は、西は北アフリカのアルジェリアから東はイランとの国境線まで、北は東欧の大部分と旧ソ連アゼルバイジャンから南はアラビア半島のイエメンまでという巨大なものであった。

　オスマン帝国の存在によって、キリスト教世界とイスラム世界という異文化が、欧州を舞台に直接対峙することとなり、今日でも西欧人の記憶に「オスマン・トルコの脅威」が埋め込まれている。西欧社会での民衆的言い伝えとして、母親が聞き分けの無い子供を脅す時、「トルコ人にさらわれるよ」という表現が使われるという。残虐《ざんぎゃく》で非道なモスリムというイメージの刷り込みがなされているのだ。皮肉にも、このオスマン帝国の存在が東西貿易の障害となり、西欧に「新大陸発見」と「大航海時代」をもたらすのである。

　十九世紀末、オスマン帝国も明らかに衰亡の中にあった。そしてエルサレムは、一五一六年に占領されて以来、四百年近くもオスマンの支配下にあったが、宗教的に寛容な政策によって、イスラム教徒のみならず、ユダヤ教徒、キリスト教徒が穏やかに共存していた。

パレスチナ問題の萌芽《ほうが》

二十世紀は帝国主義が退場し、国民国家が主役となった世紀であった。第一次大戦が終わったあと、ドイツ帝国、ハプスブルク帝国（オーストリア・ハンガリー帝国）、帝政ロシア、そしてオスマン帝国という四つの帝国が消滅した。そして、二十世紀初頭の世界では、「帝国」という枠組に押し込められてきた諸民族が、「一民族一国家」という国民国家（NATION STATE）を求めて鳴動していた。大英帝国も、ビクトリア期の光を失い、国際政治における主役の座を米国に譲り始めていたが、「植民地帝国」としての暗闘を続けていた。その毒入りの置き土産ともいうべきものがパレスチナ問題であった。

スエズ運河がフランス人レセップスによって開通したのは一八六九年であるから、一九〇〇年にロンドン留学のために欧州を目指した夏目漱石もスエズ運河を通過している。漱石の日記には、スエズ通過の際、「夜Ｓｉｎａｉの山を右岸に見る。月いまだ上らざりしため雲か陸か見分難かりし」（一九〇〇年十月十二日）と記されているが、この時点でもエジプトと国境を接するシナイ半島までオスマン帝国の領土だったのである。

映画史上不朽の名作といわれるデービッド・リーン監督の「アラビアのロレンス」で、ピーター・オトゥール演ずる英国人将校ロレンスが、アラブ独立軍を率いてラクダの背から「アカバへ」と叫んで進撃するシーンがあるが、これこそが第一次世界大戦の中東戦線において、英国軍がオスマン帝国の支配下にあるアカバ（現在のヨルダンのアカバ）を攻める工作のなかで繰り広げられたドラマであった。

「アラビアのロレンス」は、牟田口義郎《むたぐちよしろう》が『アラビアのロレンスを求めて』（中公新書、一九九九年）において検証したごとく、西欧が作り上げた虚像であり、アラブの視座が抜け落ちた「作り話」である。確かに、Ｔ・Ｅ・ロレンスという英国軍将校が実在し、オスマン帝国からの独立を望む「アラブの反乱」を支援した。しかし、「二十万のアラブを決起させたロレンス大佐の英雄伝説」を作り上げたのは、米国人の従軍記者ローウェル・トマスであり、一九一九年夏のロンドンのコベント・ガーデンの劇場を皮切りにロレンス英雄談をぶちあげる映画講演会は興行として爆発的ヒットとなり、ロングランを続けた。

「アラビアン・ナイト」程度の中東認識しかない西欧社会に、無邪気なロレンス伝説が一人歩きしていく。そして、ロレンス伝説に酔いしれる程度の認識で、英国および西欧の中東政策が展開される。今日にまで禍根を残す「無責任な大国エゴ」が剝《む》き出しになり、英国は臆面《おくめん》もなく二枚舌外交を繰り広げるのである。

まず、英国はメッカの太守フセインに対してオスマン帝国からの独立を支援する約束（カイロの英政府代表マクマホン＝フセイン書簡、一九一五年）をしながら、一方でフランスとの間にオスマン帝国放逐後のアラブ世界を英仏《えいふつ》間で二分する秘密協定（サイクス・ピコ協定、一九一六年）を結んだ。現実に、戦後になって、独立王国の建設を目指したアラブを裏切り、レバノンを含むシリアはフランスの、イラクとパレスチナは英国の委任統治領とすることを強行した。

そして、「バルフォア宣言」である。これは、一九一七年の十一月に英国の外相バルフォアによってなされた声明であり、パレスチナの地にユダヤ人が「民族的郷土（ナショナル・ホーム）」を建設することを英国政府は承認し、支援するというものであった。当時、英国では、ハイム・ワイツマンらのシオニスト・グループがロスチャイルド卿《きょう》らのユダヤ人有力者の支援を受けて、ユダヤ人にとって「約束された土地」

であるパレスチナでのユダヤ人国家建設の承認を英国政府に働きかけていた。英国政府としては、ユダヤ勢力の戦争遂行への協力を期待したこともあり、「スエズ運河防衛のためには、パレスチナに親英的なユダヤ人国家を建設すべき」というシオニスト・グループの主張を受け入れたのである。

「バルフォア宣言」もよく読むと、「パレスチナに存在する非ユダヤ人社会の市民的、宗教的権利を損なうことはない」という制約を設けており、パレスチナ・アラブ人の権利を無視したわけではないのだが、「英国が約束した」という点がユダヤ勢力によって喧伝《けんでん》され、一人歩きした。この時点で、パレスチナにおけるユダヤ人は六万人程度であり、人口の一割程度を占めるにすぎなかった。

しかも、七世紀にサラセン軍に征服されてイスラム化して以来、十字軍による一時的キリスト教徒支配はあったが、千三百年にわたって非ユダヤ的世界の中にあったパレスチナの土地に、いきなり大英帝国のお墨付きを得たという形でのシオニズム運動が押し寄せたのである。

一九一七年十二月、エルサレムは英国の軍事支配下に置かれた。

第一次大戦後の一九二〇年四月のサン・レモ会議でパレスチナは英国の委任統治領とされ、一九二二年七月には国際連盟によって英国の委任統治が追認された。

そして、一九四七年に英国がパレスチナ経営を放棄して、パレスチナ問題の解決を国際連合に委《ゆだ》ねるまで三十年間の英国統治時代が続いた。

この間、英国は「バルフォア宣言」の履行を迫るシオニスト・グループの圧力にさらされた。

ユダヤ人のパレスチナへの移住も増え、一九三〇年にはユダヤ人口は十六万人に達した。

第一次大戦から第二次大戦までの間にパレスチナに流入したユダヤ資本の総額は一億ポンドを超え、英国の委任統治政庁による支出の三倍にあたるユダヤ資金がパレスチナでの土地購入や産業開発に投入された。当然のことながら、先住の民であったパレスチナ・アラブ人との軋轢《あつれき》と衝突が深刻になっていった。

エルサレムの思い出

ところで、私は、一九八〇年代の前半、何度となくイスラエルを訪れ、エルサレムの地にも立った。当時、三井グループは総力を挙げて、中東のイランで大型の石油化学コンビナートを建設するプロジェクトを推進していた。このプロジェクトは悲劇のプロジェクトであり、一九七九年のイラン革命によってイラン側の推進主体であったパーレビ体制が崩れ、さらに一九八〇年からのイラン・イラク戦争によって、既に八割完成していたプラントの建設現場がイラク空軍機によって三十回以上も爆撃されるという事態に直面していた。正に、「革命と戦争」という究極の危機管理を迫られたプロジェクトとして、ハーバードのＭＢＡコースに格好のケース・スタディー・モデルを提供するようなことになった。

ホメイニの革命政権とプロジェクトの将来を巡る交渉となり、それを支える情報活動の一環で、中東およびイランの将来について調査分析するために、世界中の中東問題の専門家を訪ね歩くというのが私の仕事であった。中東問題に目を開かれた体験の連続であり、欧米列強と中東との歴史的関わりを深く理解させられた機会であった。

民族・宗教の利害が錯綜《さくそう》する中東では、「ためにする情報」が入り乱れ、客観的な情勢判断のためには様々な情報ソースへのバランスのとれた布陣が求められる。アラブ筋の情報だけでなく、ユダヤ・イスラエル筋の情報へのアクセスのためイスラエルを訪れた私は、テルアビブ大学のシロア研究所、ヘブライ大学のトルーマン研究所などの中東研究者の驚くほど密度の高い情報分析に大きな示唆《しさ》を受けたものである。

エルサレムは標高七百メートルの丘の上の町であり、テルアビブから車で近づくと、はるか高台に町並みのシルエットが浮かんでくる。旧市街地に足を踏み入れると、不思議な妖気《ようき》が満ちた町だった。三大宗教の聖地とされ、この町を巡って欧州から十字軍が押し寄せるなど、殺戮《さつりく》が繰り返されてきた。「死体の山の上に築かれた町」であり、その記憶がこの町を訪れる者に妖気を感じさせるのかもしれない。キリストが十字架を背負って歩かされたヴィア・ドロローサ（ラテン語で「悲しみの道」）を嚙《か》み締めるように歩いてゴルゴタの丘へ。現在は聖墳墓教会が立つ。そこから数百メートル以内に、ユダヤ教の聖地とされる嘆きの壁があり、ダビデ王の神殿の一部とされる壁に向かってユダヤ教徒が祈りを捧《ささ》げる姿が絶えることはない。そして、メッカ、メジナに次ぐイスラム教の第三の聖地である「岩のドーム」モスクがある。このモスクにある大岩から、マホメットが大天使ガブリエルの案内で天空へ昇ったとされる。一時間も歩けば、これら三つの聖地を回ることができる。この聖地間の至近距離こそ、この町が持つ意味を複雑にした。

エルサレムという町の歴史を調べていくと、皮肉にも十字軍によって、その持つ意味が重く、複雑になったということに気付く。キリスト教の聖地奪還を掲げてセルジュク・トルコによって占拠された（一〇七六年）エルサレムを目指した「十字軍」は、一〇九六年の第一回十字軍から一二七〇年の第八回十字軍まで、ほぼ二百年近い攻防を繰り返した。その間、キリスト教側が「聖地エルサレム」にこだわるほど、イスラム側の「対抗十字軍」の意識を高揚させ、「イスラムの聖地としてのエルサレム」の概念と「聖地を守り抜くジハード」の概念を結合させる契機となった。さらには、世界を流浪《るろう》するユダヤ教徒にも、「失われた聖地エルサレム」に回帰する意識を芽生えさせる転機となったともいえる。

中東を起源とする一神教は、ユダヤ教であれ、キリスト教であれ、イスラム教であれ、唯一《ゆいいつ》の絶対神を信ずる同根の宗教なのだが、近親憎悪《ぞうお》にも近い歴史を積み上げてきた。宗教間の戦いだけではない、同一の宗教の中でさえ熾烈《しれつ》な抗争を繰り広げてきたわけで、そのことを深く印象付けられたのが聖墳墓教会であった。欧米の大聖堂を見なれた私にとっては小ぶりな教会といえる教会なのだが、ローマ・カソリック、ギリシャ正教、アルメニア教会、コプト教会などの宗派が、区分管理しているのである。それぞれ礼拝所を設け、キリストが磔《はりつけ》の十字架から降ろされた後に横たえられた大理石板とかキリストが再生した棺桶《かんおけ》などの聖なる遺物を配し、装束の異なる聖職者が務めを果たしているのには驚かされた。

エルサレムを観察すると宗教という最も精神性の高い世界でも、人間社会の業《ごう》ともいうべき世俗的利害と権益の格闘が存在することに衝撃を受ける。

アラブ・イスラエル紛争の火種

マーティン・ギルバート著『エルサレムの20世紀』(邦訳一九九八年、草思社、原書一九九六年)は良識あるユダヤ知識人の立場から書かれたエルサレム百年史として情報価値に満ちた好著である。この本によれば、「二〇世紀はじめのエルサレムのユダヤ人の大半は、オスマン・トルコ帝国の支配下で暮らすことに満足しており、その被支配民であること以上に野心はなかった」という。一九〇九年には、衰亡するオスマン帝国を刷新する国民運動ともいうべき「青年トルコ人革命」の余波が帝国の辺境であったパレスチナにも押し寄せ、モスリム、キリスト教徒、ユダヤ人が合同して「統一と進歩のための青年トルコ人委員会地方支部」ができたという。

それが「シオニズム運動」の高まりで変質し始めた。西欧、そしてロシアでのユダヤ人迫害の歴史の中で、「同化」や「改宗」を拒否して「約束の地」に帰ろうとする思想は長い間潜在し続けてきたが、シオニズム運動の組織的高まりの直接的契機は、一八九六年のウィーンで発行されたテオドール・ヘルツルの著『ユダヤ人国家』であった。翌年の一八九七年には、スイスのバーゼルで第一回シオニスト会議が開かれ

「ユダヤ民族のために、公法によって保証された郷土を創設する」ことを目指す「バーゼル綱領」が採択された。

それが英国を舞台に具体的に展開されたのが前記の「バルフォア宣言」に至る経緯である。そして、ナチによるユダヤ人大量虐殺《ぎゃくさつ》（ホロコースト）と第二次大戦の終結を背景に、パレスチナへの「ユダヤ人帰還」は加速し、パレスチナ・アラブ人との緊張は臨界点に達した。手を焼いた英国がパレスチナの委任統治を放棄したのを受けた国連は、一九四七年十一月「パレスチナ分割決議」を採択、これによってユダヤ人は、一九四八年五月十四日、国連によって承認された「イスラエル国家」の独立を宣言したのである。

そこから四次にわたる中東戦争という名のアラブ・イスラエル紛争の経緯は、立山良司著『イスラエルとパレスチナ』（中公新書、一九八九年）、『エルサレム』（新潮選書、一九九三年）に要領良く整理されている。今日においてもなお混迷を続けるパレスチナの現状を見るにつけ、「中東は火薬庫」といわれる状況の火種を作った二十世紀初頭の大国の思惑と思慮の浅さに深いため息をつかざるをえない。

日本外交の道は……

多くの日本人にとって、中東は「石油モノカルチャー」のイメージの中にしかない。つまり、石油の供給源としての中東というレベルでの関心であり、石油さえ安定確保されれば何の関心も持たれない地域なのである。

事実、現在の日本の石油消費における中東依存度は八六%と、あの第一次石油危機といわれた一九七三年の時点での七八%を上回る事態となっている。この文脈での中東への関心が現実なのである。

一九七三年の石油危機に際し、日本は「油乞《あぶらご》い外交」を展開し、石油欲しさにイスラエルを切り捨て、「アラブ友好国宣言」を行なって、アラブ諸国の対イスラエル・ボイコットに協力することを約束した。それまで、日本とユダヤ・イスラエルとの関係は比較的良好だった。日露戦争に際して、ユダヤ系の金融機関がロシアでのユダヤ人弾圧への反発もあって日本国債の購入に協力してくれたことや、ドイツのホロコーストから逃れるユダヤ人の極東への亡命に日本が寛大であったことなどの歴史的背景があるとされた。にもかかわらず、目先の判断で日本はイスラエルを切り捨てた。

国際社会では、本人は意識もしないのだが、選択した行動によって思いがけぬ反発を受けることがある。日本はイスラエルに敵対する意図など一切なかったのだが、油欲しさに選択した行動が、ユダヤ・サークルの反発を招いたのだ。

八〇年代前半、中東に関する情報活動をしていた私自身、ユダヤ人から何度となく嫌味をいわれた思い出がある。「日本人は信義にこだわる民族だから、アラブに一滴の石油も依存しなくなってもアラブの大義を支持し続けるのでしょうね」とさえいわれたこともあった。

その後、一九九一年の湾岸戦争を機に、穏健派アラブが対イスラエル・ボイコットを緩和したこともあり、日本はイスラエルとの国交を再び密度の濃いものとし始めた。冷静になって考えるならば、日本は中東のいかなる国に軍事援助したこともなければ、いかなる地域紛争に介入したこともない唯一の先進国という立場を有する。紛争に対して適切な距離をとりうるということである。批判をうけがちな日本外交であるが、中東外交については、アラブ、イスラエルのみならずイラン、イラク、さらには中央アジア諸国ともバランスのとれた国交関係を維持してきた。その意味で、単純に紛争のどちらかに加担するような軽率な選択は避けるべきであり、米国同時多発テロ後の「国際協調という建前での米国一辺倒の政策展開」は望ましくないというのが私見である。文化の多元性を重視する日本らしい役割の果たし方があると考えるからである。

一九〇〇年香港——英国のアジア戦略

高杉晋作が見た上海《シャンハイ》

一九〇〇年九月十九日、英国留学に向かった夏目漱石は香港《ホンコン》に着いた。九月八日に横浜を発《た》ってから十一日目であった。九龍半島側のホテルに宿泊したらしく、「船より香港を望めば万灯水を照らし空に映ずる様きら星の如《ごと》くといわんより満山に宝石をちりばめたる如し」と書き残している。

百年後の今日、香港は日帰りさえ可能な都市となった。先日も、所用で香港を訪れた。慌《あわただ》しく仕事を済ませ、九龍半島先端のペニンシュラ・ホテル（半島酒店）で夕食をとりながら香港島を眺め、漱石を思った。高層ビルが林立し、息を呑《の》むほど美しいイルミネーションが輝き、その背後に香港島の山影がやはり宝石をちりばめた中に浮かび上がっていた。

このペニンシュラ・ホテルの建物は一九二八年に完成、開業しているが、一九四一年十二月八日の太平洋戦争開戦によって、日本軍が占拠、クリスマスの日に英国のヤング総督が無条件降伏を受け入れたのもこのホテルであった。日本占領期には、当初ここに軍政府が置かれ、一九四二年四月からは「東亜ホテル」と改名されて営業が再開されたという。この建物こそ、日本占領時代の象徴ともいえる存在なのである。

ともあれ、漱石が「満山に宝石をちりばめた」と表現した香港島は、一八四二年以来、英国が植民地として支配していた。改めて気付くのは、日本の香港占領は、アヘン戦争後に香港を英国が領有してから、ちょうど百年目だったのである。そして、漱石が立った一九〇〇年の香港は、その美しい夜景にもかかわらず、暗黒の闇《やみ》の中にあった。香港島を眺める対岸の九龍半島の背後に広がる中国大陸は、列強に蝕《むしば》まれ半死半生の中をさ迷っていた。

長州の高杉晋作が上海を訪れたのは、一八六二年（文久二年）五月であった。二十三歳の青年であったこの尊王攘夷《じょうい》の志士の上海訪問が、日本の近代史を変えたともいえる。この時の高杉の上海渡航の事情は不思議としかいいようがない。彼は徳川幕府の使節の従者として渡航したのである。一八五四年の日米和親条約を機に、「開国」に踏み切った幕府は、一八五九年に神奈川、長崎、箱館《はこだて》の三港を開き、英露仏蘭《らん》米に貿易を許可した。これに伴う貿易実務・制度などの調査を目的に使節を隣国中国の上海に送ることになり、旗本幕臣が中心であったが、何故《なぜ》か西国雄藩にも声をかけ、長州からは高杉が参加することになったのである。

この時、薩摩《さつま》から参加したのが五代才助（友厚）であった。一行は船長以下英国人のクルーが運航する西洋帆船の「千歳丸《ちとせ》」に乗船、長崎から八日をかけて上海に到着した。今日でも、初めて上海を訪れる人は、かつて西洋の「租界」といわれていた地域に立つ重厚なビル群に驚かされるが、正にそこはアジアに張り出してきた西洋のショーウィンドーであった。一八四二年、第一次アヘン戦争を機に、英国は上海を占領、清国《しんこく》政府と南京《ナンキン》条約を締結して「香港の割譲と上海、寧波《ニンポー》、広東《カントン》などの五港の開港」を認めさせたが、高杉の上海訪問はちょうどその二十年後であった。

観察力は問題意識に比例する。上海での約二カ月間の滞在の間、高杉は西洋科学技術文明の圧倒的存在感を観察した。巨大な「城閣のごとき」洋館、蒸気船とエンジン、すべてが「激烈にして広大」な力に満ちていた。それらに驚愕《きょうがく》しただけでなく、白人に奴隷《どれい》のように酷使されて卑屈に従うだけの中国人、アヘンを吸い空虚な目線でさ迷う中国人に衝撃を受け、知己を得た中国人に対して、筆談で「何故戦わないのか」と問い掛け続けたという。そして、高杉の上海観察の結論は「とても攘夷は不可能」という認識であった。そうした現実認識を深めながら、尊王攘夷論を引っ込めるのではなく、「倒幕」の便法としての攘夷、すなわち不可能な攘夷を幕府に迫り、幕藩体制を崩壊させて、しかる後に統一国家日本を構築して西洋の野望を駆逐することを決意するのである。その決意が、倒幕の思想の基軸となって幕末維新史を突き動かし始めるのである。

西力東漸《とうぜん》。西欧列強の力が目と鼻の先まで迫っている。しかも、その現実は目を覆《おお》うほどの不条理に満ちていることを、この一人の青年下級武士の上海体験は伝え、とても旧体制では立ち向かえないことを日本人に察知させたのであった。

アヘン戦争に至った経緯を調べると、あまりの邪悪な構図に慄然《りつぜん》とする。それは西欧によるアジア支配の構造の本質を示すものでもある。英国とインドと中国の三国の相関関係がしっかりと認識されねばならない。英国における産業革命の成功は、本国と植民地の関係を変質させた。かつて、スペインの植民地経営は、植民地の金・銀・財宝・香料などを強制力をもって収奪するものであった。これに対し、産業革命を経た英国は、工業製品を植民地市場に売り込み、植民地はそのための原料や食料を提供する関係となっていった。インドの場合、弱小の織物手工業は大量のイギリス産品になぎ倒され、工業製品と交換で綿花、黄麻《ジュート》、アヘンなどを栽培して提供する地域へと変化した。そのアヘンの売り先市場とされたのが中国であった。

産業革命期を経た英国の市民生活において、急速に普及したのが「お茶」であった。十九世紀後半にインドでの紅茶の栽培が軌道にのるまで、中国からの茶の輸入が主流であった。見返りの中国への輸出品としての工業製品、例えば綿製品を買う余力を中国の市場はもたなかった。中国人にとって伝統的な手工業綿布で十分だったのである。そこで注目されたのがアヘンであった。本国英国やインドでも禁止されていた危険な麻薬であるインド産アヘンを中国に売り込もうというのであるから、あまりにも乱暴な話であるが、アヘンの輸出は急増し、アヘン戦争が起こる直前には、英国の対中国輸出の六割を占めるに至った。

そのアヘン貿易の担《にな》い手が、大英帝国の植民地経営のための国策会社「東インド会社」であった。イギリス東インド会社は一六〇〇年に設立されて以来、英国のインド展開における権力代行機関の役割を担ってきた。英国政府は、清国政府への配慮から、十八世紀末の段階で中国向けのアヘン貿易に東インド会社が直接関与することを禁じたが、実体的には「専売制」の下にアヘンの生産・販売の胴元であり続けた。自由商人による貿易の拡大の中で、イギリス議会は一八一三年に東インド会社の対インド貿易独占権を廃止し、一八三四年には対中国貿易独占権も廃止した。代わって、対中国アヘン貿易の主役となったのが「ジャーディン・マセソン社」などの貿易商社であった。

アヘン中毒の蔓延《まんえん》と社会の荒廃に危機感を深めた清国は、林則徐をアヘン取締のための欽差《きんさ》大臣に任じ、アヘン貿易中継基地の広州に派遣した。林則徐はアヘン貿易商の保有するアヘンの没収、焼却を断行した。アヘン貿易商は利権を守るため、ロンドンでの「国益を守るために中国に砲艦を送り込め」というキャンペーンを強め、在留英国人の保護を巡る小競《こぜ》り合いがエスカレートして、一八三九年十一月に川鼻沖での両国艦船の交戦を皮切りに実質的なアヘン戦争が勃発《ぼっぱつ》した。一八四〇年春の英国議会では、アヘン戦争の臨時予算を巡る激しい論争が起り、野党のリーダーであったW・グラッドストーンは「これほどその原因が不正義であり、これほどその進行がこの国の恥さらしとなるべき戦争はかつて聞いたことも、読んだこともない」という反対演説を行なった。結局、政府提案は賛成二七一、反対二六二とわずか九票差で英国議会を通過したのである。

英国の中国戦略

英国の邪悪な陰謀によるアヘン戦争に引き込まれた清国は、屈辱の南京条約を受け入れ、香港島の割譲を余儀なくされた。さらに一八五六年十月の香港船籍アロー号の中国官憲による臨検事件をきっかけとして、第二次アヘン戦争が発生、英国はフランスを誘って英仏連合で広州、天津《てんしん》を攻撃し、北京《ペキン》に迫った。屈服した清朝政府は、一八六〇年十月の北京条約で九龍半島の割譲を承諾させられた。先述の高杉晋作の上海渡航は、正にこの直後であり、恫喝《どうかつ》、武力行使を経て、「条約」による領土の割譲と開港を迫る英国の中国戦略の凄《すさ》まじさに高杉が驚愕したことは想像に難くない。

一八九八年六月の「新界の九十九年間租借」によって英国の香港支配は完成するが、その背景には一八九五年の日清戦争における清国の敗北がある。この敗北によって「眠れる獅子《しし》」といわれた清国の虚弱さが決定的に露呈し、欧州列強はこぞって中国での権益拡大に向けての圧力を強めた。ロシアは虎視眈々《こしたんたん》と中国東北部に南下政策を進め、ドイツは一八九八年三月に山東半島での租借地確保に成功、フランスも広州湾に租借を要求し始めた。刺激された英国は九龍半島全体の租借を清国に要求、ついに屈服させて実現したのが「新界」の九十九年租借であった。英国の本意は、新界の割譲（領有）であったが、列強間の相互牽制《けんせい》の中で、やむなく租借となったものである。

英国のアジア展開の歴史を凝視するならば、その戦略性のパターンが見えてくる。

それは、シンガポールと香港という「英国が育てた中継都市」の存在に現れでている。十八世紀後半にベンガルを支配下に置いた英国は、アジアでの更なる東方展開のために、一八一九年にシンガポールを買収、そして一八四二年に香港を手に入れた。シンガポールと香港に共通するのは、どちらもそれらの地域の都市部からは遠隔の小さな島であり、住民の少ない寒村を確保したということである。そして、インドを基点として、シンガポール、香港を港湾都市として育て、貿易と金融の中継・ネットワーク基地としたのである。

アヘン戦争で香港を手に入れた時、英国が中国に派遣した責任者であった正貿易監督官チャールズ・エリオット大佐は、「不毛の島」しか手に入れられなかったという批判を受けて更迭《こうてつ》されたという。このあたりの香港の歴史は、中嶋嶺雄《なかじまみねお》著『香港回帰』(中公新書、一九九七年)が的確に記述している。一八四一年の段階で、香港島の人口はわずかに七千五百人だったという。それが一年後には二万人を超え、二十年後の一八六一年には、第二次アヘン戦争で手に入れた九龍地域を含め、十二万人になっていった。今日、香港の人口は六百五十万人を超えている。

「港湾都市ネットワーク」の形成、それこそが英国のアジア展開の基軸であった。それ故《ゆえ》に、夏目漱石がロンドン留学途上に寄港した上海、香港、シンガポール、ペナン、コロンボ、アデンというスエズ運河に辿《たど》り着くまでの都市には、すべてユニオン・ジャックの旗が翻《ひるがえ》っていた。しかも、「インド支配を基点にしたアジア展開」が英国の戦略であり、その象徴ともいえるのが、アヘン戦争の際、「中国に到着したイギリス派遣軍の主力は八割を占めるインド人兵士であった」という事実である。

一七九三年にマッカートニー全権使節が初めて清国を公式訪問して百年、英国はしたたかに中国への地歩を踏み固めていった。そして、漱石が訪れた一九〇〇年の香港は、正に「七つの海を支配する」ビクトリア期の英国のアジア支配の頂点ともいえる時期であった。翌年、漱石はビクトリア女王の葬列をロンドンで目撃することになるから、正確にいえば、ビクトリア期黄金時代の晩鐘が響く中の訪問だったというべきかもしれない。

義和団事件の中国

一九〇〇年の中国といえば、義和団事件（北清事変）の年であった。列強の中国支配に苛立《いらだ》った排外主義が「義和団」という宗教的秘密結社を中心に吹き荒れ、キリスト教会や宣教師の排撃と殺傷行為となって中国全土を駆け巡った。勢力を拡大した義和団は、北京の公使館を包囲、清朝政府も義和団支援を決め、列強に宣戦布告した。これに対し、英・米・独・仏・露・伊・オーストリア、そして日本の八カ国が「多国籍軍」を結成、「北京解放」に行動を起こした。『北京の五五日』として映画化までされ、語り継がれている事件である。

北京が陥落し、西太后《せいたいこう》と光緒帝《こうしょてい》が城を脱出したのが八月十五日であり、西安に辿り着いたのが十月二十六日であった。つまり、漱石が香港島の夜景を眺めた時、中国はその最高権力者が居城を捨て、流浪《るろう》の逃亡を続けるような状態にあったのである。この時、共同出兵した多国籍軍の中で、際立《きわだ》って活躍したのが日本軍であった。日清戦争から五年、列強の一翼を占める形での出兵は、「西洋諸国に存在感を示したい」という願望が込められていた。事実、この時の日本軍は戦果、軍規ともに見事なもので、「頼りになる日本」を印象付け、その後の日英同盟締結の伏線になったといわれる。

義和団事件はいわば「文明の衝突」であった。義和団事件鎮圧後、列強が清朝に突きつけた「共同照会」には、「人道および文明に対する犯罪」という言葉が見られる。興味深いのは、この表現は今日でも、異文化からの攻撃を断罪する時の常套句《じょうとうく》であることだ。「人道および文明に対する犯罪」という言葉が成立するとすれば、アヘン戦争から二十世紀初頭にかけての列強の中国に対する卑劣で不条理な侵略こそその対象とされるべきものであろう。

そして日本は、欧米列強の一翼を担うことを誇りとし、「名誉白人」的な位置付けに自己満足してしまう屈折したコンプレックスの萌芽《ほうが》ともいうべき展開に踏み込んだのである。思うに、二十一世紀を迎えた今日に至っても、このコンプレックスに悩まされ続けている。例えば、二〇〇一年九・一一の同時多発テロを契機とする米国のアフガニスタンへの軍事攻撃に関して、「日本は国際的に取り残される」という強迫観念が「テロ対策特別措置法」を成立させていく構造にまで、この屈折したコンプレックスが投影されているのである。

義和団事件の始末のため、清朝が列強ととりかわした議定書は、中国の主権をさらに削り落とすものであった。兵器・弾薬および材料の輸入禁止、関税・塩税を担保とする総額四・五億両（六千七百五十万ポンド）の賠償、公使館地域への外国軍隊の駐留などが確認され、中国はもはや国家として死に体となった。しかし、その決定的ともいえる屈辱の中から民族意識が覚醒《かくせい》し始めた。腐りきった清朝への失望によって民族意識が臨界点を超えて一気に爆発したのが一九一一年の「辛亥革命《しんがい》」であり、一九四九年の共産中国の成立まで、中国は「自立自尊」を求めた疾風怒濤《どとう》の時代に入っていく。

日本が置かれていた外部環境

改めて、幕末維新から明治期の日本が置かれた外部環境の厳しさに思いが至る。アヘン戦争を巡る英国の陰謀や列強の中国に示した野望を再考するならば、一八五三年のペリー浦賀来訪以降の十九世紀後半の日本が、植民地化されず独立を保ったことは驚嘆すべきことだったと分る。

なぜ、明治新政府側を支援して戊辰《ぼしん》戦争を戦った英国から、香港方式のような領土の割譲や租借を要求されなかったのだろうか。幾つか理由は考えられる。既にアジアにおいては列強間の相互牽制が働き、特定の国だけが権益を得られる局面ではなかったこと。また、先行して日本に開国を迫った米国が国内の南北戦争に煩《わずら》わされ、十九世紀末までアジアに本格展開できなかったこと、なども日本にとっては幸いであった。しかし、何よりも重要だったのは、やはり日本人自身のナショナリズム、独立自尊の気概であったろう。戊辰戦争を戦った薩長側も幕府側も、外国勢力を国内紛争に巻き込み英仏間の代理戦争になることを避ける見識を示した。つまり、「民族の独立確保」ということに、我々の先輩達は真剣だったのである。

一九九七年六月三十日、チャールズ英皇太子、江沢民国家主席が出席し、香港返還式典が行なわれた。何かを象徴するような豪雨の中での式典であったが、アヘン戦争以来百五十五年目で香港島も九龍も新界もすべて中国に返還された。中国は、一九九九年にポルトガルからマカオの返還を実現し、二十世紀のうちにすべての植民地を取り戻したのである。

香港返還は、一九八四年九月に合意された英中協定に基づくものであるが、当時の英首相サッチャーの決断によって実現したものであった。国際法理からいえば、租借期限が切れる新界は別にして、香港島と九龍は「割譲」されたものであり、返還の必要はないのだが、植民地主義の時代の終焉《しゅうえん》を認識したサッチャーの決断は見事というべきであろう。

このあたりに英国外交の歴史性を感ずる。世界中の植民地で反英独立闘争に苦しみぬいてきた教訓が、威信と影響力を残した撤退への知恵を蓄積させたといえるであろう。「引き際の魔術師」とでもいうべきしたたかさを見せる英国は、独立していった国々を「英連邦」（現在五十三カ国加盟）という形で束ね、隠然たる影響力を残している。「威信を残しながら去る」英国の影は、返還後十年の香港を訪れても実感することである。

総括I――結局、日本にとって二十世紀とは何だったか

「一九〇〇年の日本人」の知的緊張

百年前の日本は人口四千四百万人の極東の島国だった。明治維新から三十年が経過していたが、さしたる近代産業は育ってはいない。官営八幡製鉄の高炉に火が入ったのが一九〇一年であり、「産業革命」「殖産興業」といっても、ようやく繊維産業分野に近代産業の灯《とも》りが灯り始めた黎明《れいめい》期であった。

この当時の日本の貿易構造を見てみれば、その国力は一目瞭然《りょうぜん》である。一九〇〇年の日本の主力輸出品目は、一位生糸、二位綿織物、三位石炭、四位絹織物、五位銅、六位米。つまり、繊維製品さえトップ輸出品目ではなく、欧米向けの繊維原料とアジア向けの石炭、銅の輸出によって外貨を稼いでいたのである。また、輸入も、一位綿花、二位砂糖、三位鉄鋼、四位石油、五位米、六位機械類となっており、「近代産業化」以前の局面にあったことが窺《うかが》い知れる。

そんな国が、四年後の日露戦争に向けて上昇志向の真只中《まっただなか》にいた。司馬遼太郎の『坂の上の雲』ではないが、日本国民の多くが「富国強兵」のメッセージを共有し、上を向いて歩いていた。かの日露戦争の天才参謀秋山真之が、ワシントンの海軍文庫に通いつめながら語ったという「吾人《ゴジン》一生ノ安キヲ偸《ヌス》メバ、帝国ノ一生危ウシ」という国家への責任感は、この頃の日本の青年の心理を象徴するものであったろう。日清戦争に勝利し、中国に本格的に触手をのばし始めた日本は、一九〇〇年の義和団事件を機に、列強による多国籍軍の一翼を担《にな》う形で北京に進軍した。北清事変である。この軍事行動を通じて極東の新興勢力として認知された日本は、一九〇二年の日英同盟締結に成功し、日英同盟に守られる形で、日露戦争から第一次世界大戦へと「勝ち組」としてプレーしたのである。

もちろん当時の日本の客観的評価は決して高くはない。陸奥宗光《むつむねみつ》の奮闘によって治外法権の束縛から脱却したのが一八九九年、小村寿太郎が悲願の関税自主権を確保したのは日露戦争後の一九一一年である。つまり独立国家としての基本要件を確保するための戦いの中にあった。

しかし、この条約改正さえままならぬ祖国の国際的評価の中で、国際社会に展開していった日本人達は、懸命に日本について世界への発信を試みた。本書でも、新渡戸稲造、内村鑑三、岡倉天心、朝河貫一、鈴木大拙などの足跡を取上げたが、「最も世界に踏み込んだ男達」が日本と日本人について考察し発信したという事実は重い。内村の『代表的日本人』が英文で出版されたのが一八九四年、新渡戸の『武士道』が米国で出版されたのが一八九九年、岡倉の『東洋の理想』が一九〇三年、『茶の本』が一九〇六年、朝河の『日露紛争』が一九〇四年と、不思議なほど一九〇〇年前後に、日本人の世界への発信が集中しているのである。

なぜ、先達は懸命に日本を語ろうとしたのか。圧倒的な西洋の存在感を前にして、緊張感をもって自己確認をはかる必要に迫られた事情は想像できる。西洋社会に身を置くほど、「日本的価値」を語りたくなる心情がこみ上げて来るものである。それにしても、その発信には知的緊張がある。あらためて考えてみると、それには二つの理由がある。一つ目は海外に雄飛していった日本人の多くが、戊辰戦争での「負け組」、佐幕藩の出身者だったという事実。つまり、内なる挫折《ざせつ》と失望が外への飛躍の契機となり、世界に眼を開かされる中から故郷日本を冷静に振り返ったということである。

「遅れてきた帝国」と「未熟な国民国家」の狭間《はざま》で

二つ目は、時代環境である。日本の所在確認に関心を向けざるをえなかった先達は、「遅れてきた十九世紀型植民地帝国」と「未熟な二十世紀型国民国家」の狭間に呻吟《しんぎん》する祖国日本に対する危機感を抱かざるを得なかったということである。彼らの作品を今日的な視点から読むと、祖国と民族への感情移入、ナショナリズムの強さに違和感を覚える。しかし、戦後の日本人が回避し封印してきたのが正に「ナショナリズム」であり、百年前の先達がこの土着のパトスを担いながら国家と民族の問題を正視せざるをえなかった背景を再考すべきであろう。

この時期のナショナリズムは微妙なバランスの上に成り立っており、「遅れてきた帝国」への焦燥に点火すると列強模倣の植民地主義を加速させるイデオロギーに転じ、「未熟な国民国家」への苛立《いらだ》ちに点火すると日本への幻滅と無力感に転ずる危険を内包していた。結果、この時点での「西洋化の中で、日本的価値を確認し、民族的誇りを回復させる試み」は、真珠湾に至る二十世紀前半の日本にとって、的確な進路を示す力とはならなかった。

その無念さへの省察の上に、今日に至る「知の連鎖」に言及しておきたい。

我々は、もう一度深く歴史を呼吸して、自らに連なる「二十世紀日本の知の連鎖」を想起すべきである。例えば、わずか八カ月間札幌の教壇に立ったクラーク博士の蒔《ま》いた種子が、その実像を超えて、一度も講義を聞くことのなかった内村鑑三や新渡戸稲造などの札幌農学校の生徒達をも生み出した事実。クラークの薫陶《くんとう》を直接受けた第一回生の大島正健が、後に甲府中学校長となり、石橋湛山がクラークに私淑したという事実に沈黙せざるをえない。私自身、戦争に向かった時代潮流の中で孤独を恐れず日本のあるべき姿についての論陣を張った石橋湛山に敬意を抱く者だが、知は孤独ではなく、時を超えて脈々と生命をもつことを実感する。知の連鎖を受け継ぐ覚悟と責任、その営為から未来は見えてくるのである。

ところで、日本の二十世紀を極端に単純化すると、人口を三倍にした百年という言い方もできる。一九〇〇年に四千四百万人にすぎなかった人口は、現在一億二千七百万人となった。先輩達は、間に戦争という不幸な人口急減の時代を挟みながら、人口を三倍にする二十世紀を創造してきたわけである。ところが、日本の人口は二〇〇六年にピーク・アウトし、その後は毎年約六十万人ずつ減り、二〇五〇年には一億人を割ると予想されている。もちろん、人口だけが国力の指標ではないが、「緩慢なる衰亡の百年」に足を踏み入れ始めているのかもしれない。その意味でも、二十世紀を踏まえ、知の連鎖を確認する中から、逞《たくま》しい未来を創造する筋道を探求することの大切さを痛感するのである。

ハワイ併合という序奏

二十世紀とは欧州の後退とアメリカの台頭の世紀である。アジアにとっては、英国をはじめ欧州の旗が降ろされ、星条旗がたなびく時代への移行ともいうべき世紀であった。南北戦争（一八六一—六五年）に手間取り、アジア太平洋に関心を向ける余裕のなかった米国も、一八六九年の大陸横断鉄道の開通を経て、次第に太平洋に関心を向け始めた。

この「アメリカ・太平洋篇」は、「太平洋の転換点となった米西戦争での米国の勝利」からスタートしたが、米国が本格的にアジアに進出してきたのは、一八九八年スペインとの戦争に勝ちフィリピンとグアムを手中にしてからであった。

米国の太平洋進出がいかなる形で展開されたのか。その認識を深めるために、米国のハワイ領有の経緯を辿《たど》ってみる。

ハワイは、一七七八年に英国人キャプテン・クックによって、サンドイッチ諸島と命名されていたが、一八一〇年にカメハメハ一世が全島を統一、米国も一八二六年にハワイを独立国として承認した。米国にとって、十九世紀におけるハワイは、捕鯨船の寄港地として重要であった。一八五九年にペンシルバニアで石油が発見されるまでは、鯨油は貴重だった。セミ鯨の皮下脂肪からとれる鯨油がランプを灯す必需品であり、マッコウ鯨の頭蓋《ずがい》からとれるスパーム・オイルは機械の潤滑油や軟膏《なんこう》などの医薬原料として珍重された。このため、マサチューセッツ州のニューベッドフォードなどを基地として、一八四〇―五〇年代のピーク時には毎年三百隻《せき》を超す捕鯨船が大西洋・インド洋を越えて北太平洋や日本近海にまで出掛けており、捕鯨は当時の米国の一大産業であった。この捕鯨船団への補給基地確保が、米国海軍の太平洋進出の大きな動機であり、捕鯨船が寄港地として利用していたハワイは太平洋の要衝として、米国のターゲットとなった。

米国は独立国ハワイと一八七五年に「互恵通商条約」を締結したが、米国がハワイの統治権の確保に関心を示すにつれ、独立維持に苦しむカメハメハ王朝は、日本の支援にも期待し始めた。一八八一年（明治十四年）、世界巡行に際して来日したカラカウア王は、明治天皇にハワイ王族と日本の皇室との姻戚《いんせき》関係樹立を希望し、ハワイ独立維持のための日本の支援を真剣に要請した。維新後まもない日本は、国内政変続きで、この年も「明治十四年の政変」の渦中《かちゅう》にあり、とてもハワイにまで関心を示す余裕はなかった。

一八九三年一月、当時の駐ハワイ米公使J・L・スティーブンスは、カラカウア王を継いだリリオカラーニ女王が独立志向の強い自主憲法を公布しようとしたことに危機感を抱き、海兵隊を動員し、無血クーデターを起こして女王を退位させ、暫定《ざんてい》政権を樹立した。この時、日本は抗議の意思を込めて、巡洋艦「浪速《なにわ》」（艦長・東郷平八郎）をハワイに派遣、クーデター派を威嚇《いかく》する行動に出ている。首都ワシントンのクリーブランド大統領も現地の独断専行に苦慮し、リリオカラーニ女王の地位回復を望んだが、現地の臨時政府は無視、一八九四年七月には「共和制」に移行した。そして、ハワイ併合を主張して大統領選挙を戦った共和党のマッキンレーが大統領になると、九八年七月に「ハワイ合併条約」に基づくハワイ併合法案が上下両院を通過し、大統領の署名によって施行されたのである。

当時の米国にも「ハワイ併合」の不当性についての批判が存在し、一八九八年にニューヨークを訪問したリリオカラーニ前女王には同情が集まったという。ハワイ併合を強く主張していた代表格が、『海上権力史論』を著した海軍戦略の大家A・マハン大佐である。「米国の東洋進出の補給基地としてハワイは不可欠」であり、「日清戦争（一八九四―九五年）に勝って勢いにのる日本海軍の拡張に備え、日本による将来のハワイ支配を避けるためにハワイを米国の手に収めるべし」という主張であった。

あまりにも強引なアジア太平洋進出であり、独立戦争時に掲げた建国の理念をかなぐり捨て、欧州列強の植民地主義路線に自らも参入し始めたのだ。百年後の一九九三年十月、米国の上院は「米国政府による一世紀前のハワイ王朝転覆事件について謝罪する決議」を採択し、自らの歴史における非を認めた。「決議」といっても強制力のない「レゾリューション」だが、画期的な謝罪であった。ハワイの歴史は、米国が決して「民主主義と人権の国」ではなかったことを示している。

米国の棍棒《こんぼう》外交

ハワイの略奪と米西戦争を経たフィリピンの領有、米国は二十世紀の足音とともに「遅れてきた植民地帝国」としてアジア太平洋にその姿を現した。そして、その象徴ともいえるメッセージが一九〇一年のマッキンレー大統領暗殺によって大統領に就任したセオドア・ルーズベルト大統領の棍棒外交であった。ルーズベルトは語った。

“Speak softly and carry a big stick, you will go far.”……ここで棍棒（stick）とは、いうまでもなく軍艦であり、軍事力であった。

二十世紀の日本にとっての悲劇であり皮肉は、日本が日清戦争に勝ってアジアに視界を広げ、野心を燃やし始めた時期と、米国がアジア太平洋に本格展開した時期が同時だったことであろう。日本は米国のハワイ併合とフィリピン領有を横目で見ながら、この手法を真似《まね》ることを意識し始めた。一九一〇年の「日韓併合」において、戦争も投票も経ることなく領地を拡大する方法として、米国によるハワイ併合はまことに都合のよい先例であった。そして、真珠湾に至る二十世紀前半の歴史は、日本と米国の野心がアジア太平洋を舞台に激突するという構図の中で展開されていった。「太平洋戦争」に敗れ、日本はパワーゲームの舞台から降りたが、二十一世紀を迎えた今も、米国は「棍棒」を片手にパワーゲームの渦中に立ち尽くしている。

十九世紀の米国は、わずか三回しか対外戦争をしなかった。一八一二年の独立を巡る英国との戦争、一八四六年のメキシコとの戦争、一八九八年のスペインとの戦争であった。一八六一年の南北戦争という内戦に苦闘したが、対外戦争には抑制的であり、三度の対外戦争での戦死者もわずか四千四百人足らずであった。一八九三年のシカゴ万博に際して開催された国際平和大会で、米国は各国に「平和を実現するための趣意書」を送付し、戦争に巻き込まれなかったことを誇らしげに語り、「軍事力を抑制して、隣国を圧迫せず、相互の安全を保ち、国際関係を紛糾させる条約を締結しないこと」の重要性を強調している。今日からみれば、苦笑を禁じえない事実である。

二十世紀の米国は、第一次世界大戦に参戦して以降、戦争で血まみれになってきた。第二次世界大戦以降の二十世紀に米国が「戦闘、爆撃をした国」は十九に上る。これに最近のアフガニスタンを加えると、二十である。ベトナム戦争後だけでも、グレナダ（一九八三）、リビア（一九八六）、エルサルバドル（一九八〇年代）、ニカラグア（一九八〇年代）、パナマ（一九八九）、イラク（一九九一—九九）、ボスニア（一九九五）、スーダン（一九九八）、ユーゴスラビア（一九九九）と戦いの連続であった。そして、二十世紀の米国における対外戦争での戦死者は四十三万人弱。実に十九世紀の戦死者の約百倍、四十三万の墓標を立てながら、「アメリカの世紀」は進行したのである。米国はそれを「自由の戦士」と呼ぶ。だが、冷静にみれば、悲しくも虚《むな》しい話である。

総括II——結局、日本にとって二十世紀とは何だったか

日本が失うことによって得たもの

皮肉な見方だが、日本人は「植民地を失ったことの幸福」を今になってしみじみと味わいつつあるのかもしれない。もし日本が、旧満州（中国東北部）や朝鮮半島を植民地（実質的統治権を有する地域）として現在も抱え続けていたならば、我々はさぞ心穏やかではない日々を送っているであろう。おそらく反日民族解放闘争のターゲットとされ、パレスチナにおける自爆テロのごときものの恐怖に立ち尽くしていたであろう。「憎悪《ぞうお》の連鎖」の中で、「反日テロリストとの闘い」に血道をあげ、笑いを失った日常に憔悴《しょうすい》していたのではないか。私自身、ロンドンの街頭で何分かの差でIRAの爆弾テロに巻き込まれかけたこともある。また、中東を動き廻っていた頃、テロの恐怖に殺気立った検問で延々と時間をとられた経験も数え切れない。その度に、「日本は幸福な国だ」と実感したものである。

直面する問題にのみ目が奪われがちだが、失うことによって得たものの重大さにも気付かねばならない。太平洋戦争での敗北という日本近代史の挫折《ざせつ》を体験し、我々は「明治以降の近代史への評価」を封印したまま、深い喪失感の中を漂ってきた。そして、米国の「物量」に敗北したという総括に立って、「経済復興と成長」を唯一《ゆいいつ》の目標として歩んできた。それによって一定の経済的な豊かさを手に入れた。また、戦後民主主義なるものの定着を通じ、少なくとも「抑圧からの自由」という意味では、強制も弾圧も相対的には少ない「個人の自由」という状況を手に入れた。しかし、そうした豊かさと自由を許容する外部環境として、この半世紀以上、日本が近隣を含む国際社会に対して「経済進出」以外には軍事侵略も政治抑圧もせず、「憎悪の連鎖」を断つことができたことを忘れてはならない。

但《ただ》し、そうしたシナリオを日本人が主体的に選択し、創造してきたのかというと必ずしもそうではない。「敗北」を受け止めて、戦後なる状況に身を任せてきただけというべきかもしれない。国際社会の中で、「経済産業力」という点を除けば、日本はあまりにも輪郭の薄い、ぼんやりとした存在感の国である。何故《なぜ》そうなったのか。二十世紀の歴史の中で、自画像をしっかりと踏み固める必要がある。

アングロサクソン同盟

国際関係における日本の二十世紀を特色付けるキーワードが「アングロサクソン同盟」であることは間違いない。日本は二十世紀の四分の三、実に七十五年間をアングロサクソンの国との二国間同盟で生き延びたアジアの国という際立《きわだ》った特色を有する。一九〇二年から、一九二一年のワシントン会議で解消するまでの二十年間、日本は英国というアングロサクソンの国との二国間同盟に支えられて、日露戦争から第一次世界大戦まで、「ユーラシア外交の勝ち組」としてプレーすることができた。夏目漱石が、日英同盟締結の祝賀ムードに酔い痴《し》れる祖国日本に対して、「斯《かく》の如《ごと》き事に騒ぎ候《そうろう》は、恰《あたか》も貧人が富家と縁組を取結びたる喜しさの余り、鐘太鼓を叩《たた》きて村中をかけ廻る様なものにも候わん」と冷笑したことは「欧州篇」で言及したが、確かに日英同盟に支えられた二十年間の日本は、極東の島国が列強の一翼を占める存在へと台頭した「民族の高揚期」を体験した。

一九一九年のベルサイユ講和会議は、日本が列強の一員として参加した国際会議の処女体験であった。この会議の顛末《てんまつ》は「ベルサイユ講和会議と西園寺公望」（欧州篇）において論じた。この会議から一九二一年のワシントン会議にかけ、「日本も列強に伍《ご》して一等国になった」という意識が高まり、所謂《いわゆる》「ベルサイユ・ワシントン体制」の下での多国間ゲームに参入した。しかし、外交戦略を支える情報力など基盤インフラの無い状態で「多国間ゲーム」に参入することの悲劇といおうか、日本は列強間の壮絶な力比べにもみ潰《つぶ》され、満州国問題で孤立を深め、「国際連盟よさらば」から真珠湾攻撃へと向かう。そして、一九四五年の敗戦を迎えてからは、米国という新手のアングロサクソンの国との二国間同盟に寄りかかって「戦後復興・経済大国化」という第二の「民族の高揚期」を体験してきた。

つまり、日本の近代とは「アングロサクソン同盟」に軸足を置いて、対アジア関係を空白にして歩んだ道であった。一八八五年（明治十八年）、奇《く》しくも、福澤諭吉の「脱亜論」と樽井藤吉《たるいとうきち》の「大東合邦論」という日本人のアジア観を代表する二つの対照的論文が発表された。福澤の「脱亜論」は、「わが国は隣国の開明を待って共にアジアを興《おこ》すの猶予《ゆうよ》あるべからず、むしろその伍を脱して西洋の文明国と進退を共にし……」と論じ、その後の日本の「脱亜入欧」型の近代化路線の理論的支柱となった。また、樽井の「大東合邦論」は、アジアの諸民族が団結して、白人帝国主義のアジア侵略からの共同防衛に立ち向かうために、日本を盟主とするアジアの連盟を作ることを主張し、その後の「アジア主義」の源流となった。「アジアは一つである」から始まる岡倉天心の『東洋の理想』がロンドンで出版されたのは一九〇三年であった。

アジアとの連帯を模索するアジア主義的な理論と実践が、日本近代史の伏線となって存在し続けてきたことは事実だが、あくまでも主潮は「脱亜入欧」路線であった。欧米との関係がおかしくなると、「アジア回帰」を志向し、唐突に「大東亜共栄圏」を掲げて一敗地にまみれるや、再び近隣を視界からはずして「欧米、とくに対米国協調路線」で歩んできたのである。高坂正堯《こうさかまさたか》が『海洋国家日本の構想』を書いたのが一九六四年であったが、日本が戦後復興から高度成長へと転じた時代、東京オリンピックの年に書かれたこの論文は、アジアへの地域主義的こだわりを否定し、海洋国家英国にモデルをとった「通商国家」としての路線を主張することにおいて、戦後版の「脱亜入欧論」というべきものでもあった。

いうまでもなく、「アングロサクソン同盟」は脱亜入欧の外交論的帰結であった。そして、日本人の多くは「アングロサクソン同盟」を歴史的成功体験として認識してきた。日英同盟、日米同盟は日本に安定と成長をもたらしたと評価しているからである。それがかなりの程度、妥当な判断であるとしても、固定観念となってこの国の進路選択を金縛りにしていることも確かである。二十一世紀を展望する時、この固定観念が試練にさらされることは想像に難くない。何よりも、同盟国米国のアジア外交の基調変化が確認できる。「中国の台頭」という要素によって、米国のアジア外交は「日本も中国も重要」とする相対的ゲームへと移行しつつある。実は、この米中日の三カ国関係の微妙な相関力学こそ、二十世紀のアジア太平洋関係の基底に横たわる宿命の構図であるが、冷戦と中国の共産化を背景とした「特殊な日米蜜月《みつげつ》の半世紀」が終わり、本来の「米中日トライアングル」の相対ゲームの構図が再浮上しつつある。日本からすれば、日米同盟を大切にするにしても、中国、そしてアジアを視界に入れた多国間外交への舵取《かじと》りを余儀なくされつつある。そろそろ日本人は、欧米諸国に伍してアジア唯一の先進国と認知され「名誉白人」的位置付けを得ることに自己満足を抱く生き方から脱皮すべきなのではないか。

二十世紀初頭とのアナロジー

日本近代史を振り返る時、「明治の日本はよかったが、昭和の日本は堕落した」という歴史観にとらわれがちになる。幕末維新史を駆け抜けた青年志士の情熱、「明治という時代」を創造した人物の知的緊張は我々の心を捉《とら》えて離さない。国家の課題と個人の目標が一体となって光を放った時代、日露戦争に至る歴史を「民族の高揚期」

として描く視点に共感を覚えるのも自然なことかもしれない。その辺りから「転落の歴史としての奉天からノモンハンへ」という司馬遼太郎の歴史観が国民的に受け入れられることになる。確かに、真珠湾に向かった昭和史は、「大日本帝国の破綻《はたん》」に至る決定的要因が顕在化し、批判の対象とされ易《やす》いが、私には一九二〇年代までの十九世紀末から二十世紀初頭にかけての歴史が、その後の日本の運命を決めたとしか思えない。つまり、一九三〇年代にバトンが渡された時には、この国の進路は避けがたい命運にはまり込んでいたのである。

「一九〇〇年への旅」を終えようとして、私の心に去来するのは、「歴史の深層底流の変化を注視し、歴史が問い掛けてくる声を謙虚に聞く」ことの必要である。二十世紀の初頭、指導者のみならず、大部分の日本人は時代潮流の認識において微妙なズレを起こした。すなわち、世界史の潮流は「帝国主義による植民地の奪い合いの中にある」と理解し、列強模倣型の帝国主義路線への舵取りを追求した。アヘン戦争後、欧州列強の餌食《えじき》とされる中国を横目に、自らが植民地にされてしまうかもしれぬ恐怖を抱えて「開国・維新」を体験した日本は、「富国強兵」に邁進《まいしん》した後の日清・日露の戦勝を経て、欧州を主戦場とした第一次大戦に漁夫の利を得る過程で、次第に自信を深めた。そして、「アジアの後発途上国として苦闘した歴史」を忘れ、いつしか新興の植民地帝国に変身し、列強模倣の路線に埋没し始めた。本来、西洋列強の植民地帝国主義に苦闘するアジアへの共感によって貫かれるべきだった日本近代史が変質し、「親亜」が「侵亜」へと反転し始めた。

一九〇〇年の義和団事件に際して、北京に侵攻した列強の多国籍軍の中で、日本派遣軍を指揮し、日本進駐地区の軍政長官となった柴五郎中佐は、他の列強の軍隊が戦利品を求めて略奪行為を繰り返す中で、一切の略奪を許さず、規律と統制を守りきったことによって中国民衆の支持さえも得たという。この「コロネル・シバ」の凛《りん》とした存在感が、英国の日本に対する信頼と期待を醸成し、英国側から日英同盟を発起させる要因となったともいわれている。しかし、柴五郎が任を解かれて去った後の中国では、日本の軍人による略奪が始まり、清国の国庫から銀貨「馬蹄銀《ばていぎん》百二十万両」を略奪し、派遣軍の上層部までが着服するなどの事件が起こっている。

余談だが、柴五郎中佐を調べていて、この人物が太平洋戦争の終戦の年である一九四五年の十二月まで存命だったことを知った。会津藩士の子供として生まれ、十歳の年に白虎隊の悲劇と母の自刃《じじん》を体験し、長州閥の強い陸軍において辛酸の末、大将にまで登りつめた人物であった。青年期には、中国大陸での諜報《ちょうほう》活動に従事して「兵要地誌」の作成に専心、イギリス公使館付駐在武官としての欧州での情報活動、さらには米西戦争に際してのキューバでの観戦武官としての体験などを積み上げている。武士の精神と世界的知性を持った柴五郎の存在は、「かかる軍人ありき」という思いを覚えさせる。白虎隊から大日本帝国の崩壊までを目撃した柴五郎大将の心に最期《さいご》に去来したものは何であったろうか。

グローバル資本主義を疑う

日露戦争後の日本は、一九一〇年の「日韓併合」、一九一五年の「対華二十一カ条の要求」、そして一九一九年のベルサイユ会議における「ドイツの山東利権の継承」要求となって「侵亜」への野望を加熱し始めた。そして、その熱は「欧米がやっていることを日本がやって何故悪いのだ」として、「持てる国対持たざる国」という屈折した心理に昇華し、満州国の夢へと至り、欧米との確執の中での国際的孤立と戦争への道をもたらす。

しかし、日本の思い込みをよそに、世界史の深層底流は、既に新しいゲームの方向へと動いていた。この「一九〇〇年への旅」の試みを通じ、二十世紀初頭の歴史の底流に、植民地帝国主義の綻《ほころ》びが顕在化していたことを確認してきた。岡倉天心と親交のあったインドの詩聖タゴールの「アジアの覚醒《かくせい》」と「世界の共生」を謳《うた》う詩を通じて、そしてタゴールの生涯の友人であり、インド独立の無抵抗主義運動の先頭に立ったガンディーの壮絶な闘いの記録を通じて、さらには「中国近代革命の父」とされる孫文の民族の独立と祖国の近代化に生命を賭《か》けた情熱を通じて、二十世紀初頭の世界史は新たな幕に転じつつあったことを再認識した。しかし、その時代を生きていた大部分の日本人は、歴史の底流を理解して一歩前に出ることをしなかった。結局は、死を目前にした孫文が警告したごとく、「西洋の覇道」を模倣して「東洋の王道」を否定する路線を選択したのである。

今思うのは、二十一世紀の初頭を生きる我々の時代潮流についての認識にズレはないのか、ということである。冷戦後の世界において、我々は「グローバルな市場化」という潮流こそ二十一世紀の世界システムが向かう普遍的な方向と認識し、「グローバリゼーションに適応すること」こそ日本の進むべき道と信じがちである。しかし、本当にそうなのであろうか。グローバリゼーションの本質が、米国を発信源とする「競争主義・市場主義の徹底」であり、その実体が、グローバルなマネーゲームの跋《ばっ》扈《こ》、「デリバティブ」（金融派生型商品）の肥大化にすぎないのであれば、我々はそれに過剰適応することを「構造改革」などといって浮かれている場合ではなかろう。

私は『「正義の経済学」ふたたび』（日本経済新聞社、二〇〇一年）において、冷戦後の米国が「マネーゲーム至上の金融肥大型国家」に堕落しつつあることに論及し、米国流のグローバリズムから一線を画すことこそ日本の進路であると主張してきた。そして、あるべき二十一世紀の資本主義について、①「『売りぬく資本主義』ではなく『育てる資本主義』」、②「『儲《もう》けるだけの資本主義』でなく『節度ある資本主義』」、③「『格差の資本主義』ではなく『中間層を育てる資本主義』」を目指すべきだと主張した。つまり競争至上主義と拝金主義の蔓延《まんえん》の中で、「強い者はより強く、弱い者はより弱く」の潮流が生じ、グローバルな資本主義が退嬰《たいえい》と混迷に向かうことへの懸念《けねん》を表明した。

問われているのは、冷戦後の世界をどう制御するのかに向けた「グローバル・ガバナンス」である。一九九一年にI・ウォーラーステインが書いた『ポスト・アメリカ——世界システムにおける地政学と地政文化』は、世界が米国の一極支配を意識する中で、パックス・アメリカーナの終わりを展望したことで衝撃的であった。ウォーラーステインの展望は、その後の日本の迷走などによって必ずしも当たってはいないが、彼の問題意識である「アメリカの視界を超えた新しい世界システムの再構築」は、極めて重大である。冷戦後の米国が、対抗勢力を失った弛緩《しかん》と圧倒的軍事力への驕《おご》りによって、「自国利害中心主義（ユニラテラリズム）」に傾斜しつつある今こそ、世界の諸問題を制御するシステムへの関心と情熱を失ってはならないと思う。

総括Ⅲ――結局、日本にとって二十世紀とは何だったか

シンガポールにおける日本の足跡

五年間にわたる「一九〇〇年への旅」を総括する最終章を書くために、やはり私はこの街に立った。そして感慨を抑えながら沖合いを通過する多くの大型船を眺めた。あの夏目漱石が英国留学の途上シンガポールに寄港したのが一九〇〇年九月二十四日であった。妻、鏡子あての書簡で、漱石は次のように述べている。「シンガポールにも上陸し馬車をかりて植物園・博物館及市街を一見致候《さうらふ》。茲《ここ》にも日本の旅館ありて午食を認《したた》め候。この地の日本人の多数は醜業婦にて印度《インド》の腰巻に綿チリメンの羽織に一種特別な下駄などを穿《は》きて街上を散歩致候。一種奇的烈《きてれつ》の感を起さしめ候」。

現代の日本人にとっては想像もできないことだが、かつて東南アジアは日本からも貧しい娘が「売春婦」として身売りされる地域であった。「からゆきさん」とも「娘子軍」とも呼ばれたこれらの女性達が日本人の東南アジア進出の先駆けであったこと

は、昨今の日本の風俗産業を支える東南アジアからの「じゃぱゆきさん」の現実を思うと、皮肉で哀《かな》しい物語である。
『サンダカン八番娼館《しょうかん》』でこの忘れられた歴史を日本人に突き付けた山崎朋子は、「シンガポールにおける日本人娼婦の第一号は、明治初年にシンガポールで夫のイギリス人が死んだため生活の方途を失った日本人妻だとも言われ、また明治四年にシンガポールに上陸した横浜生まれのお豊という女性であるとも言われている」と書く。ともあれ、明治三十五年の資料でシンガポールにおける日本女性について「妓《ぎ》楼《ろう》数八十三軒、娼婦六百十一名」とあり、漱石が目撃した時代の日本と東南アジアの位置関係が分る。日本は貧しかったのだ。

漱石の訪問から四十年、大英帝国のアジア支配の拠点シンガポールは、一九四二年二月十五日、山下奉文中将率いる六万の日本軍の前に降伏し、三年半にわたる日本統治時代を経験する。つまり、この赤道直下の街は「南進」した大日本帝国の南方の墓碑でもある。「英国史上、最悪の災禍であり、悲惨な出来事」とウィンストン・チャーチルが慨嘆した「シンガポール陥落」に対する日本国民の狂喜乱舞は尋常ではなかった。山下奉文は「マレーの虎《とら》」として国民的英雄となり、敵将パーシバルに「イエスカノーか」と降伏を迫った話は伝説となった。「一番のりを　やるんだと　力んで死んだ　戦友の　遺骨を抱いて　今入る　シンガポールの　街の朝」というマレー作戦従軍兵士が作詞した軍歌「戦友の遺骨を抱いて」を国民の多くが涙して歌った。

そして、多くの文人、学者、知識人が、今から読むと気恥ずかしくなるような高揚した調子でシンガポール陥落を賞賛していた。かの谷崎潤一郎も熱病に侵されたかのごとき発言を残している。「香港、フィリッピン、マレイ方面よりアングロサクソン人の勢力を駆逐するに至る迄《まで》、皇軍の征《ゆ》くところは常に公明正大であって、欧州人の侵略史に見るが如《ごと》き不正残虐《ざんぎゃく》の事蹟《じせき》を留めないのは、真に聖戦の名に負けずといってよい。……我が国による大東亜の解放ということは決して偶然でないことが分る。それは実に五十年どころではなく、悠久の時代から約束された日本国の進路であって、南洋はわれわれの民族学的故郷であり、われわれが常に感得していた有史以前の祖先の地であり、同時に又、仏印、泰《タイ》、フィリッピン、マレイ、ビルマ、蘭印《らんいん》等々の住民は、いつかわれわれの帰って来る日を待っていた骨肉の同胞であると云《い》えよう」（『文芸』昭和十七年三月号所収）。時代の本質が分らぬまま、時代の表層を修飾する技能に長《た》けた知識人の危険性に戦慄《せんりつ》を覚える。

かすかな日本人の自尊心を込めて、「シンガポール陥落」が、その後の大英帝国および西洋のアジア支配の終焉《しゅうえん》への転機になったといいたいが、それは結果論であって、シンガポールの歴史博物館やセントーサ島の歴史民俗館「イメージ・オブ・シンガポール」における「日本統治時代」の評価は惨《みじ》めなほどに低く、虐待と抑圧に満ちた暗黒時代と記録されている。そこには、チャンドラ・ボースがシンガポールを基点に「インド国民軍」を旗揚げした歴史への言及もなく、「シンガポール華僑《かきょう》五千人の虐殺」の暗黒の時代が存在したことが展示されているだけである。シンガポールの建国の父でもある前首相リー・クアンユーは、『リー・クアンユー回想録』においてこう述べる。

「多くのアジア人は英国人に刃向かうことなど現実的でないと思い込んでいた。しかし、アジアの一民族である日本人が英国人に挑戦し、白人神話を打ち砕いてしまった。ところが日本人は我々に対しても征服者として君臨し、英国よりも残忍で常軌を逸し、悪意に満ちていることを示した。日本占領の三年半、私は日本兵が人々を苦しめたり殴ったりするたびに、シンガポールが英国の保護下にあればよかったと思ったものである。同じアジア人として我々は日本人に幻滅した。日本人は、日本より文明が低く民族的に劣ると見なしているアジア人と一緒に思われることを嫌っていたのである」

若き日のリー・クアンユーは、日本軍に協力して英語ラジオ放送のモニタリングと翻訳の仕事を体験している。その彼の日本への幻滅の眼差《まなざ》しは、二十世紀の日本の姿を炙《あぶ》り出すものである。自らが優位に立つと、抑圧に苦しんできたアジアへの共感と連帯を忘れ、傲慢《ごうまん》と増長に陥ってアジアの嫌悪《けんお》の対象とされる日本近代史の闇《やみ》は深い。

歴史をめぐる二つの設問

何故《なぜ》、日本人は威張るのか。「日本人だけが威張ったのではない。西洋列強の植民地支配の方がはるかに残酷である」との反論もあろう。しかし、アジアから後発で近代化を目指した国として、自らが列強の一角を占めると思い始めると、自制心を失い威張り始める「底の浅さ」を省察する視点を見失ってはならないだろう。今日、アジアを動き回って、「威張る日本人の残像」がいかに根強いかに、心痛むものがある。確かに、敗戦後も東南アジア各地に残留して現地の解放・独立戦争に参加した日本兵が少なからずいたことも事実であり、救いを感じる。しかし、総じて日本のアジア主義の現実が、「八紘一宇《はっこういちう》」の旗印の下に日本を「盟主」とするアジアの連帯と白人支配からの解放にすぎなかったことは歴史の真実である。

二十世紀という時代に思いを巡らし、シンガポールで、彼方《かなた》のインド洋に思いを馳《は》せながら、私は改めて二つのテーマを考え込んだ。一つは、「歴史に進歩はあるのか」であり、もう一つは「歴史における個人の役割とは」という問いである。解答不能のテーマかもしれないが、歴史を意識する人間が心の基軸に据えるべき課題だと思う。

第一の設問。人間の歴史に進歩はあるのであろうか。自動車、航空機からコンピューター、インターネットまで、科学技術の発展を実現した二十世紀を体験した者は、確かに科学文明における人類の進歩を確信できるかもしれない。しかし、それらを使いこなすべき社会システムの問題となると、我々はそれほど楽観的ではいられない。二十世紀の社会主義の実験を見つめながら、一時期ではあるが多くの人は「歴史には必然的発展過程があり、資本主義の階級矛盾が深化して社会主義革命が起こる」という必然論を信じた。しかし、二十世紀末の社会主義圏の崩壊は、歴史はそれほど単純ではないことを証明してみせた。いまだに我々は社会システムの制御に関して、歴史の進歩の法則を見出《みいだ》してはいない。

しかし、他方、歴史は脈絡の無い偶然の連鎖にすぎないとすることも正しいとは思えない。私は、歴史には大きな意思のようなものが働いているように思う。二十世紀を目撃した歴史家トインビーは「歴史の教訓」と題する論考で、興味深い「教訓」を抽出している。いかにもアングロサクソン的な歴史の総括ともいえるのだが、英国人が歴史の中で学んだことは、「君主制と共和制の血腥《ちなまぐさ》い闘いを通じた節度を重んじる穏健な態度の重要性」と「米国の独立戦争などを通じた植民地主義の限界についての認識と自治容認の大切さ」の二つであり、全人類が歴史の教訓として学んだことは「一人の人間が他人を支配したり所有する奴隷《どれい》制はよくない」ということだという。

そこで、私は哲学者・市井三郎の名著『歴史の進歩とはなにか』（岩波新書、一九七一年）を思い出さずにはおれない。市井は西洋「近代」なるものがもたらした哲学たる「競争の原理」を省察しながら、「進歩の規準」を批判的に検討し、「進歩なるものは、必然的でも連続的でもない」という認識に立って、抑制されたトーンではあるが実に示唆《しさ》的な視点を提示している。歴史の進歩とは、「不条理な苦痛――自分の責任を問われる必要のないことから負わされる苦痛――を減らすこと」というのである。自分の運命を自分できめることのできない不条理を制度的、システム的に減らすこと、その視点からすれば、人間の歴史は少しずつではあるが前進していることを確信できよう。確かに、今日もなお「不条理」は厳然と存在しており、それに対する問題意識と闘いを忘れてはならないが、二十世紀に獲得したものの大きさを確認する中から、次なる課題に挑戦すべきなのであろう。

第二の設問。歴史における個人の役割とは何か。個々人の存在など、歴史の一こまの歯車にすぎず、川面の泡沫《ほうまつ》のごとくはかないものなのであろうか。「歴史には客観的法則が存在」し、個人の努力や生き方など所詮《しょせん》その法則の中での定められた役割にすぎないという見方もある。社会主義が残り火の輝きを保っていた一九六〇年代末から七〇年代初頭に大学生活を送った我々の世代は、プレハーノフの著『歴史における個人の役割』(邦訳一九五六年、未来社)を読み、「個人の努力や理想が客観的必然性の主観的表現である」という表現に悩んだものである。

しかし、社会主義圏崩壊に至る二十世紀末の歴史を目撃した我々は、「客観的必然性」などということは軽率に論ぜられるべきものではないことを学んだ。「資本主義から社会主義への必然的移行」という社会主義者にとっての歴史法則が、社会主義を実現したという体制の「内部崩壊」によって否定されていく過程を観察した者は、「必然性」とか「法則」に懐疑的にならざるをえないのである。ただその一方で、個人の努力を超えた歴史の潮流というものが存在することも否定することはできない。そして、第一の設問であった「歴史に進歩はあるのか」との関連でいえば、紆余《うよ》曲折を経ながらも「不条理の極小化」という方向で歴史は動いてきたことも確かなのである。

そうした潮流を創《つく》り出す上で、この「一九〇〇年への旅」で取上げてきた先人達が、胸熱くなるような挑戦を続け、歴史の扉をこじあけるような役割を果したことは、再言の要もない。その一人一人の「徒労をも恐れぬ営為」が歴史を変える力であったことを思う時、「歴史は人間が創る」という当たり前の認識に何故か強い感動を覚えるのである。

条理の側に立つ勇気とは

再びトインビーに言及する。彼は一九五六年の来日時にＮＨＫで行なった「世界史における日本」と題するラジオ講演において、「西方強大国にひけを取らずに対抗できることを実証したアジア諸国のうちで最初の国民」として日本を位置付けた上で、「戦争をやって勝つという軍国主義的やり方」が問題であったと指摘、戦後の日本が軍事的敗北よりも深刻な「イデオロギーの転落に直面」しており、精神的空洞化に陥っていることに論及した。そして、軍国主義と国家主義を戒めて世界市民へと視界を開く先導者になる使命を担《にな》うべきことを主張していた。おそらく、こうした考え方が西洋人トインビーのみならず、戦後的思考として多くの人に共有されてきたといえよう。

しかし、半世紀が経過しようとしているのに、本質的な意味で日本は敗北後の精神的空洞を主体的には取り戻していないというべきである。「戦後日本」は、J・ダワーの『敗北を抱きしめて』（邦訳二〇〇一年、岩波書店）に描き出されたような深い喪失感の中で、日本近代史を真剣に総括することもなく、国家主義と軍国主義が消失した空白を、「経済的価値」を追求することと「イエ型企業共同体」への参画によって埋め合わせてきたのかもしれない。

二十世紀を生きた日本人の心理を振り返るならば、優越感と劣等感の間をさ迷ってきたといえよう。既に論じたごとく、「アングロサクソンの国」たる英国と米国との同盟に支えられ、急速に国力を高めると、にわかに増長し、居丈高になる。強い者、目指すべきものへの潜在させた卑屈な劣等感が、反転すると弱い者、遅れていると思えるものへの薄っぺらな優越感となって現れ出るかのようである。「何よりも富国強兵」の明治期日本も、「とりあえず経済復興」の戦後日本も、国家・民族として理念性よりも経済を重視する日本人の暗黙の傾向を醸成してきた。

よく考えてみると、欧米協調の脱亜入欧路線も欧米と対峙《たいじ》するアジア主義も、その深層心理は近似しているのかもしれない。つまり、欧米に対する憧憬《しょうけい》とその裏返しとしての反発というコンプレックスであり、その極端な表現形態なのである。その中をさ迷いながら、二十世紀の日本人は「通商国家」という経済発展のための国家モデルを作り上げた。天然資源に恵まれない国が経済発展を目指す時、技術と資源を効率的に輸入し、比較的優秀な労働力で加工して、輸出の売れ筋商品を生産して外貨を稼ぐという「加工輸出立国」のモデルであった。国家としての理念性を押し殺しながら、じっと手を見る心境で只管《ひたすら》「経済」を志向してきたのである。そしてこの理念性の欠落が痙攣《けいれん》を起こすと、制御不能の傲慢さとなって自己中心の付け焼刃なビジョン（「大東亜共栄圏」）が提起され、「弱い者に威張る」という行動に至るのである。

今日二十一世紀の初頭に立って、あえて「二十一世紀の世界史における日本の役割」を問い掛けたい。二十世紀の歴史の総括の彼方に二十一世紀の日本が果すべき役割を静かに模索していきたいと思うからである。深く歴史を吸い込み、静かに吐き出す時、我々の立つべき視座が見えてくる。

我々は「欧米模倣の追いつけ、追い越せゲーム」に夢中になっているうちに、「良き敗北者」「名誉白人」的役回りを得ることに自己満足してきた。そのことは、今日「主要国サミットに参加する唯一《ゆいいつ》のアジアの国」といってみても、アジアの価値を発信する一切のメッセージを持たぬ悲しみに象徴されている。

条理の側に立つ勇気。二十一世紀の日本に求められるものはその言葉に凝縮されると思う。例えば、「非核平和主義」という日本近代史への反省から到達した理念を空洞化させることなく、核廃絶の先頭に立つことなど、歴史を前に進める条理の側に立つ姿勢こそ、価値ある二十一世紀を創造するものと信じる。

終わりに

私にとって、二十一世紀は不思議な形でやってきた。二〇〇〇年十二月三十一日のNHKのラジオ番組「行く年、来る年」に出演し、NHKの代々木の放送センターのスタジオの中で、木村知義《ともよし》アナウンサーと向き合って、日本各地の越年を伝える実況を聞きながら、二十世紀を送り、新世紀を迎えることになったのである。腹に染《し》み入るような名刹《めいさつ》の除夜の鐘を聞きながら、私は去りゆく二十世紀を思った。そして木村アナウンサーの真摯《しんし》な問題意識に触発されて、「二十世紀とは何だったのか」についで、さらには「二十一世紀への課題とは何か」について、与えられた時間の中ではあったが、考えながら語った。

ふと、百年前の二十世紀を迎える前夜の大晦日《おおみそか》、慶応大学の学生が主催したという「世紀送迎会」という催しのことを思い出した。その夜、三田の慶応大学に集まった約五百人の学生達は、十九世紀的旧弊を打破し、二十世紀への希望を拓《ひら》くべく気勢をあげたという。翌年、慶応の創立者・福澤諭吉は六十八歳の生涯を終えるが、この世紀送迎会にあたり「独立自尊迎新世紀」という言葉を揮毫《きごう》している。果たして、二十世紀は希望の世紀となりえたのか。残念ながら戦争と革命、そして殺戮《さつりく》の世紀として足跡を残して去ったともいえる。また、確かに科学技術の世紀ともいえ、われわれの生活を取り巻く環境は科学技術によって快適で効率的になったが、他方、「核兵器の登場」に象徴されるごとく技術が人間性への脅威となった面も否定できない。二十世紀は人間社会における善悪双方のポテンシャルを増大させたとする見方は正しいといえる。その二十世紀に多くの人が立ち向かい、そして去っていった。

私の父寺島和郎は、若き日は帝国陸軍の軍人として、戦後は石炭産業の復興とエネルギー流体革命に苦闘した経済人として、ひたすら生真面目《きまじめ》に現場を支えた人間であった。その父も、丁度二十世紀が終わる年の夏、八十一歳の生涯を終えた。本書の「近代石炭産業の功労者、松本健次郎と日本の二十世紀」において、父と二十世紀の関わりに総括するような素材に言及できたのが、息子としてささやかな供養《くよう》だと思っている。世田谷の家では、八十八歳になる私の母が書庫を守るように頑張ってくれているが、二十世紀を生きた最も身近な先達である両親をはじめとする市井《しせい》の人々、つまりこの本においてとりあげた二十世紀と格闘した偉大な先達だけではない、ごく普通の多くの人間の思いと志を静かに引き継ぐことがこの本を手にしてくれる人達に伝えたい私の意思である。

最近、気になる人物に出会った。故郷札幌で頼まれた講演をしていて、客席の左側から驚くほど強い視線を感じた。後で紹介されて彫刻家・流政之《ながれまさゆき》氏だと知った。かの同時多発テロ事件で倒壊したニューヨークのワールド・トレード・センターにも巨大な作品を収めた世界的な彫刻家である。七十九歳と聞くが、その立ち振る舞いと眼光は「武士」を思わせる迫力があり、二十世紀を生き抜いた存在感の重さに圧倒された。京都の高家に生まれ、「零戦《ゼロせん》乗り」として太平洋戦争を生き抜き、世界を放浪した挙げ句に彫刻家としての道を極めた男の静かな情念は、「二十世紀の総括」を考え抜いていた私の胸を打った。その流政之氏が北海道のために彫ったという石の彫刻が札幌の中心部に置かれている。「なんもさストーブ」と名付けられたその彫刻は、煙突のついた達磨《だるま》ストーブだった。「なんもさ」とは北海道弁で、「なんでもない」「平気だ」という意味である。厳寒の日、辛《つら》い時、慰めの言葉を受けた時に「なんもさ」といって道産子《どさんこ》は負けじ魂を見せるのである。流政之氏はこの言葉に北海道の何かを感じ取り、その象徴としての達磨ストーブに「なんもさストーブ」と名を付けたのである。

「一九〇〇年への旅」の連載を続けた五年間、最も良い読み手であり、最も厳しい読み手であった幾人かの友人が、連載が終わった後、「ご苦労様」「大変だったでしょう」というねぎらいの言葉を伝えてきた。私は、心の中で「なんもさ」とつぶやいて笑った。何故《なぜ》なら、私も北海道の男であり、まだまだこの旅が本当に終わっていないことを知り尽くしているからである。たわいもない収斂《しゅうれん》かもしれないが、世界中に「一九〇〇年への旅」を問題意識として旅してきた私の心に去来する思いは、「世界を知るほど故郷が大切になる」ということである。結局は、故郷日本、そして自らの思いを寄せる地域をよりよきものとする営為、そのことに深い共感を覚えつつ筆を置くことにする。思えば、この本が完結するには多くの人の支えがあった。伊藤幸人、寺島哲也という国際情報誌「フォーサイト」の二代にわたる編集長をはじめ、データマンとして動いてくれたＧＩＮ総研のスタッフ、編集作業に協力してくれた三井物産戦略研究所の後進達、そして連載の読み手として励まし続けてくれた読者の方々にも感謝したい。

二〇〇二年十月、世田谷の書庫にて

選書版へのあとがき

実は、今も「一九〇〇年への旅」を続けている。雑誌「フォーサイト」に欧州篇を連載したのが一九九七年八月からの二年間であり、十年間の米国での生活を終えて帰国した直後であった。続いて、アメリカ・太平洋篇の連載に向き合ったのが二〇〇〇年からの二年半であった。世紀を超えて、さらには二〇〇一年の「九・一一同時テロ」という衝撃的歴史の転換点をまたぐ期間であった。オムニバスのように、二十世紀に関わった人物と気がかりな事象を一つ一つ掘り起こしながら、「二十世紀とは何だったのか」を問いかける作業を積み上げたことは、漠然とした知識を鮮明にし、私自身の二十世紀への歴史認識を補強する試みとなった。そして、「歴史を深く吸い込み、未来を想《おも》う」というタイトルで新潮社からの単行本として刊行して以降の五年間も、同様の問題意識に立って二十世紀に関わった先人の歩みを精査する作業を続けてきたともいえる。

例えば、岩波書店の雑誌「世界」での連載「脳力のレッスン」で、渋沢栄一、中島敦《あつし》、魯迅、山川健次郎、柴五郎、山本五十六などの足跡を掘り下げてきた。一人一人の人物が向き合った二十世紀が微妙に重なり、つなぎ合わされながら、二十世紀の映像がより明確になっていく過程は、興味のつきない営為である。多分、この作業はこれからも際限なく続くのであろう。時代を真剣に生きた先人の足取りを追うことは、不思議なほど人間を謙虚な気持ちにさせる。それぞれの課題を背負いながら懸命に生きた先達がいたという事実そのものが、現代を生きる人間にとっての「暗闇《くらやみ》の松明《たいまつ》」になるからである。踏みしめるように二十世紀の意味を問いかけ続け、今我々が生きる二十一世紀への歴史の筋道を確認していきたい。

九・一一で変わったもの――アメリカの世紀の終わり

二十一世紀の幕が開かれた直後に起こった二〇〇一年九月十一日の同時テロ。世界中の人々に衝撃を与えたワールド・トレードセンターの倒壊は、「アメリカの世紀」といわれた二十世紀の終わりを象徴するものとして歴史に残るであろう。間違いなく、それから五年間のアメリカが演じた役割は、歴史の主役から転がり落ちるような哀愁に満ちた醜態であった。

ニューヨーク、ワシントンという基幹部を襲われた米国は、「これは犯罪ではなく戦争だ」と叫んだブッシュ大統領の言葉に象徴されるごとく、「戦争」というカードを切って、「テロとの戦い」を掲げ、アフガニスタンからイラクへと進撃していった。いつテロに襲われるかもしれないという恐怖心と、「世界最強の軍事力を保有する」という力への過信がかけ合わさって、「米国の理想を力で世界に実現する」という「ネオコン（新保守主義）路線」が頭をもたげ、イラク戦争にまでアメリカを追い込んでいった。

その結果はあまりにも悲惨であった。それは建国以来二百三十年の歴史を貫いて米国が掲げてきた「自由と民主主義」という理念を一気に色あせたものとした。振り返れば、十九世紀のアメリカは「海外の紛争に関与しない」という「モンロー主義」を背景に、対外戦争を三回しかしなかった。このことは本書でも触れたが、一八一二年の対英戦争、一八四六年のメキシコとの戦争、一八九八年のスペインとの戦争であり、この三回の戦争での死者は四千四百人足らずであった。ところが、二十世紀のアメリカは、第一次世界大戦に参戦して以来、戦争まみれの世紀を主導し、四十三万人もの戦死者の墓標を積み上げた。

イラク戦争での米軍兵士の死者は三千二百二十五人（二〇〇七年三月二十日現在）

となり、九・一一テロでの犠牲者二千九百八十二人を超え、このままでは十九世紀の百年間での戦死者数に迫るであろう。もちろん、この間のイラク人の死者はどんなに少ない推計でも五万人を超えたという。戦争の大義とされた「テロとの戦い」もアルカイダとサダム・フセインの関係は検証されず、「大量破壊兵器」も存在せず、「イラクの民主化」も泥沼の内戦状態を誘発しただけであり、あらゆる意味でイラク戦争が「不条理で不必要な戦争」であったことは、もはや論議を超えた歴史の評価である。ブッシュ政権下の米国は、「共産主義の脅威」に対して反共パラノイアとでもいうべきマッカーシズムが吹き荒れた一九五〇年代にも通じる「第二のマッカーシズム」が「テロとの戦い」をキャッチフレーズとして燃え盛り、思考停止のまま憔悴《しょうすい》した時代として歴史に総括されるであろう。

私は九・一一から二年が経過し、イラク戦争開戦から半年の時点で、『脅威のアメリカ　希望のアメリカ』(二〇〇三年十一月、岩波書店)を上梓《じょうし》し、真剣に米国を見つめ直した。ペリー来航以来、脅威としてのアメリカと希望としてのアメリカが交錯してきた日米関係一五〇年を総括し、ブッシュ政権下のアメリカの歴史的評価を試みたものである。冷戦の終焉《しゅうえん》を「資本主義の勝利」「米国の勝利」と認識し、「アメリカ・ファースト(米国の利害が第一だ)」という自国利害中心主義を掲げてスタートしたブッシュ政権が、皮肉にも九・一一の衝撃を受けて「世界の出来事に嫌《いや》でも関与せざるをえなくなった」という意味で、アフガン攻撃・イラク戦争へと「歪《ゆが》んだ国際主義」に旋回していったプロセスを辿《たど》るならば、我々が目撃したブッシュのアメリカの特異性が確認できよう。

そのアメリカを見抜くことなく、九・一一後の日本は「この国にはアメリカについていくしか選択肢はない」としてイラクに自衛隊を送る決断をした。イラン革命で衝撃を受けた米国が「敵の敵は味方」の論理でイラクを支援してサダム・フセインを増長させ湾岸戦争からイラク戦争への種をまいたという事実など、米国の中東戦略の失敗の歴史を想起し、米国と一線を画してイラク問題に関わるという選択肢も日本には存在した。中東のいかなる国に軍事介入したこともなければ武器輸出したこともないという日本の立場を重視し、医療などに特化した復興支援チームを送ることも十分に可能だった。にもかかわらず、この国はイラクの復興支援に関し、「イラクを破壊し、殺戮《さつりく》した側」に立って国際法上の正規の軍隊としての自衛隊を送り、しかも治安行動は制約されているため他国の軍隊に守られて復興支援活動をするという変則的活動を余儀なくされた。「対米協力」の一心でイラク問題に関わったことによって、「米国周辺国にすぎない日本」というイメージを増幅し、この五年間で中東のみならずアジア諸国からの日本への目線が失望に満ちたものに変わったことに気付かねばならない。目先の「国益論」に立って、長期の「国益」を失ったのである。

二十一世紀初頭の五年間の日本の選択は、戦後日本が到達した一つの結末であった。つまり「アメリカを通じてしか世界を見ない」という戦後日本の特質の究極状況が顕在化したのである。戦後なるものを通じ、日本人の多くは一九四五年の敗戦を「米国への敗戦」と総括した。東京湾に浮かんだ米国の戦艦ミズーリ号で降伏文書への調印が行われ、艦上を埋め尽くした米軍将兵に取り囲まれてシルクハットにタキシードという正装をした重光葵《しげみつまもる》外相が日本を代表して署名する写真が強烈な印象を残し、日本人は「米国に敗れた」という思いを強めた。歴史を厳密に辿れば、日本は「米国と中国の連携に敗れた」のだが、日本人には「中国に敗れた」という認識は生まれなかった。一九三一年に満州事変、一九三七年には日中戦争が始まり、日中間では十五年戦争が続いた。日米戦争は真珠湾からミズーリ号までの五年弱の戦争であったが、米国への敗戦と認識したことで、米国側の用語であった「太平洋戦争」が日本人にも共有された。このとき、「大東亜戦争」の「東亜」、つまりアジアにとっての戦いという意識が消えたのである。

「一九〇〇年への旅」という作業の一つの意味は、我々が生きてきた戦後なる六十年間を二十世紀の百年の中で相対化させることにあった。つまり、戦後六十年がいかに特殊な時代であったかということを再確認する過程でもあったのだ。百年前、二十世紀初頭の状況を振り返ってみると、日本の戦後がいかに米国の影響を受けてきたのかが鮮明になる。あまりにもアメリカとの関係が重かったために「トラウマとしてのアメリカ」を脱却できないまま、二十一世紀初頭の九・一一シンドロームに巻き込まれていったのである。真の「戦後レジーム」からの脱却とは、米国を相対化することであり、米国の世界戦略に一体化していく国際関係しか構想できない状況では日本の二十一世紀の地平は拓《ひら》かれないであろう。

アメリカの世紀は静かに終わりつつある。二十一世紀はユーラシアの世紀になると思われる。単独の覇権国が主役となるのではなく、様々な国が独自の役割を重層的・相関的に果す「全員参加型秩序」の時代へと向かうであろう。欧州はEU加盟国を二十七カ国にまで拡大し、統合の深化を進めつつある。中国の台頭とロシアの復権を背景に中ロ連携を主眼にした「上海《シャンハイ》協力機構」が重要性を高め、経済力を蓄積しつつあるインドも存在感を高めるであろう。イランを中核としてイラクさえも巻き込み、ペルシャ湾の北側に形成されつつあるシーア派イスラムの台頭というダイナミズムは、中東の地政学的不安定を際立《きわだ》たせるであろう。その中で、極東の国日本はアジア太平洋と向き合いながらいかなる役割を創造していくのであろうか。

日本が組み立てるべき国際戦略は「米国と連携して台頭する中国の脅威と向き合う」などという次元のものであってはならない。米中の相互依存と交流密度が高まるなかで、そんな単純なゲームは期待すべくもない。米国との長期的同盟関係を重視し、米国をアジアから孤立させない役割を担《にな》う一方で、中国を国際社会のルール作りへの責任ある参画者に招き入れる役割を果すことが、二十一世紀日本の外交の基軸とされるべき二つの柱といえよう。

途方もない時代としての二十世紀を生きた先達

改めて振り返るならば、二十世紀とは途方もない世紀であった。鉄と電気の産業革命の世紀であり、戦争と革命の世紀でもあった。つまり、科学技術とイデオロギーという要素に突き動かされるように人々は狂奔した。この百年で、人間は極端に移動空間を拡大させた。本書で取り上げた明治日本を生き、二十世紀の扉を開いた人物たちは「開国・明治維新」によって開かれたゲートから海外へと渡航していった。六歳で米国に渡った津田梅子をはじめ、新渡戸稲造、内村鑑三、野口英世、高峰譲吉、朝河寛一、鈴木大拙など、続々と海を渡り、世界を見た。

　十九世紀の半ば、大半の日本人は生まれ故郷を基点とする半径十キロメートルの生活圏から外の世界にほとんど出ることなく生涯を終えた。一日で往復できる生活圏が、自転車の普及で半径三十キロ圏に広がり、二十世紀の後半には自動車の普及で百キロ圏へと広がってきた。そして、国内での移動にとどまらず、国境を超え、多くは欧米を目指した。つまり、二十世紀とは「大移動の時代」でもあった。

　夏目漱石がロンドンに留学した一九〇〇年、九月八日に横浜を出港して十月二十八日にロンドンにたどり着くのに一カ月半を要した。今日、ロンドンへは半日のフライト時間で飛ぶことができる。移動時間の短縮と移動空間の拡大は二十世紀の特色である。この変化を背景に、明治の先人たちは国境を超え、異文化に直面することに伴うストレスに耐え、苦しみ抜いた。彼らは少なくとも日本を、そして自分自身を相対化して見ざるをえない体験に直面した。「国際人」という言葉があるが、まさに彼らこそ先頭を切って国と国の際に立ち、自分たちの生きてきた環境を再考する機会を与えられた者たちだった。

　二十一世紀は、この「移動」空間がさらに加速度的に拡大する時代になると思われる。すでに、中国の海外渡航者数は三千万人を超して日本を凌駕《りょうが》し、「アジア大移動時代」は現実のものとなりつつある。「アジア日帰り圏」は決して絵空事ではない。国境を超えた移動が常態化するということは、移動を通じて人間の視界が広がり、一般的には相互理解が深まることが期待される。「国際人」の時代は着実に「地球人」的な視界を持った人間が活動する時代に向うと思われるが、それが人間社会の進化に機能するか否《いな》かは楽観を許さない。経済のグローバル化や技術の進歩に並行するほど人間の心の広がりは期待できないからである。

人物論の妙味——人生を衝《つ》き動かすもの

二十世紀に足跡を残した先人を追いかけ、それらの先人の人生を再考してきた。そのために、可能な限りの記録・文献を読み、生身の証言を集め、自分なりのノートをまとめてきた。先人たち一人一人の息づかいさえ感じ取れるようになった。つまり、「一九〇〇年への旅」という試みは二十世紀を生きた人物論の集積過程でもあった。その過程で、時代に向き合い生きることとは何なのか、そして歴史に名を残した人物の人生を衝き動かしたものとは何かを深く考え込んだ。

まず心を打ったのは、本書で取り上げた先人たちの「時代認識との格闘」である。

今自分が生きている時代を的確に認識することは容易なことではない。激流にもみつぶされながら平衡感覚を保とうとする作業であり、日常性に流されながら物事の本質を考える作業ともいえるからである。今という時代に何とか生きている者は「無我夢中」であり、時間の経過の中でしか自分の立ち位置が見えないものである。結局のところ、多くの先人たちも時代認識を求めて格闘していたといえる。必ずしも的確な時代認識を抱いて生きたとは思えない例もあるが、それぞれ自分が生きている時代について腹を括《くく》った判断をしていたといえよう。

ある意味では、うらやましいことでもあるが、百年前を生きた明治の先達たちは、国家の目標と自己の目標を一体化できる環境にあった。「日本の近代化」を支え、目指すべき「坂の上の雲」を国、企業、個人が迷いなく共有することができた。多分、このことが現代を生きる我々との決定的な違いであろう。我々は、自らの意思と努力で人生の目標を発掘しなければならない。国が目標を与えてくれる時代ではない「個」の時代に、「公」「国家」「国際社会」「地球環境」を睨《にら》み、自らの目標を主体的に創造しなければならない。

ところで、百年前の先達をみつめて気付いたことは、ほとんどの人物が人生の過程で、挫折《ざせつ》にせよ当惑にせよ、何らかの「中年の危機」に直面しており、それをどう克服したのかが人生を決定づけたということである。自分の人生の意味を問い詰めざるをえないような壁のようなものに直面したとき、何が彼らを力づけたのか。一つは、使命感の再確認である。「結局、自分は何をするために生きているのか」という設問に向き合い、時代の中での自分自身のテーマの照準を絞ることによって、何かをなす人生へと歩みだしたといえよう。もう一つは、出会いであり、人間関係である。友人にせよ師と仰ぐ人物にせよ、決定的に影響を受ける人物とどこかで出会い、大きな力を得ていることが分る。傑出した人物のように思える人でも、決して孤ではなく、彼に刺激を与え、歩みに影響を与えた人たちとの相関の中で生きている。その意味でも、人間は環境の子である。

我々が生きる時代は、加速する情報化の中で、過剰なまでの情報量に埋もれ、時代のテーマが見えにくい時代である。だからこそ、我々は歴史のメッセージに静かに耳を傾け、「自分は何をすべきなのか」に回答を与えなければならない。

解説

藤原帰一

テレビで寺島実郎さんを見た記憶のない人、あるいは名前を見たことはあるけれど、名前と顔が一致しない人、幸せです。すぐこの本を買って、本箱に詰め込まずにそのまま読んでください。また、テレビの寺島さんをご存じの方、ダブルのスーツで身を装《よそお》った温厚な紳士のイメージなんか脇《わき》に追いやって、聞いたこともない新人の作品を前にした気持ちで読んでください。そうしないと、この本にあふれた著者の思い、パッションが伝わらないからです。

そう、テレビでお見かけする寺島さんの姿の内側には、これだけは知りたいという好奇心と、その好奇心の前提ともいうべき情熱が潜んでいる。テレビの画像だけではその心は伝わってきません。文章を読むことで初めて見えてくる寺島さんのもうひとつの顔です。

かなりの大部ですが、いったん読み始めれば一気に読んでしまうでしょう。それは、文章がわかりやすいばかりでなく、疾走感があるからです。これは寺島さんが、自分の情熱があふれでる速度と競い合うように書いた本。考えたいこと、知りたいこと、そして書きたいことを持った人が書いた本です。

ご覧のように内容は数多くの人物像ですが、細かい史実を跡づけるというわけではありません。むしろ、それぞれの人を通して寺島さんが明らかにしたいテーマがある。お読みになればおわかりのように、取り上げる人の選択と素描から、寺島さんが取り上げているテーマを捉《とら》えることができます。

そのテーマをひとくちに言ってしまえば、二十世紀という時代です。アメリカの世紀と呼ばれるように、アメリカの軍事力と経済力のもとに第二次世界大戦が戦われ、アメリカの優位のもとで大戦後の秩序がつくられた。その世紀の前半、日本はアメリカとヨーロッパを中心とした秩序に反逆し、戦いに敗れ、世紀の後半はアメリカの同盟国として過ごすことになる。この時代を生きた人々が本書の登場人物です。

ところが、これが一筋縄ではいきません。寺島さんの視点は幅広く、しかもなかには魅力的な矛盾が詰まっているからです。

二十世紀を取り上げるとき、いろいろな切り口が考えられるでしょう。アメリカと戦ったのが間違いだった、大戦後の日本が日米関係の安定を基軸にして安全と繁栄を手にしたのは正しかったという視点に絞って考える人がいるでしょう。民主主義と資本主義を共有するアメリカのパートナーとしての日本、ですね。その正反対に、欧米諸国の覇権を前にして国民の自立と尊厳を保とうと腐心した試みに注目する人もいるでしょう。現代の大陸浪人のように、アジアにおける革命と反逆の時代として二十世紀を描くわけですね。

寺島さんは、この両方の視点を持っている人です。日米戦争を戦う日本に厳しいことは、シンガポール陥落を喜ぶ日本人への突き放したような記述からもわかります。その他方、日米を架橋する役割を果たした人々、たとえば新渡戸稲造や朝河貫一を描く寺島さんのまなざしはとても心やさしい。これらの記述を読む限りでは、寺島さんが大戦前・大戦中の国粋主義を排し、日米の交流と連携を高く評価する立場に立っているかのように見えるでしょう。

ところが寺島さんは、アメリカに引き寄せられるような世界観をとりません。それはアメリカの権力行使を担《にな》ったルーズベルトやマッカーサーへの冷めた視点からも窺《うかが》うことができるでしょうし、また岡倉天心の魅力的な素描に始まる「アジアの自尊を追い求めた男たち」の列伝にも現れています。終章ではアメリカの軍事的覇権ばかりかグローバル資本主義に対しても厳しい言葉が連ねられている。このような記述を読むと、寺島さんは「米欧本位の世界」を忌避しているようにも見えてきます。

おかしいじゃないか、どちらかにはっきりしてくれとお考えでしょうか。いえいえ、親米にも反米にも与《くみ》することなく日本の、そしてアジアの選択を考え続けるのが寺島さんの魅力なんです。

国際関係には、それぞれの国家が、その力の拡大を求めて争う空間としての性格があります。各国が国益増進を求めて争う限り、国際協調の出番はない。それは軍事大国が拮抗《きっこう》する状況でも、また圧倒的な大国の覇権のもとで力の劣った諸国がその存立を賭《か》けて戦う場面でも同じです。

だが、国際関係がそれだけに終わるのなら、国際秩序とは間断なく続けられる戦争か、あるいは大国による恣意《しい》的な支配の別名に過ぎません。そのような荒廃した力の支配に代わる選択を考えるためには、自分の国を知るとともに他の国のことも学び、それぞれに異なる歴史と文化を持った諸国によって構成される国際秩序をイメージする力が必要になるでしょう。

寺島さんの特質はここにあります。アメリカ政府による恣意的な権力行使を批判しながら、反米ナショナリズムには走らない。自分の育った国の伝統と文化を擁護する知識人に温かい目を注ぎつつ、自国の伝統と文化ばかりを礼賛《らいさん》する態度には至って厳しい。ナショナリズムを擁護しつつショービニズムは排除するわけです。

津田梅子や野口英世、それでいえば魯迅のように外国で学ぶ機会を得た人を始めとして、本書に登場する人は旅をします。それは外国に学ぶという意味ばかりでなく、外国に見られる視野の狭さや偏見と闘う経験でもあった。外の世界を学びつつそれに同一化するのではなく、また自分の国を限りなく愛しながらそれが視野の狭窄《きょうさく》を招くことは許さない。立場のはっきりした人から見れば折衷的でしょうが、視点を変えれば立場を明確にすることは世界から身をはがす偏狭な態度に過ぎません。ここにあるのは、国境を越えて考え続けてきた人たちの物語です。

これこそが国境を越える視点、真の意味における「国際派」なのでしょう。ともすれば「国際派」とはアメリカに自分を引き寄せて世界を見る人たちの別名にされてしまいますが、それは違う。「国際派」とは、自分の育った国を尊重しながら、同時に国境を越えて自国を捉える視点も持ち、世界全体の秩序を見通す立場を指す言葉です。

テレビで拝見する寺島さんは、常に穏やかでバランスのとれた視点を示しながら、時としてきっぱりと立場を示す。アメリカのイラクへの軍事介入の際に寺島さんが厳しい批判を繰り返されたことはご記憶の方も多いでしょう。両論を併記したり、その真ん中ばかりをとる折衷主義からはそのような態度は生まれません。本当の意味での国際主義に関心をお持ちの方にはぜひ本書をお読みいただけると幸いです。

（二〇一五年七月、国際政治学者）

本書は、単行本『歴史を深く吸い込み、未来を想う――一九〇〇年への旅 アメリカの世紀、アジアの自尊』（新潮社、平成十四年）を選書に改編した『二十世紀から何を学ぶか(下)――一九〇〇年への旅 アメリカの世紀、アジアの自尊』（平成十九年）に若干の加筆・修正を行ったものである。

寺島実郎著
若き日本の肖像
―一九〇〇年、欧州への旅―

漱石、熊楠、秋山真之……。二十世紀の新しい息吹の中で格闘した若き日本人の足跡を辿り、近代日本の源流を鋭く見つめた好著。

司馬遼太郎著
司馬遼太郎が考えたこと 1
―エッセイ 1953.10～1961.10―

40年以上の創作活動のかたわら書き残したエッセイの集大成シリーズ。第1巻は新聞記者時代から直木賞受賞前後までの89篇を収録。

司馬遼太郎著
司馬遼太郎が考えたこと 2
―エッセイ 1961.10～1964.10―

新聞社を辞め職業作家として独立、『竜馬がゆく』『燃えよ剣』『国盗り物語』など、旺盛な創作活動を開始した時期の119篇を収録。

司馬遼太郎著
司馬遼太郎が考えたこと 3
―エッセイ 1964.10～1968.8―

「昭和元禄」の繁栄のなか、『国盗り物語』『関ケ原』などの大作を次々に完成。作家として評価を固めた時期の129篇を収録。

司馬遼太郎著
司馬遼太郎が考えたこと 4
―エッセイ 1968.9～1970.2―

学園紛争で世情騒然とする中、『坂の上の雲』の連載を続けながら、ゆるぎのない歴史観をもとに綴ったエッセイ65篇を収録。

司馬遼太郎著
司馬遼太郎が考えたこと 5
―エッセイ 1970.2～1972.4―

大阪万国博覧会が開催され、日本が平和と繁栄を謳歌する時代に入ったころ。三島割腹事件について論じたエッセイなど65篇を収録。

塩野七生著

海の都の物語
―ヴェネツィア共和国の一千年―
サントリー学芸賞（1～6）

外交と貿易、軍事力を武器に、自由と独立を守り続けた「地中海の女王」ヴェネツィア共和国。その一千年の興亡史を描いた歴史大作。

塩野七生著

マキアヴェッリ語録

浅薄な倫理や道徳を排し、現実の社会のみを直視した中世イタリアの思想家・マキアヴェッリ。その真髄を一冊にまとめた箴言集。

塩野七生著

サイレント・マイノリティ

「声なき少数派」の代表として、皮相で浅薄な価値観に捉われることなく、「多数派」の安直な〝正義〟を排し、その真髄と美学を綴る。

山本有三著

心に太陽を持て

大科学者ファラデーの少年時代の物語など、人間はどう生きるべきかをやさしく問いかけ、爽やかな感動を与えてくれる世界の逸話集。

城山三郎著

雄気堂々（上・下）

一農夫の出身でありながら、近代日本最大の経済人となった渋沢栄一のダイナミックな人間形成のドラマを、維新の激動の中に描く。

北杜夫著

楡家の人びと（第一部～第三部）
毎日出版文化賞受賞

楡脳病院の七つの塔の下に群がる三代の大家族と、彼らを取り巻く近代日本五十年の歴史の流れ……日本人の夢と郷愁を刻んだ大作。

三木清著
人生論ノート
死について、幸福について、懐疑について、個性について等、23題収録。率直な表現の中に、著者の多彩な文筆活動の源泉を窺わせる一巻。

宮沢賢治著
新編 銀河鉄道の夜
貧しい少年ジョバンニが銀河鉄道で美しく哀しい夜空の旅をする表題作等、童話13編戯曲1編。絢爛で多彩な作品世界を味わえる一冊。

玄侑宗久著
無常という力
—「方丈記」に学ぶ心の在り方—
八百年前、幾多の天災や荒廃する人心を目にし、人生の不運をかこちながら綴られた「方丈記」。その深い智慧と覚悟を説く好著。

小林秀雄
岡潔著
人間の建設
酒の味から、本居宣長、アインシュタイン、ドストエフスキーまで。文系・理系を代表する天才二人が縦横無尽に語った奇跡の対話。

亀井勝一郎著
大和古寺風物誌
輝かしい古代文化が生れた日本のふるさと大和、飛鳥、歓びや苦悩の祈りに満ちた斑鳩の里、いにしえの仏教文化の跡をたどる名著。

木田元著
反哲学入門
なぜ日本人は哲学に理解しづらいという印象を持つのだろうか。いわゆる西洋哲学を根本から見直す反哲学。その真髄を説いた名著。

新潮文庫編
文豪ナビ 夏目漱石

先生ったら、超弩級のロマンティストだったのね――現代の感性で文豪の作品に新たな光を当てる、驚きと発見に満ちた新シリーズ。

新潮文庫編
文豪ナビ 太宰 治

ナイフを持つまえに、ダザイを読め!! 現代の感性で文豪の作品に新たな光を当てた、驚きと発見が一杯の新読書ガイド。全7冊。

宮城谷昌光著
史記の風景

中国歴史小説屈指の名手が、『史記』に溢れる人間の英知を探り、高名な成句、熟語のルーツをたどりながら、斬新な解釈を提示する。

武者小路実篤著
人生論・愛について

人生を真正面から肯定し、平明簡潔な文章で人間の善意と美しさを表明しつづけてきた著者の代表的評論・随筆を精選して収録する。

新潮文庫編
文豪ナビ 山本周五郎

乾いた心もしっとり。涙と笑いのツボ押し名人――現代の感性で文豪作品に新たな光を当てた、驚きと発見がいっぱいの読書ガイド。

柳田国男著
日本の伝説

かつては生活の一部でさえありながら今は語り伝える人も少なくなった伝説を、全国から採集し、美しい文章で世に伝える先駆的名著。

新潮文庫最新刊

西村京太郎著
十津川警部 アキバ戦争
人気メイド・明日香が誘拐された。身代金の要求額は一億円。十津川警部と異能集団〝オタク三銃士〟。どちらが、事件を解決する？

船戸与一著
事変の夜 —満州国演義二—
満州事変勃発！ 謀略と武力で満蒙領有へと突き進んでゆく関東軍。そして敷島兄弟に亀裂が走る。大河オデッセイ、緊迫の第二弾。

よしもとばなな著
さきちゃんたちの夜
友を捜す早紀《さき》。小鬼と亡きおばに導かれる紗季《さき》。秘伝の豆スープを受け継ぐ咲《さき》。〈さきちゃん〉の人生が奇跡にきらめく最高の短編集。

小田雅久仁著
本にだって雄と雌があります
Twitter文学賞受賞
本も子どもを作る——。亡き祖父の奇妙な主張を辿ると、そこには時代を超えたある〈秘密〉が隠されていた。大波瀾の長編小説！

彩瀬まる著
あのひとは蜘蛛を潰せない
28歳。恋をし、実家を出た。母の〝正しさ〟からも、離れたい。「かわいそう」を抱えて生きる人々の、狡さも弱さも余さず描く物語。

田辺聖子著
田辺聖子の恋する文学 —一葉、晶子、芙美子—
身を焦がす恋愛、貧しい生活、夢追うことを許されぬ時代……。恋愛小説の名手が語る、近代に生きた女性文学者の情熱と苦悩とは。

二十世紀《にじっせいき》と格闘《かくとう》した先人《せんじん》たち
——一九〇〇年　アジア・アメリカの興隆——

新潮文庫　て－10－2

平成二十七年九月一日発行

著者　寺《てら》島《しま》実《じつ》郎《ろう》
発行者　佐藤隆信
発行所　株式会社新潮社
郵便番号　一六二—八七一一
東京都新宿区矢来町七一
電話　編集部(〇三)三二六六—五四四〇
読者係(〇三)三二六六—五一一一
http://www.shinchosha.co.jp

価格はカバーに表示してあります。

乱丁・落丁本は、ご面倒ですが小社読者係宛ご送付ください。送料小社負担にてお取替えいたします。

印刷・大日本印刷株式会社　製本・株式会社植木製本所

ISBN978-4-10-126142-3 C0195